本书从研究到出版先后得到国家自然科学基金优秀创新研究群体基金项目（70121001）、国家自然科学基金面上项目（70773125）、中央财经大学"211工程"三期重点学科建设项目以及中央财经大学121人才工程青年博士发展基金项目（QBJGL201008）的资助

• 经济管理学术文库 •

管理决策中的领导行为：
过程与机制

Leadership Behavior in Management Decision Making:
Process and Mechanism

毕鹏程 / 著

经济管理出版社

ECONOMY & MANAGEMENT PUBLISHING HOUSE

图书在版编目（CIP）数据

管理决策中的领导行为：过程与机制/毕鹏程著. —北京：经济管理出版社，2011.12

ISBN 978-7-5096-1690-1

Ⅰ.①管… Ⅱ.①毕… Ⅲ.①领导学 ②群体决策 Ⅳ.①C933 ②C934

中国版本图书馆 CIP 数据核字（2011）第 239532 号

出版发行：**经济管理出版社**

北京市海淀区北蜂窝 8 号中雅大厦 11 层

电话：(010)51915602　　　邮编：100038

印刷：北京银祥印刷厂　　　　　　经销：新华书店

组稿编辑：邱永辉　　　　　　　　责任编辑：邱永辉

责任印制：杨国强　　　　　　　　责任校对：李玉敏

720mm×1000mm/16　　　17.5 印张　　　245 千字

2011 年 12 月第 1 版　　　2011 年 12 月第 1 次印刷

定价：45.00 元

书号：ISBN 978-7-5096-1690-1

代 序

领导、头马、木匠、空气与和谐管理*

领导领什么？什么时候领？怎样领？看起来是一个不值得提出的问题，人们会说，人家领导还不知道怎样当领导？但实际上这是一个并不容易回答的问题，特别是在世界日益全球化的今天，由于员工素质提高、工作方式改变，组织管理的概念将从传统的"管"过渡到"协调、合作"，领导的方式、行为模式也将发生重大变化。

一、未来社会对领导的挑战

领导作用的发挥很大程度上依赖于其所处的地位和手中的权力。地位给其带来了应付管理事务特有的人际网络和信息资源；权力使其思想和策略的实施可以得到保障。但由于领导者个性、学识、管理队伍素质和能力的差异，人们会感觉到不同领导带来的单位业绩和工作氛围大有不同。有的严厉而高效；有的虽严厉、专断，但事业发展受阻；有的和蔼可亲，但发展无成；有的因和蔼可亲，且能与大家同心同德地干事业，发展有成……不同类型的领导特性和后果还可以继续罗列下去，在此并不奢望对之进行全面系统的评价，而是提出自己的一些观点，试图对领导的行为有所改进。

未来社会的基本特征是发展速度变快，人类生活环境日益复杂和不确定，人们更趋于追求个人人生成功。在这样的趋势下，领导一方面要注重"领"，与此同时，还需重视给下属留有更大的发挥空间。领导怎样做到这一点，就是要注意发挥其非正式权力的作用和创造一种

---

*席西民：《管理之道——林投集》，机械工业出版社，2002年版。略作修改。

和谐的有目标的环境。

领导的权力可分为正式权力和非正式权力。正式权力指法定权力，一般包括指挥权、提升权、奖惩权等。领导可以说"我是头儿，我说了算"。这种说法看起来有力，但如果没有下属的认同，也只是表面上有力，背后实际乏力。非正式权力常来自领导者个人的魅力和专家权力。人格的魅力来自于员工对领导者个性、修养、造诣、与人相处的原则和艺术等的认同，并慢慢转化为一种敬仰、追随的吸引力；专家的权力孕育于长期的共事过程，由于领导者个人魅力、做事的能力、领导的效果等使员工对领导才能真心佩服，形成一种号召力，尽管这种力量是无形的，但常常更富有磁性，更有深远影响力。高明的领导都会注意充分培育和利用其非正式权力，因为这样更有利于调动下属的积极性和能动性，如果在制度上又给下属留有较大空间，则还可充分释放和发挥下属的创造力。

二、头马、木匠、空气与领导

基于上述分析，我并不想给未来领导一个全面的、理论上的描述，而是想通过三个通俗的比喻来让大家体会高明的领导应该是什么样子。首先，领导应该像头马。马群之所以愿意跟着头马跑，是因为头马至少有两个特征：一是头马者一般能够高瞻远瞩，知道什么地方有草、什么地方有水；二是头马不但有远见，而且善于将自己的远见传达给马群，使马群团结共同前进。头马给领导的启示：一是要善"领"，二是要善"控"。如果不善于与马群沟通，将自己的远见卓识传达给马群并使马群接受，即使头马再英明，也不会形成马群并共同前进。此外，头马是跑（赛）出来的，也启示领导的选拔机制不应是"相马"，而应是"赛马"。其次，领导应像木匠。认真分析木匠，我们不难发现普通的木匠有着领导者应该具备的基本素质，即在干任何一件事情的时候，心中先对之有一个整体的构思或规划；然后能够充分利用自己拥有的资源，用句行话说，就是善于配置资源，在木匠眼中，没有没有用的材料，这与医生不同，好人在其眼中都有病；另外，木匠不仅有想法、会用材，而且最后能够实现自己的想法，即有很强的执行力，这三点是任何领导都应具备的。最后，领导应像空气。一是看不见、摸不着，要让员工们感觉不到其存在，好领导从不以领导自居，从不以"我是领导还是你是领导"这样的口吻说话，也不处处端一个官架子。二是空气的大气压是人们生活的必需品，但又感受不到其存在。好领导不给大家没有意义的压力，而是通过指明方向、启示大家发现潜力而从内心形成发展的动力。三是空气无处不在，人们随处享受着它的价值。好领导会通过各种有效途径使其发展理念、思路、文化渗透于组织每个角落。四是空气虽看不见、摸不着、不给大家无形压力，但人们生存离不开它。好领导对组织也有不可替代的重要价值，这里强调领导力之于组织的作用，实际上好领导不会构造帝国，使自己须臾不可离开，而是通过体系和文化构建保持组织可持续发展能力，甚至会为组织培养好接班人，当自己需要离开时事业发展不会受到影响。五是空气有自净化功能。好领导也擅长保持事业的持续改进、组织的清新和员工的激情。三种比喻都给领导提高自己以启示，特别是空气型领导应该说是领导的最高境界。但领导怎样才能做到这一点，除了充分发挥其非正式权力外，更重要的是要形成一种像空气一样的领导环境。

三、领导、磁化与和谐管理

稍有一点自然科学知识的人不难理解，磁场就类似于这样一种领导环境，磁化的过程实际上就是一个最高水平的领导过程。一个铁棒没有磁性，原因是其中的分子各自按各自的方向旋转，磁性相互抵消了，就像一群乌合之众没有力量一样。如果将铁棒放入一个导线线圈中，通上电流后，铁棒就有很强的磁性。原因是在外磁场的作用下，所有自由旋转的分子按照外磁场的方向旋转，从而形成了集体的力量。这个过程就是磁化，重要的作用是外加线圈和通电形成磁场。领导和管理实际上在很大程度上就是要通过制度、机制、政策和权力（类似线圈和电流）来形成一种管理文化和环境（磁场），磁场的方向就是组织的目标方向，如果该环境得到员工认同，即个人活动（分子旋转）方向与组织方向一致或接近一致，不管领导在不在，领导的意图（磁场方向，通常通过组织发展蓝图和战略来体现的）都会得以认同，组织的发展就有保证和活力，自然就会形成无为而治的领导和管理的最高境界。我提出的和谐理论正是试图通过和谐机制的建设，自动实现这样一种境界并维持这样一种境界。

包括人类行为于其中的各类组织都是复杂系统，是比较简单的系统经过长期适应环境和与环境相互作用逐步发展而来的，领导在组织的这种演化过程中扮演着重要的调控角色，角色到位，组织在与环境的不断互动中发展壮大，否则组织难以发展或生存，企业形态的演变就是极好的例证。从最初的手工工场、家庭作坊到组织严密的工厂，再到现代公司以至正在涌现的虚拟公司，如果领导有方，企业就会进化得越来越精巧和完善，对环境变化的反应也会越来越灵敏，企业生存和发展的机遇也就会增大。具有良好机制的复杂系统在适应环境的过程中不断调整自身的结构，因此它不但与环境和谐相处，而且系统内部也更加和谐。然而，组织能否形成良好机制，领导负有很大的责任。和谐管理理论（席酉民，1989）就是基于对这种现象的认识而提出的一种复杂系统管理理论，其核心是充分调动和利用各子系统成员的积极性和能动性，系统整体重在创造机会、条件和一种促进各子系统能量释放和协同发展的环境，通过每个系统的发展和协同作用来实现系统整体目标，这类似于上述的铁棒磁化过程。其中的启示是，复杂系统管理由于其复杂性往往很难直接控制每个子系统（人）的行为，何况每个子系统在未来社会里更注重寻求自身的成功发展，对于整体系统来说目标不是控制每个子系统的行为，而是在整体目标明确的基础上创造一种类似于磁场的环境，使处于这种环境中的各子系统能够根据环境的要求改善自己的结构和行为，充分发展自己，实现事业的成功，并在恰当的系统环境下，通过协同从而实现系统整体目标。只有各子系统富有活力和能动性，系统整体才有活力和竞争力，才能实现系统整体通过环境想要实现的目标。这其中在管理思想上有三个非常重要的变化，即从复杂的个体控制转向环境的引导和协同，从将个体作为系统整体发展的工具转向系统整体成为各子系统在整体环境协调下实现自身发展的工具，从只关注系统整体发展目标到同时关注系统和各子系统的发展目标。

西交利物浦大学执行校长

英国利物浦大学副校长

西安交通大学管理学教授

《管理学家》主编

席酉民博士

2011 年 11 月 21 日

目　录

1 绪论

1.1 问题的提出

由于现代组织管理的外部环境日益复杂多变，管理、决策任务的难度和不确定性不断增加，以及人们对于管理、决策过程中公平、民主和参与的要求逐渐提高，都使得群体决策（Group Decision Making, GDM）在组织管理过程中得到了越来越广泛的应用，并且也成为组织行为研究和决策理论研究的重要分支领域。诸如群体讨论（Group Discussion）、群体参与（Group Participation）和群体冲突（Group Conflict）等这些和群体决策有关的主题，在理论研究和实际应用中都得到了大量的考证。[1]

然而，群体决策的有效性一直以来都不断受到组织管理实践和理论研究结果的挑战，各种质疑和问题也伴随着组织对群体的重视和依赖接踵而来。例如，群体决策是否真如人们所期望的那样总是比个体决策有效？为什么有些群体决策比另外一些群体决策更加高明并且更容易成功？为什么同样的群体在不同的情境下，或者面对不同的决策任务时，会有大相径庭的行为表现？影响群体决策有效性发挥的显著因素有哪些？通过怎样的方式和手段能够让群体决策更有效？等等。这些问题尽管至今仍未有统一的答案，但已经逐渐被人们重点关注和探讨。

直觉上，群体决策往往在决策效果上具有个体决策所无法比拟的优越性。这是因为人们通常觉得群体比个体更加理性、客观，能够承担更多的责任。而且人们还认为，在群体决策过程中，不同个体之间的交流和讨论，不仅能够聚集更多的信息和观点，从而会有更多的备选方案和选择机会，而且在做最终的选择和判断时，集体的智慧总是会超过个体的智慧，从而能够找到更加正确的问题解决方法，取得理想的决策结果。更重要的是，由于群体身份而带给成员的安全感和归属感，以及因为共同参与决策而带给成员的满意感和公平感，都会使群体决策在很多时候显得更加开放、民主，并使最终的决策结果更容易得到接受和执行。中国有句俗话，"三个臭皮匠，赛过诸葛亮"，现实中常讲的"团结就是力量"等，都为人们直觉上认为的群体决策优于个体决策提供了佐证。[1]

然而，直觉毕竟不能完全代表现实。当回顾发生在现实组织中的一些事关重大的群体决策时，时常会发现人们所认为的理性群体经常会做出相当低级的决策，造成不必要的失误和损失。例如，曾经轰动一时的美国1966年侵略古巴的"猪湾（Bay of Pigs）事件"，就涉及由当时的美国总统约翰·肯尼迪及其高级智囊团所做出的一项在很多人事后看来都非常不可思议的决策。简单说，这是一项无论从动机、目的还是手段等各个方面都存在着明显缺陷的失败决策，而它恰恰是由一群高智商的人联合起来共同做出的。连肯尼迪本人事后也曾十分不解地自问："我们为什么会这么愚蠢？"[2] 这种发生在现实中的例子不胜枚举，而且也不仅仅局限于高层政治、军事和经济领域内的群体决策。在本书将要重点关注的企业管理组织中，这种由于群体决策失误，特别是那些企业高层管理团队的战略性决策失误，而最终导致企业遭受灾难性后果的现象同样非常普遍。面对这些现实，人们不禁要问，为什么会出现这种和直觉相悖的现象呢？

由此看来，并不能简单地说群体决策一定比个体决策具有优势，群体决策的优势是一个相对的概念。除了看到群体决策在组织管理中所发挥的积极作用之外，我们也不能忽视它本身所固有的一些缺陷。例如，在效率方面，群体决策一般不及个体决策。另外，在群体决策过程中，因群体成员的交互而产生的一些负面行为和现象也同样不容忽视。根据社会心理学家的研究，群体的动态交互过程，实际上是一个非常复杂的多阶段、多变量、非线性的过程，不仅涉及了群体中每个个体的态度、价值观、偏好以及能力、权力等因素，而且会由于群体成员间的社会交互而带来一系列的社会心理问题。这些社会心理问题表现在具体的决策过程中，则是一系列的非理性行为和现象。例如，已经得到普遍关注和研究的群体思维（Groupthink）、群体极化（Group Polarization）、风险转移（Risky Shift）、帮助行为（Helping Behavior）、从众（Conformity），等等。[3] 这些已经为人们所熟知的行为和现象，普遍、大量地存在于实际的群体决策制定过程中，不仅使决策方向常常偏离客观理性的轨道，还使决策过程和结果充满了不确定性，已经成为影响群体决策优势发挥的主要障碍，并且也是决策失误产生的重要诱因。那么，这些现象为什么会发生，在其背后，究竟是什么因素在起决定作用呢？

大量存在于组织中的群体决策低质低效现象不仅困扰着实际组织的管理者们，而且也向理论研究者们发起了挑战。因此，对于现实组织管理者来说，总是希望找到一条有效的途径来避免群体决策偏离预期的方向，并使群体决策能够通过一个客观理性的过程达到最终满意的结果。对于组织行为和决策理论的研究者来说，则希望准确找出导致群体决策失误不断发生的真正原因，并总结为规律性的知识为他人所鉴。就本书来讲，群体决策和个体决策孰优孰劣的问题已经不再是所关注的重点，既然组织中群体决策的应用已经成为一种趋势和必然，那么更重要的问题应该是如何发挥群体决策的固有优势，防止不必要的决策失误发生。而解决这个问题的一个首要前提就是必须弄清哪些因素对群体决策过程和结果有重要的影响作用。只有抓住了与群体决策过程和结果有关的关键变量，才能有的放矢地对这些变量进行相应的管理和控制，从而达到改善群体决策效果、避免决策失误的目的。同样，也能够为前述的种种非理性行为和现象提供深层次的动因解释，从而对其进行有效的控制和防范。

由于一个群体决策过程将涉及群体外部环境（如外部压力）、群体内部结构特征（如群体构成、群体规模、群体领导）以及决策过程支持（如决策程序、决策规则、GSS）等诸多环节，如何透过现象看到本质，从诸多繁杂的可能性因素中找出关键的影响因素，并弄清其对群体决策过程和结果的具体影响机制，并不是一件容易的工作。好在前人已经在这方面做了很多有益的尝试，本书将以这些工作为基础，通过新的理论视角来进行进一步的探索，以求有新的发现和贡献。

至此，本书首先提出所要解决的核心问题，即"影响群体决策过程和结果的关键因素有哪些，这些因素如何对群体决策过程和结果实施影响"。

1.2 研究定位及目标

在提出本书将要回答的核心问题之后，有必要对此问题从研究类型和研究范式等方面进行进一步辨析，以便明确本书的定位、目标及其可能的创新之处。

李怀祖教授在其《管理研究方法论》中提到，"任何一个复杂的管理问题都可以从不同的观察角度（Perspective）和不同的层次（Level）去研究，求得新的发现"。[4] 因而，开展一项管理研究前首先要明确其研究类型，本书也不例外。

首先，管理研究从层次上可分为微观层次和宏观层次。相应的研究问题也有微观和宏观之分。从本书所要研究的核心问题可以看出，此问题将会涉及组织内部群体的行为、人际关系及其与外部环境的相互作用，因而从研究层次上，本书将会围绕微观层次的管理决策问题来进行。具体讲，本书的研究问题范围将基本限定在企业组织中的管理决策制定过程内。这一方面是由于"决策制定过程是理解组织的关键所在"；[5] 另一方面是因为群体决策已在代表微观管理研究层次主流领域的企业组织中得到了大量应用。

其次，管理研究按功能可分为基础研究（Fundamental Research）和应用研究（Applied Research）。本书的核心问题源自对组织实际现象的观察和思考，希望通过对企业组织内群体决策制定过程的剖析来寻找改善其效果、提高其效率的途径。一旦能够对其进行准确回答，必将为现实企业管理组织或群体带来一些实际的参考和借鉴。另外，本书又想对来自实际的问题和现象进行一定的理论抽象和概括，探讨这些现象和问题背后带有规律性的深层次知识，并对现有理论解释中存在的一些问题进行证实或证伪，总结具有一般性的原理。所以，从总体上来讲，本书的研究既在某些方面属于应用研究范畴，也兼具一些基础研究的特性，叫做应用基础研究或许更加恰当。

最后，管理研究目的可分为三类：描述型（Description）、解释型（Explanation）和规范型（Prescription）。[4] 本书将先通过对实际现象的剖析和理论文献的文本分析（Content Analysis）提出相关理论研究假设，然后利用组织行为研究和决策研究中常用的实验研究方法来收集相关数据，进而通过结果分析和讨论来探索假设中所涉及的主要因素间的相关或者因果关系，最后根据研究结论为企业组织提出相应的改进措施和建议。从这几点来看，本书属于描述型研究和解释型研究的结合。

在明确了本书的研究类型之后，需要对研究主题进行进一步辨析。首先要明确的一个问题是本书将围绕哪些对象或者要素来收集资料，并描述和解释其特征。在管理研究中，通常可概括出五种分析单位（Units of Analysis）：个人、群体、组织、项目和社会产品。[4] 本书的着眼点主要是群体和群体间的行为差异，因而分析单位为群体。虽然在研究中，可能会涉及群体领导者个人的决策行为和风格问题，但比较的仍然是群体间的领导者行为所产生的差异。前面已经将本书的研究问题范围限定在企业组织中的管理决策制定过程内，而企业组织中的群体一般都以董事会、高层管理团队（TMT）、自我管理团队（Self-management Team）等形式存在。相应地，国外的研究者一般将这种类型的群体称为"小群体（Small Group）"，规模一般从 3 人到 10 人不等。本书研究的分析单位也将进一步限定为企业组织内部的决策小群体。在第 5 章具体的实验研究设计中，实验主体将采用 4 人决策小群体。

在确定分析单位之后，接下来就要考虑分析单位的研究侧重点（Points of Focus）。一般来说可以从以下三个方面，即按门类、特性和行为来"聚焦"。[4] 本书的研究侧重点为行为，将主要关注企业组织中小群体的决策行为。除了将重点研究决策群体中领导风格和行为对决策过程和结果的影响之外，还将考察决策制定过程中成员间的沟通行为（信息交流和分享）以及成员对领导者的反应行为（如顺从还是抗拒）等与决策结果间的关系。

在明确分析单位以后，从时间维度来标定研究问题，亦是问题域细化的过程。按照时间维度来分，研究问题有横剖研究（Cross-sectional Studies）和纵贯研究（Longitudinal Studies）两种类型。[4] 本书将关注小群体决策制定过程中关键因素的影响机制，既然涉及过程，必然存在一个连续的时间发展阶段。具体讲，本书将考察企业组织中的小群体在从问题识别、群体讨论、方案产生、方案选择到方案确定这样一个连续的过程中所发生的决策行为变化，包括领导行为的变化、成员沟通行为的变化、成员满意度的变化，等等。从这个角度来讲，本书属于纵贯研究中的追踪研究（Panel Studies）。

现有的群体决策理论研究文献提供了两类问题解决范式。一类是着重于问题内容的内容导向型方法，主要研究在给定的社会和群体约束及其目标下，如何找到最优或满意的解；另一类是以过程描述为主的过程导向型方法，强调观察群体在决策过程中是怎样行动的，并确信有一种有效的行动过程可以处理这些问题。[1] 从理论上讲，过程导向型的方法有助于非结构化问题的解决，决策研究者对于群体决策问题已经形成了大量的过程导向型理论和方法。[6] 随着心理学研究与经济学、管理学研究的结合，使"过程"和"行为"逐渐成为组织研究中重点关注的对象。管理是一个过程，决策也是一个过程。结构、过程、行为和组织方式共同决定了组织行为和决策变化。所以，从过程角度来研究决策已经成为目前决策研究领域中的一个主流视角。正因为如此，本书将采用过程导向型的研究范式。

从过程角度研究群体决策必然遇到一个具有普遍理论和现实意义的问题，即群体决策的过程和结果之间是否存在关系？是否合理的群体过程一定会产生令人满意的结果？从现有的群体决策研究结果来看，在制定决策的正确方法和获得满意的决策结果之间的确存在着因果关系，一个"好"的决策过程将导致更有利的结果。[7] 这一关系不仅得到了决策研究者的认同，而且在心理学研究者、管理学研究者中间，也得到了普遍的支持。尽管表述方式不同，但在这些来自不同领域的研究模型中，都存在着一个共同的核心思想，即为了制定出正确、满意的决策，决策者们必须拥有一个在科学、合理的决策程序指导下的决策过程，即目标设定、方案形成、信息获取、方案甄别、决策实施这一系列完整的过程步骤。[7] 尽管这样会使决策在某些时候变得费时费力，但是，大多数学者还是认为在决策过程中保持必要的警惕和理性，将会得到更令人满意的决策结果。

在这种得到普遍认同的"过程—结果"研究模式下，本书将以微观层面的企业组织小群体决策制定过程为研究对象，侧重对决策过程中领导者及下属的决策行为进行纵贯追踪研究。应该说，有关群体决策行为的研究，目前在西方发达国家，特别是北美洲国家的研究机构中，已经具有比较成熟的研究基础，而在中国却还是一个相对全新的领域。实践表明，管理研究所具有的强环境依赖性使得一些已经在国外具有一定影响的管理理论模型在中国文化背景下的有效性受到了质疑。为了提高这些理论的文化适应性，同时，也为了培育和建立适应中国现实的管理理论，就需要开展新的研究工作。为此，本书的研究将主要以现有的某种具有广泛影响的国外群体决策理论研究模型为基础，并结合笔者所在的研究群体多年的研究工作和体会，提出自己的研究思路和模型，最后通过比较规范的研究方法和手段对模型进行验证，并为实际企业组织提供有针对性的建议和措施。

目前关于群体决策的理论研究模型有很多，本书选取了其中比较有代表性和影响力的一种，即由美国耶鲁大学社会心理学家及决策学家 Irving Janis 于 1971 年提出并在 1982 年进行了修订的群体思维理论（Groupthink Theory）。关于这个理论的详细评述将在本书第 2 章展开。之所以选取这个理论模型作为本书的研究基础，主要基于以下几点原因：

首先，Janis 的群体思维理论模型自提出以来，得到了众多研究者的关注，其所涉及的范围非常广泛，并且是少有的几个具有真正交叉学科性质的社会科学模型之一。在政治科学、沟通理论、组织理论、社会心理学、管理学、战略、咨询、决策科学、计算机科学、IT、工程管理、市场营销等领域中，群体思维概念都产生了普遍深入的影响。[1]

其次，这个理论模型是典型的基于"过程—结果"范式的研究模型，与本书所遵循的研究范式相吻合。而且其所涉及的变量涵盖了从群体外部环境到内部结构几乎所有的变量，具有较强的综合性。围绕它所进行的研究具有多角度、多方法的特点。

最后，这个理论模型自提出以来，便引起了广泛的争议，主要表现在其直觉上的可行性与实证研究证据相对缺乏之间的矛盾。而且在中国文化背景下，目前还没有对这个理论进行过比较系统的研究。正因为如此，这个理论模型还存在着很大的完善空间和研究价值。

总之，本书的主要研究目标可以归结为：先在现实问题背景下，通过对以群体思维理论为主的现有群体决策理论研究内容的比较、归纳和总结，识别出其中对决策制定过程和结果具有关键影响的因素；再就这些因素与群体决策过程和结果间的关系构建一个理论研究模型，并提出相应的研究假设；然后通过规范的实验研究方法收集相关数据对模型及假设进行验证；最后在研究结果的基础上，为组织提供相应的改进措施和建议。

1.3　概念界定

下面将对本书所涉及的一些关键概念进行明确界定。这几个关键概念是群体决策、领导行为、领导风格、决策程序和决策任务类型。

1.3.1　群体决策

一般意义上的群体决策概念，如果从狭义角度来界定，就是指一个群体如何进行一项联合行动的抉择。[13]但广义地说，群体决策还应该包括决策前对问题或任务的确定和决策后对选择方案的实施。不同学科对群体决策的研究角度不同，基于不同的前提条件，他们给出了不同的定义。本书是从企业组织管理研究的角度，基于企业组织中问题解决过程的特征来对其进行界定。与广义的定义不同的是，本书所要研究的群体决策过程，将不包括群体在决策前对问题或任务的确定以及决策后对选择方案的实施。这一方面是由于企业组织中决策群体所面临的问题往往是既定的，通常不能由该群体自主选择或控制，大多时候必须去面对和解决。另一方面是由于在决策做出后，其实施过程将涉及另外一些诸如风险、运气等不可控因素的影响，实施的效果如何，在某种程度上已经和决策过程本身无多大关系。对于这两个特殊阶段的研究，虽然有人专门在做，但已经超出了本书将要研究的群体决策过程所能涉及的范围。本书所指的群体决策将沿用卢相毅和席酉民[14]给出的定义，即认为群体决策是在由两个或多个人组成的决策群体中，决策成员通过相互的交互影响、共享信息，按照某种协商规则，以确定集体行动方案或选择评选对象。

1.3.2　领导行为、领导风格

在问题提出部分，本书曾经提到群体决策过程中领导者个人的行为和风格问题。领导行为（Leadership Behavior）是指领导者在领导过程中的所作所为，领导者在领导过程的不同阶段中因情境和任务需要会表现出不同领导行为。例如，建构和体恤就是两种常见的领导行为分类。领导风格（Leadership Style）是指领导者在领导过程中所表现出来的一种行为准则和类型，独裁型（Autocratic）领导、民主型（Democratic）领导和自由放任型（Laissez-faire）领导就是常见的一种分类方法。领导风格与领导者的个人特质有关，而且也受到追随者和领导者所处环境的影响。不同的领导风格，将会表现出不同的领导行为。由于领导行为和领导风格的关系紧密，在群体决策研究中，这两个概念通常放在一起使用。在本书中，将重点对领导风格进行研究，并认为领导风格将是影响群体决策过程和结果的一个重要因素。关于为什么选择这个变量以及这个变量的影响机制如何，将在后文进行详细论证。本书将主要考察两种类型的领导风格，一种是独裁型，一种是民主型。自由放任型领导风格暂不在本书研究范围内。

1.3.3 决策程序

通常意义上的决策程序往往是指引导决策过程按照问题解决的逻辑顺序进行的一套完整步骤规定，如决策时第一步做什么，第二步做什么等。对于一个决策群体来讲，不论这种步骤是先前约定俗成的习惯，还是专门针对某项任务或某个问题临时制定而成，这种意义上的决策程序往往都强调决策过程中所有成员都必须遵循某种约定的步骤。这里需要强调说明的是，在决策研究中还经常遇到另外一个重要的概念决策规则，它和上述通常意义上的决策程序概念的区别在于，决策规则通常是指群体在决策过程中为了达成一致所采用的个体意见集中方法，如简单多数规则或加权多数规则，等等。而本书所要研究的决策程序与上述通常意义上的决策程序和决策规则两个概念既有一定的联系，又有所区别，主要是指在决策过程中所应用的某种辅助性质的决策信息及成员意见搜集、汇总和评价的方法或工具。这种决策程序对决策过程的辅助作用在步骤和方法两方面都有所体现。一方面不仅规定了决策时应该按照怎样的步骤搜集决策信息及成员意见，这和一般意义上的决策程序比较类似。另一方面还提供了对决策信息及成员意见的评价和汇总方法，这又和一般意义上的决策规则比较相似。本书将这种决策程序纳入了决策过程支撑手段的范围，和 GSS 等决策支持系统的使用目的一样，本书所研究的这种决策程序也是为了更好地辅助决策过程进行。其主要功能在于不仅能够促进成员之间更好地进行信息沟通和交流，还能提供某种方法或工具以提高成员对问题进行客观分析和有效解决的能力。这种决策程序一般有正式和非正式之分。正式的决策程序一般强调在决策过程中按照一种客观理性的步骤以及科学的方法来进行信息搜集、方案产生、方案排序和方案确定。非正式程序则比较灵活，会根据具体的决策问题而采用不同的形式，往往在某种启发式的策略指导下进行。

在本书的实验研究部分，决策程序的设计主要参考了现有管理决策研究中常用的一种正式程序，称为"MAU（Multi-Attribute Utility）"。有关 MAU 决策程序对决策质量的影响，已经有许多研究者进行了探索。这些研究之所以认为在决策过程中引入决策程序非常重要，主要因为像 MAU 这样的正式程序可以给决策者提供一个构建决策问题的框架以及进行决策的逻辑顺序。MAU 是一种对复合结果和事件的效用做出理性估计的决策程序。在估计复合事件的效用时，先分解它，列出其特征，估计这些特征的权重和价值，然后再把它们复合起来，从而形成了对多特征效用的估计。这种决策程序往往用于支持决策任务为多特征且特征在重要性上是互相冲突的偏好型决策。在个体水平上，MAU 提供了对每个备选方案的优劣进行评估的分析支持，使决策的偏好变得清晰。在群体水平上，MAU 可以加强成员间的信息交流，使成员间的不一致变得明显，从而促使群体一致意见的达成，并可以减少群体动力过程中的负面影响（如在群体决策过程中的少数人控制局面以及对少数观点的低容忍度）。[16]

1.3.4　决策任务类型

群体决策都离不开对具体任务的完成，决策任务作为一个和决策情境有关的因素，一直为群体决策理论研究者所重视。有研究者就认为，决策任务有时能够解释 50%的群体绩效变化。[17]本书则认为，不同的任务类型，会要求群体采取不同的决策过程和决策行为。决策任务为群体决策创造了一种交互环境，它限定了群体在制定决策时成员之间的交互模式和行为表现，从而会间接地影响最终的决策结果。对于任务类型的划分，按照不同的标准，可以有很多种。例如，智力型任务和判断型任务，就是大多数决策研究文献中常用到的分类方法。此外，按照群体在决策过程中所表现出的不同交互模式，还可以将任务分为以下三种：[18]补偿型任务（Compensatory Tasks），群体在执行这种任务时，成员间的贡献往往相互补充。配合型任务（Conjunctive Tasks），执行这种任务时，群体的表现往往受制于最弱的成员的表现。分离型任务（Disjunctive Tasks），执行这种任务时，通常仅使用一个成员（如领导）的判断就可以解决问题。McGrath[19] 则将决策任务类型分为四个象限，每个象限还可分为两个子类。分别是产生（观点/计划）、选择（正确答案/偏好方案）、解决（冲突的观点/冲突的利益）和竞争（与其他群体/按照一定的绩效标准）。同样，在 GSS 研究中，大都把任务类型分为产生型任务、选择型任务和谈判型任务。[20]

　　本书则按照任务的复杂性（Complexity）维度来划分任务类型，将决策任务分为简单任务和复杂任务。这是因为复杂性是划分任务类型的一个基本且重要的标准，现实中不论组织面临何种决策任务，都可以按照复杂性标准进行区分。前述各种划分标准实际上也都可以以复杂性为标准进行二次划分。例如，仅针对选择型任务，就可按照复杂性程度不同划分为简单选择型任务和复杂选择型任务。由于现有研究中关于任务复杂性的界定和分类标准相当多，且无一个公认的统一标准。为此，本书主要从任务的客观属性以及任务带给成员的主观心理感受两个方面对复杂性进行了界定。所要研究的任务复杂性一方面是根据决策备选方案的多少以及决策时群体所需要掌握和应用的信息量多少及复杂程度来界定，从而使任务的复杂性和执行该任务过程中所进行的信息搜集、筛选、评价和使用等活动有直接关系。从这个角度看，备选方案越多，所要处理的信息量越多的任务就越复杂。备选方案越少，所要处理的信息量越少的任务就越简单。另一方面是从任务所营造的决策氛围所带给成员的不同心理感受来界定，越是让成员在决策时觉得左右为难，有压力且难以下手决断的任务越复杂。相反，越是让成员在决策时能够轻松应对且很容易决断的任务越简单。有关如何从上述两个方面来对任务复杂性进行具体界定和操作，将在后文实验研究部分进行详细描述。

1.4　研究意义

　　任何一项管理学研究的价值和意义可以从理论和实践两个方面来说明。本书在理论研究方面的意义和价值主要体现在其理论创新点获得的过程中，这将在本书最后的总结部分中详细阐述。简言之，本书在学术上的主要贡献在于对一种现存的具有广泛影响力的群体决策理论进行了更符合实际情况、更具解释力的修正和完善。修正的理论模型不仅引入了与决策情境有关的决策任务变量，并且证明了在决策过程中，与群体自身结构有关的领导因素以及与决策过程支持有关的决策程序因素对决策过程的影响作用都在某种程度上受到决策任务因素的影响。通过在中国文化背景下对修正后的理论模型所进行的检验，不仅使在国外，特别是北美洲和欧洲地区已经颇具影响力的群体思维理论模型能够增加其文化适应性，提高外部效度，而且通过对原模型中关键变量的识别和验证，在一定程度上使其更加精简，更具解释力。

　　在实践方面，由于本书的研究对象主要限定为企业组织，因而其研究结论可能对现有的企业组织具有一定的借鉴和参考价值。鉴于群体决策在企业组织中更多地表现为企业高层管理团队的战略决策，而这些决策对企业未来的发展方向具有至关重要的影响，因而，如果本书能够帮助企业提高其自身的决策能力和水平，那必然会使企业在复杂多变的外部环境下和激烈的市场竞争中保持更强的竞争优势和旺盛的生命力。下面，本书将从正反两个方面阐述研究对实际企业组织管理所产生的意义。

　　首先，企业组织中事关企业发展的战略性决策失误将会给企业带来灾难性的后果。现代企业组织所面临的复杂多变的环境对企业自身的反应能力和适应能力提出了更高的要求。正确、及时的企业高层战略决策，将使企业能够更好地适应环境变化，及时调整自身发展模式。而一旦决策失误，将给企业带来难以预料的严重后果。所以，如何避免战略决策失误将是任何一个想在市场竞争中保持稳固地位的企业必须解决的问题。而若想避免决策失误，首先要了解为什么会产生决策失误。抛开一些和决策情境有关的客观因素不说，导致决策过程偏离客观理性轨道的主要诱因还在于做出这些决策的群体本身。在本书中，群体自身的结构因素将作为导致群体决策发生失误的一个重要诱因进行研究，而且这里所指的结构因素主要针对群体领导者的个人行为和风格。此外，本书还将与决策过程支撑因素有关的决策程序也列为导致企业决策产生失误的诱因之一。除了将对这些因素如何对企业中的群体决策产生重要影响进行探索之外，本书还将就如何通过对这些因素的控制和管理来提高决策的效果和效率进行探讨。这都将提示企业组织及其领导者从群体自身内部以及决策过程两个角度去认识应该从哪些方面入手解决决策失误不断产生的问题。

其次，企业组织群体决策能力和水平的提高将有助于企业建立科学理性的管理规则和程序。任何企业组织在解决实际问题的过程中，除了需要对外部环境和内部组织结构有清晰的认识之外，还需要建立一套适合该企业组织特点，并能适应外部环境变化的管理规则和程序。而科学、合理的管理规则及程序的建立，与企业高层管理团队自身是否具备较高的决策能力和水平有直接关系。从某种意义上讲，决策能力和水平的高低是反映一个企业高层管理团队组织管理水平高低的标志。一直以来，企业组织都将决策的科学化、民主化作为自身不断追求的目标，而现实情况是，由于企业决策群体缺乏对决策过程的良好的组织和管理，使本可以避免的决策失误不断发生，导致企业组织疲于纠正错误和弥补损失而忽视对更合理的管理规则和程序的建立。本书将对这种现状背后的深层动因进行探究，为提高企业组织的决策能力和水平提供更科学、更合理的建议，从而使企业组织能够在规范有序的管理系统的指挥下不断发展壮大。

但需要强调说明的一点是，作为一项探索性质的研究，本书对所获得的创新性研究结论的普适性仅持谨慎态度。因为在没有足够的证据表明本书研究结果能在其他类型的样本中同样存在的前提下，不能轻易将这些结论推广到企业组织以外的其他组织中去。

1.5 研究思路及结构安排

本书的研究结构安排见图 1-1，这反映了如下的研究思路：

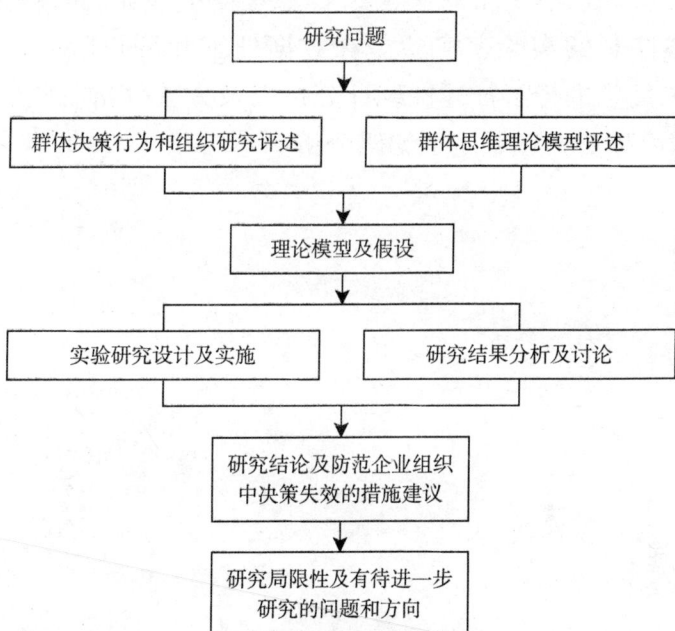

```
                        ┌──────────────┐
                        │   研究问题    │
                        └──────────────┘
              ┌──────────────────┴──────────────────┐
    ┌─────────────────────┐          ┌─────────────────────┐
    │ 群体决策行为和组织研究评述 │          │   群体思维理论模型评述   │
    └─────────────────────┘          └─────────────────────┘
                        ┌──────────────┐
                        │  理论模型及假设 │
                        └──────────────┘
    ┌─────────────────────┐          ┌─────────────────────┐
    │   实验研究设计及实施   │          │   研究结果分析及讨论   │
    └─────────────────────┘          └─────────────────────┘
                        ┌──────────────────┐
                        │ 研究结论及防范企业组织 │
                        │  中决策失效的措施建议  │
                        └──────────────────┘
                        ┌──────────────────┐
                        │ 研究局限性及有待进一步 │
                        │   研究的问题和方向   │
                        └──────────────────┘
```

图 1-1 本书研究结构安排

首先，在现实及理论背景下，笔者提出了自己的研究问题（第 1 章）。并通过归纳法，对现有群体决策研究文献进行了有针对性的归纳和总结（第 2 章），主要目的在于从已有研究中筛选出一些得到大量印证的关键变量，并结合作者自己的研究工作和体会，识别出对群体决策过程和结果有显著作用的关键因素，作为下一步证实性研究的输入变量。

其次，以现有的群体思维理论和群体行为决策理论为背景，根据其研究现状和存在的主要问题和不足，提出了本书研究的理论模型及假设（第 3 章、第 4 章）。并根据研究主题，在所建立的群体决策研究理论模型下，进行了实验研究的设计和实施（第 5 章）。

再次，在实验研究变量控制和测量基础上（第 6 章），对实验研究结果进行了分析讨论（第 7 章）。

最后，根据研究结论，针对实际企业管理组织如何改善群体决策效果、提高效率提出了相应的改进措施和建议（第 8 章）。

本书主要采用了以下一些研究方法：在数据收集阶段，采用了组织行为和决策研究中常用的实验法。以管理学专业的本科生为样本，进行了严格控制的实验室实验。在数据处理和分析阶段，主要采用 SPSS 统计工具包进行了描述性统计分析以及方差分析。此外，对于决策过程中的视频资料还采用了编码分析。

2 理论文献综述

本书所涉及的群体决策行为和组织研究是组织行为学（OB）中一个相对独立且非常重要的分支领域。在将近50年的发展过程中，产生了丰富的理论研究成果，这为本书提供了坚实的借鉴和参考平台。在此基础上，本书将主要以企业管理组织中的小群体决策制定过程为研究对象，侧重对决策过程中领导者与下属的决策行为进行纵贯追踪研究。其中所涉及的主要变量为群体中的领导者行为及风格、群体在决策过程中所应用的决策程序，以及群体所要完成的决策任务类型。

本书将通过对上述三个变量之间的交互关系，以及它们对群体决策过程和结果的影响机制的探索，最终落实到具体的群体决策方式上。也就是说，领导、决策程序以及决策任务这三者究竟应该怎样相互匹配，才能达到改善决策效果，提高决策效率的目的。此外，整个研究的理论框架将以群体决策行为研究中比较有代表性和影响力的群体思维理论模型为基础。因此，本章的主要任务有以下两方面，一方面将对现有的群体决策行为和组织研究现状进行有针对性的评述，以便明确本书在现有研究中所处的位置和工作的价值；另一方面重点对群体思维理论模型进行概述和评介，在为本书所识别的三个变量的重要性寻找充分证据的同时，为后文的具体实证研究提供理论基础。

2.1 群体决策行为与组织研究评述

2.1.1 概述

在群体决策行为和组织研究方面，研究者们主要吸取和借鉴了行为科学中的群体理论以及行为决策分析理论中所涉及的一些思想和方法。目前国内外研究者主要关注的问题和方向有以下三方面。[1]

第一种偏重于从行为研究角度入手，沿袭了行为科学中的群体理论研究模式，将群体视为一个由活动、相互作用（信息沟通和行为交互）、思维情绪、群体规范等要素组成的相对封闭的系统。主要针对决策群体的构成要素、群体决策过程中领导者和下属的行为、群体凝聚力的影响因素，以及群体行为的影响因素等问题展开研究。这方面的研究侧重从群体内部结构和特征方面探索影响群体形成、群体功能和群体行为的因素，而且是通过心理学研究来解释群体行为。涉及的变量有个体层面和群体层面之分，个体层面的变量主要有人的动机、态度、认知、价值观、信念、情感、思维方式、领导方式等，群体层面的变量主要有群体构成、群体凝聚力、群体规范、群体沟通以及群体冲突，等等。

第二种也和行为研究有关，但却偏重于从决策过程角度入手，而且主要受到行为决策分析理论和社会心理学理论的影响，将群体决策视为一种社会影响和交互过程。并以"有限理性"和"真实人"假设为基础，一方面探索在不同的风险情境下群体选择的变化；另一方面探索在某种特定的决策情境下，由不同个体所集合成的决策群体通过怎样的相互影响和交互，从而产生出哪些不同于个体单独决策时的特有群体行为和心理现象。例如，从众行为（Conformity）、群体极化（Group Polarization）以及风险转移（Risky Shift）等。在探索促使这些行为和心理现象产生原因的同时，考察这种因群体交互而产生的行为和心理变化将对群体决策最终的效率与效果产生什么影响。这方面的研究与心理学，特别是社会心理学有着密切的联系，很多研究者都自觉不自觉地把心理学的研究方法和成果应用到该领域的研究中。

第三种是在上述两方面研究的基础上展开的，偏重于从决策组织角度入手。主要关注在弄清了影响决策群体形成、功能以及行为的各种因素以及打开了群体决策过程"黑箱"的前提下，如何组织和管理群体决策过程来提高其效率、改善其效果。这方面的研究应该说综合考虑了前两个方面研究的优势和劣势，以"行为"，特别是"领导行为"和"组织方式"为主要关注点，同时充分考虑群体决策时外部情境因素。在"过程—结果"（即好的决策过程将导致好的决策结果）的假设前提下，从组织行为学的角度揭示影响群体决策过程和结果的关键因素及其相互关系。并以基于决策情境的组织方式作为改善决策过程和结果的重要手段，为现实中应用日益增多的群体决策如何有效地进行提供更多的科学指导和建议。目前，通过对前两方面研究的整合，这方面的研究逐渐将研究变量集中在决策情境（如外部压力）、群体特征和结构（如群体凝聚力、领导风格及行为）、决策任务以及技术支持等方面，而因变量则主要是决策绩效（包括效率和效果）。此外，与决策过程有关的一些心理和态度变量（如过程满意度、领导满意度）也在研究中受到了重视。由于这方面的研究目前还处在起步阶段，尚未形成系统的理论体系，从而为本书的研究创新提供了一定的空间。可以将上述几个方面的研究归结为如图 2-1 所示的研究框架。

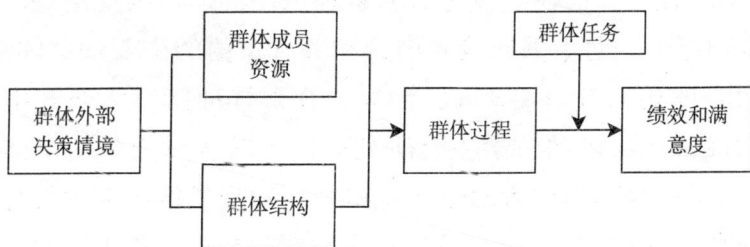

图 2-1 群体决策行为与组织研究框架

总的来讲，有关群体决策行为和组织的研究方法，主要采用了组织行为学和社会心理学研究中常见的实证研究方法，其中以实验研究，包括实验室实验（Laboratory Experiments）和现场实验（Field Experiments）进行得最多，此外还有部分的实地研究和统计调查研究。

纵观国内外群体决策行为和组织方面的研究，可以发现，国外特别是北美洲和欧洲的一些国家在这方面已经进行得相当深入，并且已经开始迈入实际应用阶段。其中一些决策行为分析的方法和技术在商业、医疗、法律等领域都得到了广泛的应用，有关决策行为分析的研究成果被应用于决策支持系统的建立。此外，还出现了一些商业化的培训软件和录像教程。理论研究也逐渐呈现出多学科交叉融合的趋势，所涉及的领域和内容都非常广泛。此外，随着全球化进程的加快，跨民族、跨文化背景的研究也开始受到越来越多的重视，而且日益普及的技术因素对群体决策过程的影响也愈加受到重视。无论在研究手段还是研究方法上，都比较规范。反观国内，这方面的研究目前还刚刚处于起步阶段。和国外丰富的理论研究成果相比，国内的研究，无论从数量还是质量上都还比较欠缺。大部分的研究还处在理论性较强的探索阶段，研究内容与实际问题还存在一些脱节现象，应用问题基本未涉及，研究方法和手段也亟待规范和完善。

2.1.2　国外研究评介

群体决策行为和组织理论的发展可以追溯到 20 世纪 50 年代，并且和行为科学中的群体理论以及行为决策理论的发展有着密切的关系。

行为科学中的群体理论有很多种，比较有代表性的有群体动力学（Group Dynamics）、群体凝聚力八因素理论、群体行为理论等。在上述种种群体理论中，对本书比较有借鉴和参考价值的主要是群体动力学，它由社会心理学家 Kurt Lewin 所创立，在群体决策行为研究中具有比较重要的地位。群体动力学主要研究群体中的各种力量对个体的作用和影响。Lewin 及其后继者通过实验研究，发现了群体动力的存在和作用。比较典型的群体动力有以下方面：①群体领导方式动力。群体领导方式不同，则成员的行为表现也不同。②群体组织形式动力。群体组织形式的不同，会导致群体中个体行为的差异。③群体结构性质动力。群体成员的行为取决于个人需要类型和群体领导方式如何搭配。

④群体公约动力。Lewin 在 20 世纪 40 年代所做的一系列实验表明：群体的公约规则，比一般性的宣传说服，更能改变群体成员的行为。⑤群体多数动力。社会心理学家 Asch 于 20 世纪 50 年代通过多次实验证明：对于实验中向被试者提出的问题，如果群体中只有一个成员故意给出错误回答，则被试者坚持自己的正确答案、接受错误答案的比率为 13.6%；若有三个成员故意答错，被试者接受错误答案的比率将上升为 31.8%。

此外，群体凝聚力八因素理论以及群体行为理论分别从群体凝聚力的影响因素和群体行为的决定因素两个角度对群体行为展开研究，也对本书具有一定的借鉴作用。除了上述几种理论之外，行为科学中的群体理论在领导方式方面，还提出了"两维理论"、"领导的四种管理模式"、"领导方式连续统一体"理论，等等。尽管行为科学对群体的研究具有不同的视角，但这些研究都存在以下几个基本特征：[1]

首先，行为科学中的群体理论与心理学，特别是社会心理学的关系非常密切。许多群体理论都借鉴和参考了心理学的研究成果和研究方法，克服了古典管理理论把人视作机器的缺点，取得了很大的成就。

其次，行为科学研究群体的着眼点，是组成群体的个体，而不是群体的整体性。这方面研究更多关注的是群体中各个成员的态度、感受、意见、信念等，而不是群体的价值观、群体精神、群体信念等。而且，在研究群体对个人行为的影响时，也往往从群体内部领导方式和组织结构等因素入手，一般不涉及群体文化传统和群体价值观的作用。

尽管行为科学中的群体理论研究成果很丰富，但其本身也存在一些不足之处。主要表现在其研究范围更多地局限在群体内部，往往将群体视为一个封闭的系统，相对忽视了群体外部环境因素的影响作用。此外，由于对心理学研究的过分依赖，使得研究视角始终限定在群体中的个体成员层面而缺乏对群体整体特征的考虑。正因为行为科学的群体理论有需要改进的地方，才为以后群体决策行为和组织研究的兴起与发展留下了广阔的空间。[1]

另一个与群体决策行为和组织研究有密切关系的行为决策理论则

以 Herbert Simon 于 1947 年出版的 *Administrative Behavior* 一书中提出的"有限理性"和"满意标准"为开始标志。在 Simon 的论文 "Behavioral Model of Rational Choice"中，他指出"真实人"的理性是有限的，为了指导"真实人"的决策行为，就要用一种符合实际的理性行为，来取代"经济人"那种全智全能的理性行为。随着 Simon "有限理性"概念的提出，研究者开始以新的假设基础就决策者、决策环境、决策者和决策环境之间关系等方面展开了不同于以往的、更为深入的研究。目的就是想通过对现实中人们真实决策行为的探索，来研究具有有限理性的决策者是如何做决策来达到满意而非最优的结果。

如果按照时间顺序，行为决策理论的发展大致经历了以下四个阶段。[21]

第一阶段为奠基期，从 20 世纪 50 年代到 60 年代。代表人物为 Herbert Simon，重要的发展标志为"有限理性"概念和"满意标准"的提出。

第二阶段为开拓期，从 20 世纪 70 年代到 80 年代初。代表人物为 Amos Tversky 和 Daniel Kahneman，两篇代表性文章为 *Judgment under Uncertainty：Heuristics and Biases* 和 *Prospect Theory：A Analysis of Decision Under Risk*。在他们的推动下，决策行为分析研究受到了越来越多的重视。

第三阶段是在 20 世纪 80 年代后期。比较有影响的著作有 Chicago University 的 Robin Hogarh 教授于 1987 年出版的 *Judgment and Choice* 以及 Cornell University 的 J. E. Russo 教授和 Chicago University 的 Schoemaker 博士于 1989 年合作的专著 *Decision Traps* 两本书。*Judgment and Choice* 归纳和澄清了决策行为研究中的一系列基本概念和研究方法，*Decision Traps* 则运用了许多生动的案例，深入浅出地讲述了决策行为分析理论，并将其运用于分析企业家的决策实践。

第四阶段是在 20 世纪 90 年代。这一阶段的理论发展非常迅速，比较有代表性的有 Tversky 和 Kahneman 提出的关于主观概率的 S 理论（Support Theory：A Non-extensional Representation of Subjective Probability）。在这个理论中，他们考虑到"真实人"因为对同一事件的不同描述可能会给出不同的判断，提出了与其他理论不同的模型。此外，Duke University 的教授 John W. Payne 等人还提出了"适应性决策"理论。他们继承和发展了 Simon 的适应性决策的思想，研究了不同环境条件下，决策者的决策策略的适应性。Russo 教授则提出了"智能框架"（Frame of Mind：The Core of Mental Models）理论，研究在决策过程中决策者决策框架的构造、变化及应用的技巧。

行为决策理论的发展也和心理学有不解之缘。而从心理学角度对决策过程进行考察的开创者是 Edwards 和 Allais，他们从探索实际决策行为是否与 Von Neumann-Morgenstern 及 Savage 的理论相符出发，对决策研究中的期望效用理论提出了质疑，促进了实际决策过程中关于经验判断的研究。在此基础上，Tversky 和 Kahneman 进一步指出：没有一种理论，既能满足规范的合理性，又能满足描述的精确性。

相对于行为科学中的群体理论来讲，行为决策理论尽管也是通过心理学来研究决策行为，但却是从"真实人"在决策时由于所面临的风险情境的变化而导致选择行为变化这个角度进行研究，开拓了在不确定情境下研究决策行为的新视野。但是，目前大部分研究均是从个体角度进行，虽然也有一些研究者尝试将其扩展到群体层面，但总的来讲，这方面的研究还是相对缺乏。

对于本书来讲，尽管行为决策理论目前更多的是从个体而非群体角度进行，但是其所提供的研究思路和视角具有非常重要的借鉴作用。特别是 Tversky 和 Kahneman 所提出的 Prospect Theory 中有关在不同的风险状态下人们的选择行为差异问题，对于本书实验设计部分中两种不同任务情境的设计具有重要的参考和借鉴价值。

通过对行为科学中的群体理论和行为决策理论的简要评述可以发现，它们虽然从不同的角度分别对决策群体本身的性质和行为以及不确定情境下选择行为变化两个问题进行了研究，但却都存在着一些不足之处。前者主要表现在将群体视为一个相对封闭的系统，忽视了对外部环境因素的考虑，并且各种理论之间缺乏某种整体性。后者则表现为群体层面研究的缺乏。针对这些不足，研究者们进行了逐步的改进。对于前者，先对各种理论进行了整合，从中提取出一些共同关注的变量和因素进行重点研究。例如，以群体结构和特征的研究为例，目前更多的是从各种理论中都比较关心的群体凝聚力、群体领导风格、群体规范以及群体沟通模式等这些变量进行研究，并且加入了外部环境压力以及群体任务结构和类型这样的情境因素。由于将群体决策逐渐视为一个开放的社会影响和信息沟通过程，研究者们更加注重对这些变量之间交互作用的研究，以及最终对群体绩效的影响研究。对于后者，研究者们则将行为决策理论的分析范围由个体逐渐扩展到群体，并更加关注决策行为在由个体扩展到群体的过程中所发生的特殊变化。例如，对于在负面情形（Negative Domain）下的群体行为变化，Hartman和Nelson[22] 就是通过将Prospect Theory中有关个体在负面情形下的选择行为变化延伸到群体层面，提出了一系列诸如群体凝聚力、群体同质性、群体与外界的封闭程度、群体任务复杂性以及群体组织文化等这些变量与群体风险偏好之间关系的假设和命题。

2.1.3　国内研究评介

与国外的研究相比，国内在群体决策方面的研究虽然也开展了不少，但已有研究中更多的是沿袭和借鉴了理性决策理论的研究范式，主要借鉴了社会选择理论和博弈论中的研究思路、方法和内容，着重对决策过程中的个体偏好集结、规则优化等方面进行研究，较偏重于数理分析。而从行为分析角度所进行的研究除了一些心理学专业的学者做过一些简单的探索之外，总体上相对缺乏。

在已有文献中，有一部分研究主要是从群体结构特征与群体绩效之间的关系角度进行。例如，席酉民等人[27] 所进行的有关GDSS环境下群体大小的实验研究，主要探索了群体规模与技术支持两种因素对群体产出的影响。刘树林和席酉民[28] 所开展的有关群体大小和群体成员年龄与群体方案产出之间关系的研究则主要涉及群体大小以及群体成员年龄两个结构特征。这些研究尽管涉及决策群体的内部结构特征，也采用了比较规范的实验研究手段，但严格地讲，并未涉及群体的决策行为变化和组织过程。

还有一些研究是从群体决策过程中的信息沟通角度进行。例如，

王刊良等人 [29] 进行的 GDSS 环境下的群体沟通研究，对群体活动中的主要沟通障碍进行了分析，并讨论了 GDSS 的主要功能如何消除或缓解沟通障碍的机理，并对 GDSS 环境下新的沟通障碍进行了探讨。郑全全等人 [30] 所进行的群体决策过程中信息取样偏差的实验研究则主要探索了群体讨论过程中信息分布情况对群体最终的选择结果产生哪些影响。这些研究已经开始关注群体决策的过程，其中有关信息分布对决策过程和结果的影响机制将为本书所借鉴。

此外，在涉及群体决策过程的研究中，比较明确地提出过群体决策组织方式概念的研究是毕鹏程和席酉民，[3] 他们将群体决策过程组织方式定义为领导者个人风格和决策程序的交互，并引入决策任务类型作为调节变量，在群体思维理论模型的基础上提出了相应的研究命题。不过，该研究仅停留在理论假设阶段，并未通过具体的实证研究进行验证。郎淳刚等人 [31] 则主要从群体冲突角度总结了有关建设性冲突和非建设性冲突的研究，并结合有关冲突管理和领导行为研究，综述了群体决策过程中的群体内冲突的影响和作用机制，为群体决策过程研究提供了新的视角。郑全全等人 [15,16,32] 则在有关群体决策程序方面进行了多项研究。他们通过一系列的实验研究探索了 MAU 决策程序和自由讨论两种方式对群体决策质量的影响。这些研究的内容和结论也对本研究具有重要的参考价值。

总的来讲，国内对群体决策的研究目前还大多停留在理性决策理论的范式上，有关行为和组织方面的研究，以及在更加逼近现实的自然决策范式下所进行的研究还有待继续开展。群体决策系统内、外环境的复杂性以及决策者随环境变化而变化的心理和行为因素等，将为群体决策行为和组织的研究提供许多崭新的课题。随着人类对外界物质世界的探索兴趣逐渐转向对自身行为的理解与控制，可以预期，这方面研究将会以其更加独特并贴近现实的方式揭示群体活动中人们的行为、动机和心理，从而指导人们更好地去行动。

2.2 群体思维理论模型概述

由美国耶鲁大学社会心理学及决策学家 Irving Janis 于 1971 年建立，并于 1982 年进行了修订的群体思维理论模型是本书的重要理论基础。该理论模型是在"二战"以后随着社会逐渐对群体问题研究产生浓厚兴趣的大背景下而产生的。和很多关注群体研究的学者一样，Janis 也一直在思考如何解释群体在现实中所面临的一些实际问题。例如，按照一般人的直觉和理解，群体在解决复杂的问题时，将会比单个人要有效得多。如果"两个人的智慧超过一个人"，那么六个人、七个人或者八个人又会怎样呢？进一步讲，假定群体是由非常智慧、博学的个体所组成，那他们的集体智慧应该是相当高的。但这又如何解释时常发生在现实中的一些由所谓的精英群体所做出的低级决策失误呢？由此引发了 Janis 对现实中的群体行为，特别是群体决策行为的研究兴趣，并最终促成了群体思维概念和理论的建立。

最初的群体思维概念是在 Janis 通过对大量有关群体行为理论文献的回顾，以及对现实中一些执行问题解决任务的小群体行为进行实地观察后所提出的一系列前提假设的基础上形成的。在将这些前提假设进行综合后，Janis 于 1971 年建立了最初的群体思维模型。之后，他运用群体思维概念解释了一些美国历史上失败的高层政治和军事决策事件，如 20 世纪 60 年代的越南战争（约翰逊总统及其智囊团），"水门事件"（尼克松总统及其智囊团），侵略古巴的"猪湾事件"（肯尼迪总统及其智囊团）以及"珍珠港事件"，等等。[2] 由于这些事件的声名远扬以及群体思维理论直觉上的可行性，使得群体思维引起了研究者广泛的研究兴趣。研究者运用不同的方法，从不同的角度对群体思维进行了各种各样的研究。除了上述的一些事件外，研究者还利用群体思维理论对很多失败的群体决策事件进行了解释。其中有 1986 年美国"挑战者"号航天飞机失事 [33,34] 和卡特总统解救德黑兰人质行动的失败，[35] 等等。

Janis 认为，群体思维是指在一个高度凝聚的群体中，其成员因为过分追求一致性，从而忽视了对备选行动方案的客观评价，由此而产生的一种思维和行为模式。其结果是群体成员因为群体压力而产生思维效率、事实验证能力和道德判断能力的退化。群体思维一旦发生，将会对群体决策结果造成相当程度的负面影响。

这个定义的基本内涵是，具有很高凝聚力的决策群体，为了保持其凝聚的群体社会结构而无意识地削弱了他们解决问题的基本使命。也就是说，在群体中，人际维持的需要超过了任务执行的需要。当决策群体将更多的注意力集中在如何维持群体内部的人际关系，如何让群体能够更像一个人一样地行动时，群体内个体之间的差异和不同的观点便被暂时性地掩盖了。这时即使有人有不同的意见也会因为群体压力而不会提出，这是因为这些人担心在提出反对意见或是与众不同的观点后，将会受到群体中其他人的反对而威胁到其在群体中的地位。这种表面上的集体赞同会使群体成员丧失客观评价备选方案、正确做出判断和选择的能力。群体甚至会摒弃公认的道德准则和伦理规范，而想当然地以自己的标准行事，因而使决策不能够按照理性的方法和程序进行，最终导致了失败的结果。[1]

从这个定义中可以看出，导致群体思维的一个关键变量是群体凝聚力（Group Cohesiveness）。尽管按照一般人的理解，凝聚力会使群体成员更加紧密地团结在一起。但是，当这种团结超过了一定的限度，使得群体成员为了追求过分的一致性而忽视了群体真正要解决的问题时，凝聚力将会起反作用。事实上，在决策过程中群体保持一致并非是什么坏事，特别是当决策群体的任务是由其最初的个体偏好来形成一个群体偏好时。[36] 之所以会产生问题是由于群体的一致性寻求发生在还没有找到最优的解决方案之前，以及在还没有充分地评价各种解决方案的利弊之前就已经达到了意见一致。

Janis 群体思维模型共包括三个部分，分别是群体思维产生的前提条件、群体思维症状以及决策过程缺陷，图 2-2 给出了该理论模型的详细图示。

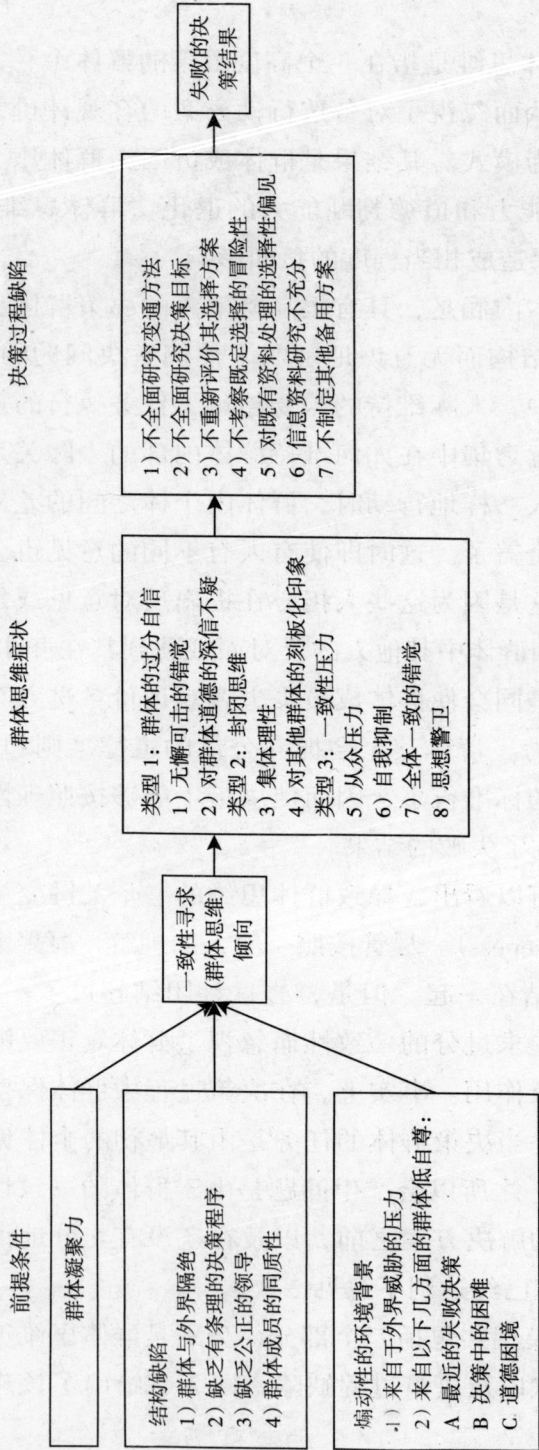

前提条件

群体凝聚力

结构缺陷
1) 群体与外界隔绝
2) 缺乏有条理的决策程序
3) 缺乏公正的领导
4) 群体成员的同质性

煽动性的环境背景
1) 来自于外界威胁的压力
2) 来自以下几方面的群体低自尊：
　A 最近的失败决策
　B 决策中的困难
　C 道德困境

一致性寻求（群体思维）倾向

群体思维症状

类型 1: 群体的过分自信
1) 无懈可击的错觉
2) 对群体道德的深信不疑
类型 2: 封闭思维
3) 集体理性化
4) 对其他群体的刻板化印象
类型 3: 一致性压力
5) 从众压力
6) 自我抑制
7) 全体一致的错觉
8) 思想警卫

决策过程缺陷

1) 不全面研究变通方法
2) 不全面研究决策目标
3) 不重新评价其选择方案
4) 不考察既定选择的冒险性
5) 对既有资料处理的选择性偏见
6) 信息资料研究不充分
7) 不制定其他备用方案

失败的决策结果

图 2-2 群体思维理论模型

资料来源：Janis I L. Groupthink: Psychological Studies of Policy Decisions and Fiascoes [M]. Boston: Houghton Mifflin, 1982: 244.

2.2.1 群体思维前提条件

在前提条件中又包含三类变量：群体凝聚力、组织结构缺陷（Structural Organization Faults）和煽动性的环境背景（Provocative Situational Context）。在这三类变量中，最重要的是群体凝聚力。Janis 认为尽管这个变量对群体思维的发生不是充分的，但却是一个必要的条件。按照 Janis 的说法，群体凝聚力指"群体成员希望成为群体一员的愿望，以及成员间的团队精神"。该模型还特别地假定过高的群体凝聚力必定存在于发生了群体思维的群体中，并且这个前提条件将会和其他的前提条件相互作用。

组织结构缺陷与群体本身的性质有关，主要指在群体结构、决策方式以及领导方式方面存在的一些缺陷。它又包括四种变量，分别是：

（1）群体与外界的高度隔绝（A High Degree of Group Insulation）。这个变量指群体在决策时使自己处于一种不受任何群体之外的组织或成员评价和审议的情形。

（2）缺乏有条理的决策程序（Lack of Tradition of Methodical Procedures）。这个变量指群体在进行问题界定、信息搜集、方案选择和评价的过程中，缺乏一套客观合理的程序。

（3）缺乏公平、公正的领导（Lack of Tradition of Impartial Leadership）。这个变量指群体决策的领导者在群体决策过程中不鼓励群体成员提出不同意见，并且总是在决策前提出自己的意见和偏好，从而妨碍群体决策按照民主、公平和公正的程序进行。

（4）成员背景和价值观的高度相似性（High Degree of Homogeneity of Group Members' Backgrounds or Ideologies）。这个变量指组成群体的各个成员在个人背景、价值观以及信念方面都十分的相似。

煽动性的环境背景和群体所处的外部环境有关，主要是指群体在决策时面临着外部的危机（如竞争对手威胁、时间限制等），以及群体由于自身的经历而造成的一种悲观、失望和缺乏信心的状态。它包括三种变量，分别是：

（1）由于外界的威胁而产生的高度压力（High Stress Resulting

From External Threats)。外部威胁能够使决策群体处于一种高度的紧张状态之中，并由此增加了群体寻求保持全体一致性的可能性。

（2）由于领导事先提出自己的方案而使群体没有机会去寻找更好的方案（Little Chance of Arriving at a Solution Better Than the Leaders' Proposed Course of Action）。由于领导在决策前就直接或者间接地提出了自己对问题的解决方案，使其他群体成员迫于压力而放弃了自己的意见，从而使群体决策流于形式，最终使决策被领导个人所控制。

（3）由于刚刚经历的决策失败使得群体处于一种很低的自尊水平（Low Group Self-esteem Induced by Recent Group Decision Failures）。决策失败会使群体成员怀疑自己的能力、水平。同时，过分困难的决策任务可能使他们由于找不到可行的方案而变得缺乏信心，并会因为自己最终的错误选择而经受种种道德和伦理上的谴责。

2.2.2 群体思维症状

根据 Janis 的总结，导致群体决策失误的群体思维有以下八种表现形式：

（1）无懈可击的错觉。即群体对自身过于自信和盲目的乐观，不认为自己存在潜在的危险。这种过分的乐观主义使群体看不到外来的警告，意识不到一种决策的危险性。

（2）行为的合理化。即群体尽力将已经做出的决策合理化，忽视外来的挑战。一旦群体形成了某种决策后，更多的是将时间花在如何将决策合理化，而不是对它们重新审视和评价。

（3）对群体的道德深信不疑。即群体始终认为所做出的决策是正义的，不存在伦理道德问题。

（4）对群体外成员（对手）看法的刻板化。即群体成员一旦陷入群体思维，就会倾向认为任何反对他们的人或者群体都是不屑与之争论的，或者认为这些人或者群体过于软弱、愚蠢，不能够保护自己，而群体既定的方案会获胜。

（5）从众压力。群体不欣赏不同的意见和看法，对于怀疑群体立场和计划的人，群体总是处于反击的准备之中，而且常常不是以证据来反驳，取而代之的是冷嘲热讽。为了获得群体的认可，多数人在面对这种嘲弄时会变得没有了主见而与群体保持一致。

（6）自我压抑。由于不同的意见会显示出与群体的不一致，破坏群体的统一，因而群体成员会避免提出与群体不同的看法和意见，压抑自己对决策的疑惑，甚至怀疑自己的担忧是否多余。

（7）全体一致的错觉。从众压力和自我压抑的结果，使群体的意见看起来是一致的，并由此造成群体统一的错觉。这种由于缺乏不同的意见而造成的统一的错觉，甚至可以使很多荒谬、罪恶的行动合理化。

（8）思想警卫。思想警卫（Mindguards）的说法是相对于身体安全警卫提出来的。群体决策一旦形成以后，某些成员会有意地扣留或者隐藏那些不利于群体决策的信息和资料，或者是限制其他成员提出不同的意见，以此来保护决策的合法性和影响力。

总的来讲，这些表现能够使群体维持那种表面上"一致"的感觉，在决策过程中使群体更像是一个人一样地行动。当一个政策制定群体表现出全部或者是大多数的群体思维症状时，群体成员就会低效地完成他们的集体任务。为了寻求一致，其代价就是最终决策的失败。

2.2.3 决策过程缺陷

在群体决策过程中一旦出现了群体思维，决策将不能够按照客观理性的步骤进行，而且会直接导致出现很多的过程缺陷，Janis 总结的这些决策过程缺陷包括以下几方面：

（1）不全面研究变通的方法；

（2）不全面研究决策目标；

（3）不考察既定选择的冒险性；

（4）信息资料研究不充分；

（5）对既有资料处理时的选择性偏见；

（6）不重新评价其他的选择；

（7）不制定其他的备用方案。

群体决策是一个动态多阶段的交互过程。而 Mohamed 和 Wiebe[37]认为群体思维是一个过程而不是变量。按照这种观点，群体思维是一个贯穿在整个群体决策始终的过程，从问题界定、信息收集、方案生成、评价直到最后的决议，都有可能发生群体思维。从上述对群体决策过程缺陷的描述中我们也可以看出这一点。

在群体决策中，影响最终结果的往往不是最终拍板定案的那一瞬间，而是整个的决策过程。所以，群体思维对群体决策结果的影响，其实就是对整个决策过程的影响。尽管引起群体决策失误的原因有很多，但根据上述的决策过程缺陷，本书有理由认为，群体思维对决策结果是有负面影响的，至少它会使决策结果偏离群体最初所设定的目标。

2.2.4 群体思维防范

自从群体思维的概念提出以来，研究者们便试图弄清楚群体思维为什么会发生，应该怎样防范它。虽然 Hill [38] 的研究发现，群体决策并不必定带来群体思维的不良影响，在很多条件下群体决策比个人决策更好。但是，群体思维的确常常在日常生活中发生，并造成了巨大的决策失误。特别是在现实中，无论政治决策、军事决策或者企业管理决策中，决策智囊团的运用，已成为普遍潮流，因而群体思维的危害也比以往更多。显然，有效地避免群体思维的不良作用，减少重要决策集团的决策失误，无论从群体自身的利益，还是从更广泛的社会利益着眼，都具有十分重要的意义。Janis 提出了防范群体思维的十种具体操作方法：

（1）群体成员知道群体思维现象，明白其原因和后果；

（2）领导者应当保持公正，不要偏向任何立场（防止形成不成熟的倾向）；

（3）领导者应该引导每一位成员对提出的意见进行批评性评价，并鼓励提出反对意见和怀疑；

（4）应该指定一位或多位成员充当反对者的角色，专门提出反对意见；

（5）时常将群体分成小组，并让他们分别聚会拟议，然后再全体聚会交流分歧；

（6）如果问题涉及与对手群体的关系，则应花时间充分研究一切警告性的信息，并确认对方会采取的各种可能行动；

（7）预备决议后，应召开"第二次机会"会议，并要求每个成员提出自己的疑问；

（8）决议达成前，请群体之外的专家与会，并请他们对群体决策方案提出意见；

（9）每个群体成员都应当向可信赖的有关人士就群体意向交换意见，并将他们的反应反馈给群体；

（10）成立几个独立小组，分别同时就有关问题进行决议（最后决议在此基础上形成，以避免群体思维的不良影响）。

2.2.5 模型存在的一些问题

尽管群体思维概念及其理论模型在学术研究领域和实践领域都引起了研究者广泛的兴趣，但其本身还存在着一些问题，从而为后续的相关研究提供了很多的拓展空间。按照 Park[39] 的总结，这些问题主要表现在 Janis 用于建立模型的方法以及模型本身两个方面。

在模型建立的方法方面，Janis 主要采用了案例分析的方法。这种方法主要通过收集各种与所要分析的决策事件相关的背景资料，包括事件的备忘录、当事人的回忆录，以及第三方观察者的评论等，并按照 Janis 本人的理论假设进行重新分析以验证模型。尽管这种做法有时被认为是一种利用案例研究构建理论的好方法，但是也遭到了不少研究者的质疑和批评。例如，事件观察者的评论可能存在着个人偏见，当事人的回忆录可能存在着记忆偏差，或者当事人在事件回忆过程中为了不破坏自我形象而对事件真相进行了一些歪曲，等等。Janis 本人也没有明确提出一种标准以指出在案例分析过程中哪些资料该用，哪些不该用。事实上，Janis 本人也曾承认自己所采用的方法存在着缺陷，并鼓励研究者利用各种行为学研究方法来验证他提出的假设。他甚至指出，"用来最终验证群体思维产生原因假设的证据应该来自实地实验（Field Experiments）研究，以及其他专门设计的系统调查方法，而不是通过案例研究"。

模型本身的问题主要表现在两个方面。一方面是有关模型中的一些变量的本质问题。尽管 Janis 在模型中提供了很多变量，但他仅仅指出了几大类变量间的关系假设，对于具体的单个变量，则没有提供明确的假设关系。以群体凝聚力为例，他仅仅指出此变量与其他变量间的交互将产生群体思维现象，但究竟是怎样的交互却没有明确给出。因此，很多研究者都对模型中的一些变量的本质及其关系提出了质疑。另一方面是有关群体思维概念与其他已经存在的群体概念之间的关系问题。对于社会心理学研究领域中已经存在并得到广泛研究的一些群体现象，如群体极化、从众现象以及群体内偏见（In-group Biases），群体思维概念和模型与它们之间的关系一直受到了一些研究者的质疑。究竟群体思维概念与这些概念之间所指的是同一种现象还是有所区别，从 Janis 本人的论文和著作中无法找到答案。但根据Park[39]的总结，尽管群体思维与这几个社会心理学概念之间存在着一些重叠，但是并不存在互相替代的可能。更为清晰的区分，还需要进一步的研究。

2.2.6 小结

尽管 Janis 的群体思维模型没有给出各变量之间的详细关系，也受到了一些研究者的质疑，但却指出了群体因为过分追求一致性而给决策过程和结果所带来的种种负面影响。更为重要的是，该理论指出，陷入群体思维的决策群体一般自己并没有意识到这种对一致性的过分追求以及由此造成的决策缺陷。也就是说，不论是群体领导，还是其他群体成员，大家的初衷并不是想在一起做出一个失败的决策，但正是由于群体的结合、凝聚在一起的感觉以及外部情境等因素，限制、阻碍了群体成员决策能力的正常发挥。[39]

在现实中，无论是重要的高层政治、军事、外交，还是企业的管理决策，都非常普遍地采用了群体决策的形式。而且这些决策往往事关重大，一旦出现决策失误，后果将不堪设想。尽管学术界对群体决策问题非常重视，但在最初的研究中，更多的是从发生在个体层面的心理因素角度入手。[40] 群思维理论的建立，开创了从群体行为角度研究决策过程的先河，因此对于整个群体决策行为与组织研究领域来说，具有十分重要的意义。这个方面的研究经过了 30 多年的发展过程，目前已经逐渐成为一个相对独立的研究分支领域。

2.3 群体思维理论相关研究评述

从群体思维概念及其理论框架提出到目前为止，其发展过程大致经历了概念模型构建及其直接验证、理论模型扩展和理论模型重构三个阶段。其研究模式主要有三种。一是案例分析，主要是将 Janis 的群体思维理论用于解释一些失败的群体决策事件。研究者通过分析这些决策事件的发生过程和结果，以及群体思维理论的主要方面，包括前提条件、群体思维表现、决策过程缺陷等在这些决策过程中如何表现和演化，从而达到验证群体思维理论的目的。案例分析的特点是由决策的结果反向推至群体思维的前提条件，并将注意力放在事件的发展过程上。二是实验检验，即利用实验室模拟群体思维发生的各种环境来检验 Janis 理论的各个方面。实验检验的特点是先控制某几个前提条件变量，并设定相应的因变量（一般与决策结果有关），然后考察它们对因变量的影响，与案例研究的推理过程正好相反。在现有的群体思维理论研究中，绝大部分都属于这两种模式。此外，还有一种研究模式，就是理论模型的完善和修正。主要是针对群体思维理论模型中存在的一些不足之处，增加一些额外的研究变量，或删除一些无关变量，或对变量关系进行重新修正。总的来讲，前两种研究模式属于实证研究范畴，而后一种则属于理论演绎范畴。[41]

2.3.1 已有研究评述

从群体思维理论提出到目前为止，已进行了 40 余项研究。但无论是案例分析，还是实验检验，所得到的结果只是部分地和 Janis 的群体思维理论模型一致。甚至这两种研究范式之间经常会发生研究结论之间的矛盾和冲突。群体思维概念尽管在现实组织中很流行，但是相应的理论研究却缺乏对其本质及其因果关系的实证支持。对于像"群体思维为什么会发生"和"如何防止群体思维的发生"这样的问题，似乎还没有一个很清晰的答案。特别是对导致群体思维发生的关键因素究竟是什么，目前还没有取得完全一致的答案。

针对这种研究现状，一些研究者在模型的扩展上做了一些尝试。比如以 Janis 的模型为基础，增加一些额外的变量来解释小群体中为什么会发生群体思维。还有研究者对原有模型中的变量关系作了一些局部的调整。甚至还有研究者认为由于群体思维理论得不到充分证实，从而应该完全放弃，并提出全新的替代模型。但鉴于这些研究结果间的不一致甚至自相矛盾，目前还无法判断哪一个研究能够解释群体思维发生的真正原因。

Janis 关于群体思维的定义及其理论分析模型为后续的研究奠定了一个基础。随后的研究基本上都是围绕着这个定义和理论分析模型来进行的。迄今为止，在所有这些关于群体思维理论的研究中，基本都是针对导致群体思维发生的前提条件进行的。这其中研究得最多的是群体凝聚力。此外，关于领导风格、决策程序以及环境压力等，也得到了不同程度的研究。

Janis 认为群体凝聚力是群体思维发生的必要而非充分条件。当过高的群体凝聚力和其他前提条件交互作用时，将会很容易引起群体思维。然而针对凝聚力的研究尽管进行了很多，但结果却不尽如人意。有些研究虽然部分地支持凝聚力对群体思维的作用，但大多数研究，特别是实验研究，几乎都认为不论是单独作用，还是与其他前提条件交互作用，群体凝聚力都对群体思维的产生无实质影响。[52]

根据行为科学的研究，群体凝聚力受到多种因素的影响。其中包括：①成员的同质性。成员越是同质，凝聚力则越大。②群体的大小。群体大小与群体的凝聚力成反比。③群体与外界的关系。群体与外界越隔离，外部环境压力越大，则凝聚力就越大。此外，还有群体的地位、信息的沟通、目标的达成、领导的要求与压力等，都会对群体凝聚力产生影响。所以，本书认为，群体凝聚力对与群体思维的发生虽然会有影响，但是这种影响作用的根源并不在于群体凝聚力本身，而是对群体凝聚力产生影响作用的其他因素，如群体成员的同质性、群体与外界的隔离、领导的要求与压力等。而这些恰好是群体思维理论模型中的其他前提条件。所以，群体凝聚力并不能够被看做是导致群体思维的根本因素。

与群体思维有关的领导方面的研究，大多集中在领导风格上。其中有几项研究考察了群体中命令式的领导风格（即领导在决策之初便提出了自己的主张而不鼓励其他的方案产生）。研究结果显示，命令式的领导与群体思维的发生是正相关的。此外，Mullen 等人[54]的研究发现，只要出现命令式的领导，趋于虚假一致的群体就会做出低质量的决策。Peterson[7]则研究了两种不同类型的命令式领导对群体决策过程及结果的影响。发现尽管这两种领导方式都对群体决策有负面效果，但过程领导（领导主要对群体决策过程实施影响）比结果领导（领导主要对群体决策结果实施影响）更有可能引发群体思维。

在大多数文献中，领导风格都是和凝聚力、决策程序等变量一起来研究的。例如，Flowers[44]探讨了领导风格（开放与封闭）与凝聚力的交互作用。认为当高群体凝聚力和封闭型的领导风格同时存在的情况下，群体思维最有可能在决策过程中发生，而且不论凝聚力处于何种水平，具有开放型领导风格的群体都要比具有封闭型领导风格的群体明显地产生更多的解决方案，交流更多的信息。

与此同时，Leana[48]验证了群体凝聚力和领导行为对决策失误的作用。研究结果和 Flowers 的研究一致，认为具有命令型领导风格的群体和那些具有民主型领导风格的群体相比，将提出和讨论更少的问题解决方案。

在单独针对决策程序的研究中，Neck 和 Moorhead[43]就认为决策程序会影响群体思维的产生。当高凝聚的群体缺乏一套评价备选方案的程序时，群体思维必然会发生。

此外，Neck 和 Moorhead[55]还着重研究了领导风格、时间压力和决策程序对群体思维的重要影响，并提出了一个改进的群体思维模型。该模型的最大特点就是突出了原模型中的群体领导因素，并且将决程序和时间压力作为关键的前提条件来研究。同时还将领导风格和决策程序视为其他前提条件和群体思维症状之间的调节变量。不过该研究仅给出了理论模型和假设，并未进行实证检验。

Tetlock[40]通过分析七个典型群体思维案例中关键人物所做的一些公开演讲内容，来检验基于群体思维症状的一些假设。发现群体思维案例中的领导人与非群体思维案例中的领导人相比，常常想当然地对决策进行轻描淡写，并且为群体设立一些更加激进的参考点。

Tetlock 等人[56]进行目前最详细的案例研究，通过 Q-sort 数量分析方法分析了 10 个案例，并通过 LISREL 分析了群体思维模型中的因果关系。其研究结果证实群体结构和程序缺陷对群体思维发生的重要性，但却没有发现群体凝聚力和外部情境对群体思维的作用。

Ahlfinger 和 Esser[57]的实验研究假设，拥有促进型领导的群体比没有促进型领导的群体更容易陷入群体思维，并且还会产生更多的群体思维症状，讨论更少的事实，更快地完成决策。不过，该假设在其研究中，仅获得了部分证据支持。

除了上面几个经常被研究的变量外，有关群体思维前提条件中的其他一些变量，同样也可以找到相应的研究。例如，与决策情境有关的外部威胁变量，就以不同的形式出现在很多的研究中，但结果却不尽如人意。正如 McCauley[53]所说，"外部威胁对群体思维的产生是必要但非充分的，但是在我们所援引的例子中并没有证实这一点"。

根据以上对现有研究文献的评述中可以看出，在群体思维理论和实证研究中，注意力仍然集中在导致群体思维发生的前提条件上。但研究结果显示，在原有模型的三类前提条件中，仅有群体结构缺陷这一类因素得到了比较一致的认同。比如，实验研究基本上证实了群体领导方式和群体思维之间的关系，即存在独裁型领导风格的群体都容易产生群体思维。此外，还证实了决策程序的缺乏和群体思维之间的正相关关系。对于这两个前提条件来说，一方面容易在实验中模拟和控制，另一方面已经有大量的研究结论支持它们与群体思维之间的关系。因而尽管在各种实验研究中对这两个前提条件也没有一个统一的设计标准，但其结论仍然是可信的。至于群体凝聚力和其他的一些前提条件变量，目前还无法从现有研究中得到比较公认一致的结论。

总的来讲，在群体思维模型中，并不是所有的前提条件都得到了后续研究的支持。正如 Janis 本人所说，"群体思维不是一个简单的群体固有属性，更不是碰巧在群体中显现的某类个性。如果相同的委员会成员在一种决策背景下表现出群体思维，而在另外一种决策背景下却没有这种表现，则决定性的因素应该在他们的决议所处的环境中，而不是群体成员的某种固定属性。因此，决定性的因素似乎是那些能被改变并且导致更多建设性规范的变量"。[2] 从这段话中不难看出，Janis 本人对于什么是群体思维的决定因素也没有给出明确的回答。但可以明确的是，决定性因素似乎与群体成员的一些固有属性（如规模、构成）无关，而且这种因素本身能够改变并且是能产生建设性规范的变量。根据以上对群体思维理论已有研究文献的评述，并结合群体决策行为和组织领域中的其他研究，本书认为，群体领导和决策程序这两个因素不仅符合这种要求，而且也是现有研究中不断反复强调并加以验证的变量，从而应该在群体思维理论中进行重点研究。

2.3.2 已有研究结论、不足及对本书的启示

通过对已有研究的总结评述，特别是在对群体思维的案例分析和实验检验两大类研究的方法、内容以及结果进行了比较之后，Esser[58] 得出了如下一些结论：一是两种研究模式都认为群体凝聚力，特别是当其被视为成员间的人际吸引或是团队精神时，并不是引起群体思维的一个关键因素。二是两种研究模式都认为群体的结构和程序缺陷，包括群体与外界隔绝、命令式的领导方式以及缺乏有条理的决策程序都能够预测群体思维的发生。在这些结论的基础上，本书认为，群体思维理论目前的最大贡献，并不是简单地提出了一种群体决策行为理论，而是引发了更多对群体决策的关注，同时提出了大量有待验证的关于群体决策研究的问题。[41] 为了能够对该理论进行进一步的探索，首先必须从现有研究中存在的一些不足入手来挖掘继续创新的空间。

在 Park[39] 的研究中，曾经将现有的群体思维理论研究所存在的不足归纳为以下两点：一是已有研究都仅对该理论模型进行了部分验

证。二是在已有研究中所用的测量方法不够统一，而且存在缺陷。为此，Park 进行了一项综合的群体思维实验研究，将模型中的所有变量均纳入其研究范围，并专门设计了一套标准的实验问卷。但其研究结果并不是很理想，大部分的研究假设未得到证实。本书则通过对已有群体思维理论研究的考察，认为现有研究至少在以下几方面还存在着不足之处：

首先，从 Janis 的群体思维理论模型（见图 2-2）可以看到，影响决策过程和结果的各种因素，包括群体内部结构特征因素和外部环境因素尽管总结得比较全面，但由于该理论并未指出这些因素中哪些更重要，哪些次重要，而且所涉及的因素众多，有些因素之间还存在着一定的重叠现象，所以使得试图通过某一项研究来完成对整个模型中所有变量的证明成为一件几乎不可能完成的任务。并且也导致后续的研究工作大都成为一种简单的修补和局部验证而不是从更加整体的角度进行。

其次，已有的有关群体思维理论的研究工作中，似乎对于决策外部环境因素的研究重视不够，特别是对于与决策外部情境有直接关系的决策任务缺乏足够的研究。尽管任务作为一个非常重要的变量，在群体决策研究的其他一些分支领域得到了大量的研究。但是对于群体思维理论来说，包括原模型在内的几乎所有已经进行的研究都没有明确提出对决策任务进行研究。即使在原模型中（见图 2-2），有关决策外部环境因素也仅用"外部威胁压力"及"群体低的自尊水平"两种方式展现。而本书认为，群体在决策时所感受的环境压力以及群体自身的心理状态，很大程度上是与所要完成的任务有直接关系的。由于任务本身的事关重大，以及完成任务所要求的时间限制等因素，都是导致群体处于巨大环境压力及紧张心理状态的直接诱因。

再次，对于已经得到广泛研究支持的领导风格和决策程序两个变量来说，尽管已有的群体思维理论研究已经证实了这两个因素的重要作用，但是，将这两个因素放在同一个研究框架下所进行的研究几乎没有。仅有的一项研究也仅仅是给出了理论假设，而未进行具体的研究证明。作为分别与群体自身结构以及决策过程支撑手段有关的两个变量，领导风格和决策程序之间是否存在着相互影响，是否对决策过程和结果产生交互作用，都有待进行具体的研究。

最后，已有的群体思维理论研究对于决策过程和结果的度量仅按照原模型中的群体思维症状及决策过程缺陷这两项进行，而没有考虑到决策过程中其他诸如成员满意度以及结果接受程度这样的主观态度效标。而对于一项现实的群体决策过程来说，除了一些客观的评价指标外，成员的主观态度效标同样也是非常重要的评价手段。

在上述这些研究不足的基础上，本书认为，群体思维理论至少在以下两个方面为本书指出了进行继续探索的空间。

第一，针对原模型过于复杂，因素间没有主次之分以及没有考虑决策任务的不足，可以对原模型进行一定的调整和简化，并加入决策任务因素。具体讲，群体凝聚力、群体内部结构特征以及外部环境因素这三类前提条件可以按照"内部"、"环境"及"过程"这三个方面进行重新调整和简化，先删去群体凝聚力，因为该因素已经被证明不起主要作用。然后，保留原有内部结构因素中除决策程序之外的其他因素，统一归入"内部"因素，而将决策程序单列为与"过程"有关的因素。最后将原有的外部环境因素中的几个因素统一用决策任务代替。在新的"内部"、"环境"和"过程"三类因素中，将领导风格定为群体内部最重要的因素，而决策任务及决策程序分别是与"环境"及"过程"有关的重要因素。有关详细的理论模型简化过程和理由将在下一章进行说明。

第二，可以对上述调整过的简化模型中所涉及的几个重要变量进行具体的实证研究检验，由于所涉及的因素大大简化，因而完全可以做到通过比较规范的单项研究就可以完成对整个模型的验证。此外，在对决策过程和结果的评价中，可以考虑在原有的群体思维症状及决策过程缺陷的基础上，增加成员在决策过程中以及对决策结果的一些主观态度效标测量，从而使对决策过程和结果的评价更加全面、更加系统。

3　理论模型

在绪论中，本书提出了所要解决的关键问题，即"影响群体决策过程和结果的关键因素有哪些，这些因素如何对群体决策过程和结果实施影响"。此问题可以进一步分为两个部分，前一个为"是什么"的问题，后一个为"如何"的问题。其中，后一个问题的回答以前一个问题的回答为前提，同时又为前一个问题的最终解决提供更充分的证据。

由于本书秉承了目前群体决策研究领域中比较公认的"过程–结果"研究观，主要侧重从群体决策过程中的行为及决策方式角度进行，所以，为了回答前一个问题，在理论文献综述部分，本书主要对群体决策行为和组织研究的现状及其不足进行了总结，并对典型的基于决策过程和行为研究的群体决策模型——群体思维理论进行了较详细的评述。在此基础上，笔者发现，在已有的群体决策研究中，关注较多的变量目前主要集中在群体内部结构特征、群体外部情境以及决策过程支持三类。其中，在群体内部结构特征中，关注较多的为群体领导风格、群体凝聚力以及群体同质性等。在群体外部情境中，主要关注群体任务（类型及结构）和外部压力。决策过程支持则以决策支持系统（如 GSS、GDSS、EMS 等）最为常见，此外还有决策程序、决策规则等。这些变量尽管在大多数研究中均得到了较多的关注，但究竟哪些变量对决策过程和结果的影响更大、更关键，目前并没有一个比较一致的认识。为此，本书根据这些变量现有研究结果的总体一致性程度以及群体思维相关理论研究中的一些不足之处，将关注的重点进一步缩小为与群体内部结构有关的领导风格、与过程支持有关的决策程序以及与外部情境有关的决策任务三种。

需要说明的是，以 GDSS、GSS 等为代表的决策过程技术支持因素虽然越来越多地为研究者所关注，并且在组织管理实践中的应用也不断增加，但在本书中，考虑到目前大部分的组织管理决策，尤其是组织高层管理决策，主要还是通过面对面（Face-to-Face）的传统方式进行，所以并没有列入本书的范围。另外，群体凝聚力虽然也得到了较多的研究，但是由于其现有研究结果之间还存在较大的不一致，支持性的证据也比较缺乏，加上 Esser[58] 在其对群体思维理论的综述研究结论中对此变量的否定，所以本书同样没有将其列入考察范围。通过这种方式，本书对关键问题中的前一个部分进行了初步回答。

需要强调的是，本书选择这些变量作为重点研究对象，并没有排除还有其他变量也具有重要作用的可能性，只是说在本书所限定的组织管理决策环境下，笔者预期这三种变量的地位和作用将比较显著。并且，这种建立在已有研究结论上的预测性回答，还需要进一步通过研究这些变量在决策过程中的具体影响机制才能知道。这也将为前一个问题的最终解决，即识别出所有的关键因素提供更加充分的基础。

作为一项探索性研究的必备工作，本章的主要任务是为本书所要解决的关键问题中后一个部分"这些因素如何对群体决策过程和结果实施影响"的回答做具体准备，即在前面两章工作的基础上，提出有关这三个变量与群体决策过程和结果之间影响关系的理论模型，以作为后续研究假设提出及研究设计的基础。

如前所述，本书将对领导风格、决策程序以及决策任务这三个变量对群体决策过程和结果的影响机制进行探索。尽管这三个变量在已有的研究中都得到过程度不同的关注，但是将它们重新纳入一个统一的研究框架下所进行的研究目前尚未发现。因此，本文至少在以下两个方面有别于以往的研究：一方面，以往的研究中，未将领导风格和决策程序两个变量放在同一个研究框架下进行研究，因而这两个变量之间所可能具有的交互作用目前还不清楚；另一方面，在本书的重要理论基础群体思维模型中，目前还没有发现对决策任务这个变量的研究，因而在现有的关于群体思维现象的研究以及其他有关决策过程失误将导致决策结果失败的种种研究中，决策任务所可能具有的影响或者调节作用尚不明确。本书将决策任务作为一个重要的调节变量引入，将是对上述研究缺陷的一个弥补。

以下将先对本书所秉承的基本哲学观和方法论作一个简单阐述，并在一个群体决策理论研究基本概念模型的基础上，提出本书的一些理论观点。然后分别从领导风格、决策程序以及决策任务三方面进行进一步的理论分析，最后给出本书具体的理论研究模型。

3.1 本书的方法论、概念模型及理论观点

3.1.1 本书的哲学观及方法论

作为从组织行为（OB）研究中逐渐独立出来的一个研究领域，群体决策研究一直都是在某种基本的研究哲学观和方法论的指导下进行的。基于不同的研究哲学观和方法论，又衍生出许多的概念模型及其对应的理论观点。

本书前面曾经提到，现有的群体决策理论研究存在两种研究导向：一类是着重于问题内容的内容导向型方法，主要研究在给定的社会和群体约束及其目标下，如何找到最优的解；另一类是以过程描述为主的过程导向型方法，强调观察群体在决策过程中是怎样行动的，并确信有一种有效的行动过程可以处理这些问题。

在本书看来，以上两种研究导向实际上代表了两种极端的、相对立的群体决策研究哲学观和方法论。如果假定两者处在同一个研究哲学观和方法论的谱系上，则左端代表的是以"优化"、"设计"为特征的工程化观点，右端代表的是以"过程"、"行为"为特征的社会化观点。图 3-1 给出了这个研究谱系的示意图。

无论是从"技术"、"优化"的角度将群体决策看做是一个一群理性人追求最大化群体绩效的过程，还是从"过程"、"行为"的角度将群体决策视为一个一群真实人通过行为交互来追求满意、平衡和折中

工程化观点		社会化观点

工程化观点
- 技术、优化中心观
- 决策者都是全智全能的理性人
- 每个决策都存在最优的决策结果
- 决策者通过给定的约束条件均能找到最优的决策方案
- 基于静态的分析模型

群体决策研究的哲学观和方法论谱系

社会化观点
- 过程、行为中心观
- 决策者都是有限理性的真实人
- 每个决策仅存在有限范围内的满意结果
- 决策者只能通过一个相互折中、妥协的过程寻找到尽量满意的结果
- 基于动态的描述模型

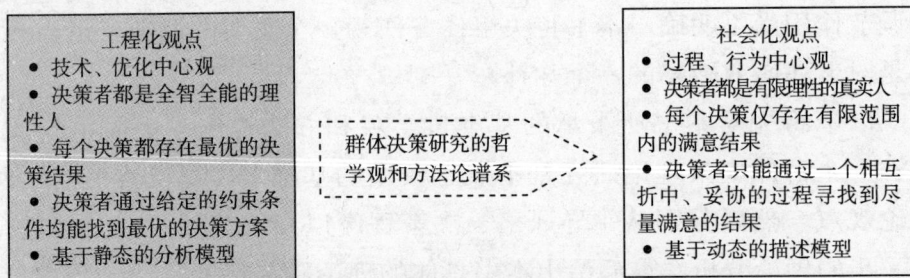

图 3-1　群体决策研究的哲学观和方法论谱系

的过程，都为现实的群体决策研究提供了某种方法和范式的指导。但从实际情况来看，更为大多数研究者所接受的还是处在上述谱系中间位置的哲学观和方法论。这是因为以上两种研究范式都由于过分强调了某种极端情况而在某种程度上偏离了实际。例如，工程化的观点由于过分强调决策者的计算能力和智慧，以至于没有考虑到决策者自身的社会和行为约束，并忽视了由复杂多变的决策环境所带来的种种限制。社会化的观点又过分偏重对决策者行为的简单描述，而相对忽视了决策过程中主观能动因素（如领导）以及必要的技术支持因素的作用。为此，本书认为，群体决策研究应该在一种既考虑了决策者追求最优决策绩效的愿望和动力，以及自身社会、行为因素的限制，又考虑了决策情境为决策者所施加的种种约束，同时还将能够使决策过程不断逼近理想状态的主观能动因素和外界技术支持因素也考虑在内的研究范式指导下，才能达到获得有效决策过程和结果的目的。在这种研究哲学观和方法论的指导下，本书认为，一个群体决策过程，只有从"群体内部特征"、"群体外部情境"以及"群体技术支撑"三方面入手，才能找到对决策过程和结果都有重要作用的因素，并通过对这些因素的管理和控制，从而达到改善决策过程效果，提高决策效率的目的。本书姑且把这种研究范式称为"结构—情境—支持"论，再结合前面所反复强调并为大多数研究者所公认的群体决策研究"过程—结果"观，就构成了本书所秉承的研究哲学观和方法论。

需要强调说明的是，在本书所提出的"结构—情境—支持"论中，并没有放弃对决策过程的重视，而是更加突出了决策过程的地位和重要性。无论是群体自身的结构特征、决策外部情境，还是决策过程支

持手段，都是以决策过程为纽带，并通过在具体的决策过程中所表现出的相互作用和影响，来对最终的决策结果产生影响。以往的决策研究中，大多忽视了对决策过程本身的关注。往往将决策过程视为一个封闭的"黑箱"系统，只关心决策前有哪些因素引入，然后通过最后的结果来完成对决策的评价。至于决策是通过怎样的一个过程来完成则并不关心。但是随着对大量现实的决策现象的观察可以发现，即使同样的群体，面对同样的决策任务，往往会相继做出两种结果截然相反的决策。除了一些偶然因素之外，导致两种决策结果产生的决策过程的不同往往能够有说服力地解释这种现象。按照群体决策研究的"过程—结果"观，虽然好的决策过程并不必定产生好的决策结果，但好的决策过程一定会增加好的决策结果产生的可能性。

此外，一个群体决策是否能取得理想的结果，除了会受到决策外部情境因素的限制和约束外，关键是群体中人的主观能动性的发挥。在本书看来，一个决策过程中人的主观能动因素将主要通过以领导为核心的群体成员间的相互作用所引起的种种的行为表现得到具体体现，而其中，又以领导的作用尤为突出。领导在决策群体中所发挥的作用犹如一个战略家和指挥家，其自身的行为风格、管理组织能力以及潜在的管理素质等因素都会使决策过程始终处于领导的调控和影响之下。席西民曾经形象地将领导的作用比喻为"头马、木匠和空气"：①好的领导应该像头马，一是善"领"，一是善"控"；②领导应该像木匠，在做任何事之前，先有一个整体的构思或规划，并充分利用已有的资源，然后通过实践实现自己的想法；③领导应该像空气，好领导的最高境界是让人既感觉不到存在，又无法离开。从中可以看到，领导的地位和作用是无人能够代替的。

领导因素固然很重要，但是在一个群体决策过程中同样不能忽视的因素还有决策情境以及决策过程支撑条件。现实中可以看到同样的群体，当面对不同的决策任务时，常常会有不同的行为表现和决策结果。另外，同样的群体在解决同样的问题时，如果采用了不同的过程支持手段或者决策方式，往往也会产生不同的决策结果。因此，外部情境因素（如任务）和过程支持手段（如决策程序）也是一个群体决策系统中所不可缺少的环节。外部情境因素所设定的决策环境为决策过程的进行设置了种种约束条件和问题解决空间，而过程支持手段则从技术支持的角度为决策过程的顺利进行提供了辅助性的保障措施。

在以上所阐述的群体决策研究哲学观和方法论的基础上，下面将从本书所遵循的基本概念模型入手，来为后文具体的理论研究模型的提出做好充分的铺垫。

3.1.2　基本概念模型

在不同的群体决策研究哲学观和方法论的指导下，会衍生出许多不同的群体决策研究概念模型。在众多的概念模型中，与本书所秉承的"结构—情境—支持"论和"过程—结果"观所一脉相承的一个重要概念模型就是由 Nunamake [60] 所提出的"输入—过程—输出"模型。通过席酉民等人的进一步改进，便衍生出图 3-2 的基本概念模型。可以看到，这个概念模型基本涵盖了本书的研究观阐述中所涉及的各种因素，并且着重突出了决策输入因素和输出因素通过决策过程而产生的相互匹配机制，还提出必须打开决策过程的黑箱状态，以增加决策过程的透明程度，从而为本书后续研究中所将要提出的具体理论研究模型提供了一个基本的指导平台。

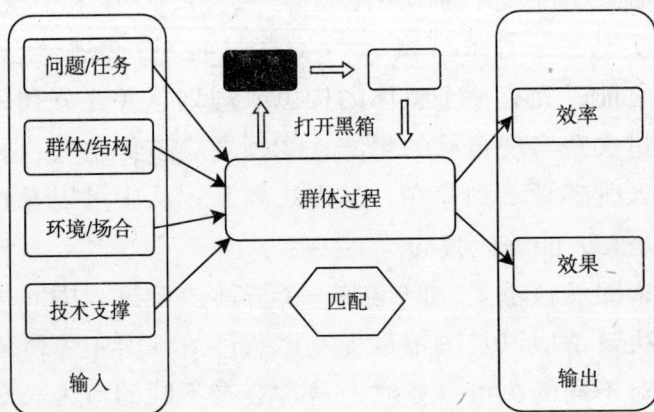

图 3-2　群体决策过程研究概念模型

3.1.3 本书的理论观点

在基本的研究哲学观和方法论以及基本概念模型的基础上，本书将提出一些理论观点，这些观点大多源于对本书第 2 章中所涉及的种种群体决策研究理论的总结，但又不是这些理论的简单叠加和综合，而是在本书所提出的群体决策研究"结构—情境—支持"论和"过程—结果"观的统领下所进行的重新整合和扬弃。这些理论观点将作为本书后续具体研究设计、实施和结果分析的指导原则。

（1）群体决策过程是一个以领导为核心的群体成员在特定的决策环境下就具体的决策任务和问题所进行的信息沟通、一致性寻求以及妥协折中的行为交互过程。

（2）群体自身结构特征、群体外部情境以及决策过程支撑构成了群体决策过程的主要输入因素，共同影响决策过程的进行。不同的决策过程，将产生不同的决策结果。

（3）群体自身的结构特征，包括群体构成、规模以及群体领导的个性和行为风格等，是决定群体过程进行的内部因素。在这些因素中，首要的因素是领导的个性和行为风格。

（4）群体所要完成的决策任务或者所要解决的决策问题为决策过程设置了一种外部情境约束和问题解决空间，不同的任务，要求决策群体采取不同的领导方式和决策过程组织方式。

（5）为了使一个决策过程能够取得更理想的决策结果，需要根据任务的具体类型决定是否采用某种过程支持手段以达到辅助问题解决的目的。

（6）一个好的群体决策过程的评价标准，除了决策效率高，决策结果达到预期目标之外，更为重要的是决策成员对决策过程中领导者的满意度、对决策过程本身的满意度以及对决策结果的满意度等各种主观态度效标。

总的来讲，本书将分别从与"结构"、"情境"和"支持"有关的领导风格、决策任务以及决策程序三个变量入手开展具体的实证性研究。下面将对这三个变量与决策过程和结果间的关系分别进行理论分析，最后给出本书的具体理论研究模型。

3.2　领导风格的重要性及其影响机制

按照群体决策研究中目前公认的"过程—结果"研究观，好的决策过程必然会增加好的决策结果产生的可能性。同样的决策任务，如果由相同的决策群体通过不同的方式进行组织实施，其最终的结果也会因为决策过程的不同而产生差异。在这种"过程—结果"关系存在的前提下，随之而来的一个重要问题是，如果合理的群体决策过程将导致好的决策结果，那么是什么因素引导群体参与了这个合理的过程？在早期关于领导风格的社会心理学研究中，学者们一致认为，在群体决策中，群体的领导风格是影响决策过程和结果的主要原因。[7]

在现实的组织管理实践中，的确也会发现决策群体中的领导者对于决策过程和结果具有很强大的影响力。领导者本人的决策风格如何，是比较独裁，还是比较民主，甚至领导在决策过程中是先发言还是后发言等这些看似细节的问题，都会对决策群体中其他成员的决策行为以及决策过程的进行直至最终的决策结果等方面产生比较显著的影响。通过对现实管理组织中大量的群体决策过程的观察可以发现，领导因素与决策过程体制（如民主与集中制）之间往往还存在着一个相互匹配的问题。一个决策体制效果的好坏通常都要看群体领导究竟表现出怎样的行为特性和风格。对此问题，席酉民曾经有过精辟的阐述：

……为什么一个好的决策体制会产生不太好的决策结果，其重要原因是忽视了领导特性和决策体制的恰当匹配。笼统谈民主与集中并没有说明什么时候民主，什么时候集中，或民主与集中怎样交叉进行，实际上民主与集中恰当地运用可以衍生出许多民主与集中结合的决策模式来，有时候很难区分哪种模式更优，但通过与决策者特性的搭配便可判断哪种模式更适合哪种类型的决策者。如果有的决策者很有权威，且也很有智慧、能力和见解，为了了解更多人的意见，该决策者最好开始时不要表白自己的观点，而是在集中时再充分发挥作用可能更好；再如有的领导可能因为能力有限，但人缘不错，大家在一起也很随意，对这种决策者来说什么时候说话并不重要，关键是有能力总结大家的意见，集中很重要……[59]

由此看来，一个好的群体决策过程不仅取决于该决策采用何种决策方式和体制，更为重要的是该群体的领导能否根据不同的决策情境来调整自己的行为表现，从而使领导特性和决策体制之间能够形成某种良性的互动和匹配。在种种有关领导特性和决策过程之间关系的理论研究中，有关领导风格的研究一直开展得相当热烈。

按照本书绪论中对领导风格的界定，所谓领导风格是指领导者在领导和决策过程中所表现出来的一种行为准则和类型。领导风格的不同，直接表现为其领导行为的差异。早在 1939 年，Lewin 等人就将领导风格区分为独裁型和民主型两种。独裁型领导控制着群体讨论，掌握着群体交互，主宰着任务的完成。相比之下，民主型领导促进群体讨论，鼓励成员参与目标的设定和任务的完成。[61] 在现有研究中，除了上述两种领导风格之外，还引入了一种被称为自由放任型的领导风格。但总的来看，独裁型和民主型两种领导风格仍然在目前的研究中最为常见，同样也为本书所采用。

在领导学研究领域，有关领导风格的研究目前已经进行得比较深入。研究目的主要是考察领导风格与其他变量之间的交互作用对群体绩效的影响。研究方法大部分为实验研究，也有部分实地研究。从现有的文献来看，这些涉及领导风格变量的研究主要有：领导风格与群体凝聚力，[44,48] 领导风格与从众倾向，[57] 领导风格与问题结构，[62] 领导风格与信息取样，[61,63,64] 领导风格与匿名性、奖励，[65] 领导风格与领导者性别、下属个性，[66] 领导风格与下属文化倾向，[67] 领导风格的个体差异，[68] 等等。这些研究的结果表明，和其他的变量相比，领导风格对于群体绩效的影响更加显著，这为本书先前对于领导风格重要性的预期提供了比较充分的支持性证据。

在群体决策研究领域，有关领导风格的研究则更关心其究竟通过怎样的方式和途径对决策过程和结果产生影响。这里牵涉将群体决策视为怎样一个过程的问题，从不同的研究视角来看待决策过程，领导因素在其中所起的作用也会有所不同。例如，有些研究者将其视为一个信息沟通和处理的过程，有些将其视为一个社会交互和影响的过程，有些则将其视为一个化解冲突和寻求妥协、平衡的过程，还有些将其视为一个寻求观点一致的过程，等等。由于本书侧重于决策过程中行为因素和组织因素的研究，并且以群体思维模型为重要的理论基础，而该理论主要将决策视为一个在信息沟通前提下的一致性达成过程，所以主要采纳了与行为和组织均有关系的信息沟通和处理视角以及一致性达成视角来看待决策过程。

从信息沟通和处理视角研究群体决策，其中的一个主要观点是，决策过程实际上就是如何保证信息的获得和使用。[71] DeSanctis 和 Gallupe [72] 在论述有关 GDSS 理论基础的文章中，所采纳的一个重要观点就是将群体决策看做是一个为了完成某项任务而进行的"信息交换过程"。这一类研究中的一个主要假设就是与决策有关的信息是否能够顺利获得并且有效使用，将会直接影响群体决策过程和结果的质量。根据对已有文献的总结可以看出，在群体决策过程中，信息的获取和使用以及相互沟通主要是通过群体讨论的形式来完成的，而直接对群体讨论进行控制和诱导的关键成员就是群体领导。因而，领导在群体讨论中采取何种领导风格和行为，将会对讨论的过程和质量产生直接影响，并进而影响到最终的决策结果。例如，如果领导风格为独裁型的，则领导者在讨论过程中将以一个强硬的姿态出现，他（她）会在讨论一开始就首先抛出自己的观点或意见，并催促成员尽快就其所提观点和意见进行讨论，而且不鼓励其他成员提出不同的观点，从而抑制了成员之间更多的信息沟通和交流。此外，在信息处理过程中，这种类型的领导也会通过频繁地发表意见和看法，从而强行向成员灌输自己的理念，以致改变群体对已有信息内容的理解和解释，等等。从信息沟通和处理角度研究领导者的行为和风格在群体讨论过程中的作用是目前群体决策研究中比较常见的一条途径。

从一致性达成这个视角来研究群体决策，其主要的观点就是任何决策过程的最终目的都是使包括领导在内的所有群体成员就决策方案达成最终的一致。因而，一致性的获得就成为衡量一个决策是否完成的主要标志。但需要说明的是，虽然一致性的达成表明决策过程的结束，却不能因此认为一个群体决策一旦达成了一致，其质量就一定是好的。这主要是由于一致性本身可以按照不同的标准区分为很多种情况，不同情况下的一致性含义不同。另外，一致性的获得有不同的方式，每种方式下的一致性也会具有不同的性质。这些不同性质的一致性往往对于决策结果有不同的意义。例如，如果从成员对最终方案以及领导者本人的接受态度来看的话，一般有这样四种情况，一种是无论是从内心还是表面都赞同；一种是内心反对，表面却赞同；一种是内心赞同，表明却反对；还有一种是内心和表面都反对。由此看来，虽然在前两种情况下都比较容易取得一致性的达成，但是这两种一致性是有区别的，暂且把前一种称为"真一致"，把后一种称为"假一致"，并认为"真一致"情况下的决策质量一般要高于"假一致"情况下的决策质量。这是由于在一致性获得的过程中，成员的反应和态度不同，从而导致他们在决策实施过程中的反应和态度也出现了差异。对于决策结果是否真正接受的区别导致"真一致"情况下决策实施效果相对于"假一致"情况下要好，因此两种一致性下的最终决策质量将会有所不同。此外，在不同的决策规则下，决策一致性的概念也是有区别的。所谓的决策一致并不一定就是指决策群体成员都同意了某个方案，这种所有成员都同意某个方案的情况在现实中往往并不多见，更多的情况是，只有大部分成员的观点取得了一致，甚至有时候只有小部分成员的观点取得一致，就认为决策一致达成，这就要看决策规则究竟是全体一致规则、多数规则还是少数规则而定。

一致性除了会受到具体的决策规则制约之外，还会受到像领导风格这样的因素的影响。决策过程往往以最终的方案敲定为结束，此时也表示决策达成了一致，所以本书所指的一致性达成效率，实际上就是指决策过程所经历的时间长短。而一致性效果在本书中主要是指成员对决策所达成的一致性结果的一个接受和认可程度，全体成员都认可和接受的一致性结果肯定效果最好。不同的领导风格下，决策一致性的达成无论在效率还是在效果方面都会有所不同。例如，如果领导风格是独裁型的，领导者本人常常不鼓励成员对过程讨论的参与，并且会将自己的观点意见强加给成员。在这种情况下，决策过程常常在没有经过充分讨论的情况下就匆匆结束，看似效率很高，但是在效果方面却另当别论。因为即使决策最终在领导者的强大影响力下取得了一致，但是这种一致很有可能属于前面所讲的那种"假一致"，即成员虽然表面上迫于压力接受了领导者所提出的方案或者意见，但是其内心却并未真正接受。这对决策结果的影响就是在决策最终实施的过程中，那些表面接受，但内心反对的成员会有意无意地采取消极甚至抵触的情绪，从而使决策即使在取得了一致的情况下，最终因为实施不利而失败。

需要注意的地方是，无论是从信息沟通和处理角度，还是从一致性达成角度来研究领导风格对决策过程和结果的影响，都存在成员对于领导风格及其领导者本人的态度问题。这其中包括成员对领导者个人能力、行为风格以及信心等方面的主观感受。成员对领导者的态度将会直接受到领导风格的影响。这种成员对领导者的主观态度又会对整个群体决策过程中成员与领导之间，成员相互之间的交互产生影响，从而间接影响到最终的结果。例如，对于民主型风格的领导来说，由于其鼓励成员相互之间平等的沟通和交流，倡导成员相互之间更融洽的合作和共事关系，并积极创造一种各抒己见、相互尊重的讨论氛围，从而会使决策成员更容易对领导者本人产生比较积极的态度。这是因为民主型的领导风格更容易满足成员的一些高层次的愿望和需求，如自我表达，自尊以及独立自主等。[62] 在决策过程中，成员也会因为有更多的参与机会，从而表现出更多的积极性、主动性和配合性。同时，由于参与、自由表达和被重视而产生的愉悦感、满足感也会让成员对自身、对领导者本人、对决策过程以及对决策结果都比较容易产生积极的评价。在这种情况下，前面所说的那种更充分的信息交流和沟通过程以及最终的"真一致"现象就更容易出现，从而产生更有利的决策结果。

领导风格除了在上述几个方面具有影响作用之外，对于决策过程中可能产生的群体思维症状及决策过程缺陷，同样具有影响作用。在群体思维理论中，领导风格一直是一个关键的影响因素，按照 Janis 的假设，独裁型的领导风格将是导致群体思维发生的直接诱因，而民主型领导风格将会防范群体思维的发生及决策过程出现缺陷。由于本书主要以群体思维理论模型作为研究基础，因此，在本书所要建立的模型中，同样认为在领导风格和群体思维症状和决策过程缺陷之间存在着关系。

由此可见，领导风格不仅可以影响决策相关信息的沟通和处理以及决策一致性的达成，还可以影响成员对领导者本人的态度以及对决策方案的接受程度。同时，还将对决策过程中所可能产生的群体思维现象及决策过程缺陷产生影响。本书对领导风格变量与决策过程和结果之间关系的探索将主要从上述的几个方面入手。在后文的研究设计及实施过程中，将就独裁型和民主型两种领导风格进行具体研究。

3.3　决策程序的引入及其作用

在对群体决策过程的研究中，除了上面提到的领导因素外，另外一个同样重要但却没有像领导风格那样得到充分研究的变量就是决策过程中所应用的决策程序。随着组织管理实践中对群体决策民主化、科学化要求的不断提高，对于在决策过程中是否应该应用某种能够指导决策按照客观、理性的步骤进行的决策程序，以及如何让这些程序帮助群体更好进行决策相关信息的收集和交流等，逐渐成为管理决策研究领域所关注的课题。

决策程序在本书中是指在决策过程中所应用的某种辅助性质的决策信息及成员意见搜集、汇总和评价的方法或工具。这种决策程序对决策过程的辅助作用在步骤和方法两方面都有所体现。一方面不仅规定了决策时应该按照怎样的步骤搜集决策信息及成员意见，这和一般意义上的决策程序比较类似。另一方面还提供了对决策信息及成员意见的评价和汇总方法，这又和一般意义上的决策规则比较相似。本书将这种决策程序纳入了决策过程支撑手段的范围，和 GSS 等决策支持系统的使用目的一样，本书所研究的这种决策程序也是为了更好地辅助决策过程进行。其主要功能在于不仅能够促进成员之间更好的信息沟通和交流，还能提供某种方法或工具以提高成员对问题进行客观分析和有效解决的能力。这种决策程序一般有正式和非正式之分。正式的决策程序一般强调在决策过程中按照一种客观理性的步骤以及科学的方法来进行信息搜集、方案产生、方案排序和方案确定。非正式程序则比较灵活，会根据具体的决策问题而采用不同的形式，往往在某种启发式的策略指导下进行。已有的研究表明，决策程序的合理应用可以保证群体决策过程处于一种高度结构化和系统化的环境中。通过促进决策群体中的建设性批评、非从众性以及开放思维，决策程序可以提供一种防范机制来避免群体趋于虚假的一致。总的来讲，同样的决策过程，如果再配以一套合理的决策程序指导，其效率和效果都会有所提高。

决策程序变量在本书研究框架中的引入同样是在群体决策研究中"过程—结果"关系存在的前提下进行的。本书第 2 章曾经指出，在很多管理学家，以及心理学家看来，在"过程—结果"关系存在的前提下，好的决策过程必然会增加好的结果产生的可能性。在这些来自不同领域的研究中，都存在着一个共同的核心思想，即为了制定出正确、满意的决策，决策者们必须拥有一个在科学、合理的决策程序指导下的决策过程，即目标设定、方案形成、信息获取、方案甄别、决策实施这一系列完整的过程步骤。[7] 尽管这样会使决策在某些时候变得费时费力，但是，大多数学者们还是认为在决策过程中保持必要的警惕和理性，将会得到更令人满意的决策结果。由此可见，决策过程的进行和管理离不开一种与之相匹配的决策程序，为了提高决策过程的有效性，决策程序的引入就成为一种必然。

本书更加关心决策程序的引入，将会对决策过程和结果产生什么影响，并且也对决策程序和领导风格之间具有怎样的交互作用感兴趣。

和前述的领导风格部分一样，有关决策程序的研究，依然建立在将决策过程视为信息沟通和处理以及一致性达成两种不同的视角基础上进行。通过对已有研究的总结可以发现，决策程序将从以下四个方面对决策过程和结果产生影响。

首先，和领导风格一样，决策程序也会影响决策相关信息的沟通和处理。但是，和领导风格的影响方式略有不同的是，决策程序对信息沟通和处理方面的影响更多的是通过挖掘成员所掌握的隐藏信息以及对群体已有信息进行客观、理性分析的方式来进行的。一方面，决策程序的应用，为成员提供了更多的表达机会，从而更多地挖掘出他们所掌握的独有信息（或称为非分享信息）。例如，朱华燕和郑全全[16]的研究就表明，决策程序能够较好地克服群体动力学方面的一些消极影响，表现出挖掘信息（尤其使非分享信息）的充分性。另一方面，决策程序提供了一种对群体已有信息进行客观分析、理性评价的方法和步骤，特别是一些融入了方案评价方法和技术在内的决策程序（如前文所提到的 MAU 程序），能够使决策信息的加工和处理更容易进行，所得到的结果更准确、更真实。

其次，在群体决策一致性的获得过程中，决策程序也和领导风格一样会产生影响。这种影响作用将体现在一致性达成的效率和效果两个方面。一般认为，应用了决策程序后，决策过程被人为地延长，并且在决策过程中，成员不得不按照决策程序的要求分步骤进行决策，缺乏一定的灵活自主性，所以，和自由讨论情况的相比，一致性的达成效率相对要低一些。但是在效果方面，可能会由于每个成员都有机会就决策发表意见，提供各自所掌握的信息，并且能够按照决策程序提供的方法和步骤进行信息的处理，从而避免了不恰当的主观臆断，因此使所达成的决策一致更接近真实的一致。

再次，决策程序的使用与否还会影响成员对决策过程的主观态度。决策究竟是在决策程序的指导下进行，还是通过自由讨论的方式进行，不同的决策成员会有不同的看法和偏好。一旦决定采用决策程序，那么在决策过程中，决策程序所人为设定的信息挖掘步骤以及问题分析思路、方法是否能够得到成员的认可和接受，以至于其是否能够积极主动地按照程序的要求进行决策，都会直接影响成员对决策过程满意度的感知。例如，有些成员比较喜欢决策程序所带来的那种分析逻辑和执行步骤，从而会主动配合并积极响应。而有些成员则更喜欢自由讨论下的随意表达而不愿意接受决策程序下的刻板步骤，所以会产生一定的消极抵触情绪。这都会使成员对于决策过程是否令其满意而产生不同的感受和评价。本书预计，决策成员对于决策过程是否满意这样的主观认知感受将会影响他们对于决策过程的参与和与其他成员之间的交互，从而通过影响过程而影响到最终的决策结果。例如，对决策过程满意度高的成员，似乎更愿意在参与过程中表现出积极主动性，在决策程序的指导下，更能充分地表达自己的想法，更完全地提供自己所掌握的信息，对于最终的决策结果也更容易接受和付诸实施。

最后，决策程序对于决策过程中的群体思维现象的发生及决策过程缺陷的产生同样具有影响作用。如果一个决策群体在决策过程中缺乏一套能够引导群体按照科学合理的步骤进行信息搜集及评价的程序，那么，群体就容易产生群体思维症状，并出现决策过程缺陷。这是Janis 的群体思维理论中所提出的一条重要假设。由于本书主要以群体思维理论模型作为研究基础，因此，这个假设关系同样将被引入所要建立的研究模型。

由此可见，决策程序不仅可以影响决策相关信息的沟通和处理以及决策一致性的达成，还可以影响成员对决策过程的态度以及对决策方案的接受程度。同时，还将对决策过程中所可能产生的群体思维现象及决策过程缺陷产生影响。本书对决策程序变量与决策过程和结果之间关系的探索将主要从上述的几个方面入手。在后文的研究设计及实施过程中，将就绪论中所提到的 MAU 程序与自由讨论两种情况展开具体研究。

3.4 决策任务的调节作用

在本书的研究模型中最后引入的一个重要调节变量就是决策任务。任何决策群体都需要面对和完成各种不同的决策任务，不同的任务类型对于决策群体应该采取何种行动提出了不同的要求。决策任务实际上为决策群体设置了一个与环境有关的问题解决空间，即使同样的群体，当面临不同的决策任务要求时，也必须调整行动方案。在本书看来，不同的任务类型，会要求不同的决策过程和决策行为。决策任务为群体决策创造了一种交互环境，它限定了群体在制定决策时成员之间的交互模式和行为表现。并认为，无论是领导风格还是决策程序，它们对群体决策过程的影响作用都会受到决策任务的影响。也就是说，在不同的任务类型或者情境下，同样的领导风格或者是决策程序，对于决策过程的影响将会具有不同的效果。

尽管决策任务在很多群体决策研究中都得到了关注，但是在作为本书重要理论基础的群体思维模型中，却没有发现哪一个群体思维的前提条件与决策任务有关。而决策任务对于群体决策来讲，是一个非常关键的变量，有些研究者甚至认为，它有时候甚至能够解释 50% 的群体绩效变化。Aldag 和 Fuller[51] 就认为，那些需要全体成员参与和交互的任务比不需要成员参与和交互的任务更易于使群体陷入群体思维。Longley 和 Pruitt[74] 也认为，决定群体思维是否真正阻碍合理决策过程的关键因素有两个，一是决策时间，二是群体所面对的决策任务类型。但在现有的群体思维研究中，任务类型的作用及地位却常常被忽略。本书认为，决策任务的类型和特性虽然不是导致群体思维发生的直接原因，但是，任务类型的不同，将会直接影响领导风格和决策程序对群体思维的作用。也就是说，任务类型在群体思维理论模型中，将是一个重要的调节变量。

在现有的群体决策研究文献中，关于决策任务的研究，大都将其视为一个调节变量，本书也采用了这种做法。在此处很有必要解释一下调节变量的特征。总的来讲，调节变量是一个能够影响自变量和应变量之间关系变化方向和大小的变量。[76] 所以，一个变量是另外两个变量之间关系的调节变量意味着这两个变量之间因果关系的变化将是影响变量的函数。在解释调节变量的作用时，Baron 等人[76] 指出这种类型的变量一般是在某种关系存在于一种情形，而不存在于另一种情形的时候被引入。进一步讲，尽管调节变量详细说明了什么时候特定的影响关系会出现，但是调节变量并不说明这些影响为什么以及如何发生。因此，作为调节变量的决策任务并不一定会直接对决策过程和结果产生影响，但是却能影响领导风格和决策程序这样的变量与决策过程和结果之间的关系。

在本书中，将决策任务作为一个调节变量引入研究模型中主要基于以下几方面原因。①对群体决策过程的变化具有关键作用的因素一般和群体内部结构特征有直接关系，在本书中具体讲，就是和领导风格和决策程序直接有关。而决策任务作为一个由外界给定的条件，仅仅和群体所处的外部情境有关，和群体本身的特性并没有直接关系，所以也和群体决策过程没有直接关系。②一个决策群体的绩效在很大程度上依赖于其领导风格是否和其所执行的决策任务相匹配，这在领导学权变理论中已经得到了证实。并且决策程序的使用效果在一定程度上也会和决策任务的复杂性有关，这在朱华燕，郑全全[16] 的研究中得到过部分的证实。由此看来，在研究模型中已经引入领导风格和决策程序的前提下，有必要同时考虑和关注决策任务的作用，以便更全面地理解这两个变量对决策过程的影响。③现有群体思维理论研究中对决策任务变量的忽视，直接导致大多数研究结论无法验证原有模型中的因果逻辑关系。作为对群体思维理论模型的一个改进，也有必要引入决策任务作为研究对象。

本书将按照复杂性（Complexity）的不同区分出两种类型的决策任务，一种是复杂型的决策任务，另一种是简单型的决策任务。之所以以复杂性为任务划分标准，主要是因为复杂性标准是划分任务类型的一个基本标准，现实中不论组织面临何种决策任务，都可以按照复杂性标准进行区分。在后文的研究设计及实施过程中，将在这两种任务类型下进行具体的研究。

3.5 群体交互过程及决策结果

通过以上对领导风格、决策程序以及决策任务三个变量对决策过程的影响机制分析，基本将一个群体决策过程中所发生的种种行为和现象从不同的角度进行了剖析。尽管不能说所选取的这些分析角度能够完全代表在真正的决策过程中所发生的一切，但对于一个探索性质的研究来说，已经是在打开决策黑箱的道路上前进了很大的一步。

对于一个群体决策来讲，群体交互是其真正核心的内容，而在现有理论文献中，尽管有很多研究者明确提出了群体交互的概念，如卢相毅[14] 曾经从"过程收益"和"过程损失"的角度对群体交互过程进行了界定，但是对于群体交互过程究竟怎样描述和度量目前却没有一个统一的说法。本书认为，群体交互过程之所以不好描述和度量，主要是因为这个过程中所涉及的因素大多与决策参与者的心理和行为有关，所涉及的人的主观行为因素的不确定性和复杂性往往给描述和度量造成了相当大的困难。

为了能够从一个可描述和可操作的层面对群体交互过程有一个更直观的刻画，本书将尝试从两个方面进行。一方面是从群体成员间的信息沟通和交流等这些比较客观的情况来描述群体交互过程。任何一个群体决策首先都少不了成员间的信息沟通和交流，每个成员都有权利和义务来发表自己的观点和看法。因此，直观地看，群体交互过程首先就表现为群体成员之间的信息沟通过程。对于信息沟通情况的度量，直观的做法就是看信息交流量的大小，此外，还可以对所交流的信息种类进行区分。例如，共享信息和非共享信息。或者按照Kahai[62] 和Lam[73] 的做法，将群体交互信息分为劝说性的信息、鼓励性的信息、反对性的信息等。当然，信息沟通过程还存在一个效率问题，那些在很短的时间内交流更多信息的群体交互过程一定更有效率。然而，群体决策过程中所有的信息沟通都仅仅是一个手段，其最终目的无非都是使决策能够尽快且更好地达成一致，为此，成员相互之间还需要争论、劝说甚至冲突的形式来就各自的观点和意见进行交锋。最后真正能够让所有成员都认可、满意的决策过程和结果在现实中几乎很少出现。决策过程有时候更多地表现为一种成员间的相互妥协和折中，甚至有人说"当大家都不满意的时候决策就做出了"。因此，这些成员间的种种主观行为就构成了本书中所界定的群体交互过程的另外一个方面。从度量的角度来看，可以采用对参与者在决策过程中所获得各种主观感受进行直接评价而获得。这些主观感受包括对领导的态度，对决策过程的态度，以及决策时的参与感等。

从客观和主观两个方面所描述的群体交互过程，其结果如何，将通过最终的决策结果得到反映。通常，对决策结果的度量一般从效率及效果两个方面进行。在本书中，由于决策效率已经通过安排在群体交互过程部分进行了度量，因此主要针对决策效果。而决策效果的度量一般要根据所完成决策任务的具体类型来确定，通常使用的标准主要有决策质量以及决策结果的主观满意度等。本书对决策结果的描述和度量与以往通常的做法稍有不同，主要是从主观和客观两个方面进行。从客观方面讲，先要看决策结果受到领导方案的影响程度。之所以没有对决策质量进行测量，主要是由于本书研究中所选取的决策任务没有标准答案（在第5章将有详细阐述），所以，无法对每个群体提交的方案优劣进行比对。作为一种替代措施，本书采用了决策结果与领导偏好方案之间的一致程度这个指标。从主观方面讲，本书将主要从决策结果接受度和满意度两个方面来对决策结果进行度量。需要说明的是，结果接受度除了是对决策结果的一个评价之外，还起到对决策一致性达成效果的度量作用，决策结果被更多成员所接受和认可，就说明其一致性达成的效果更好。

3.6　理论模型的建立

经过以上分析，本书建立了一个包括领导风格、决策程序以及决策任务及其它们与决策过程和结果之间关系在内的理论模型（见图3-3）。

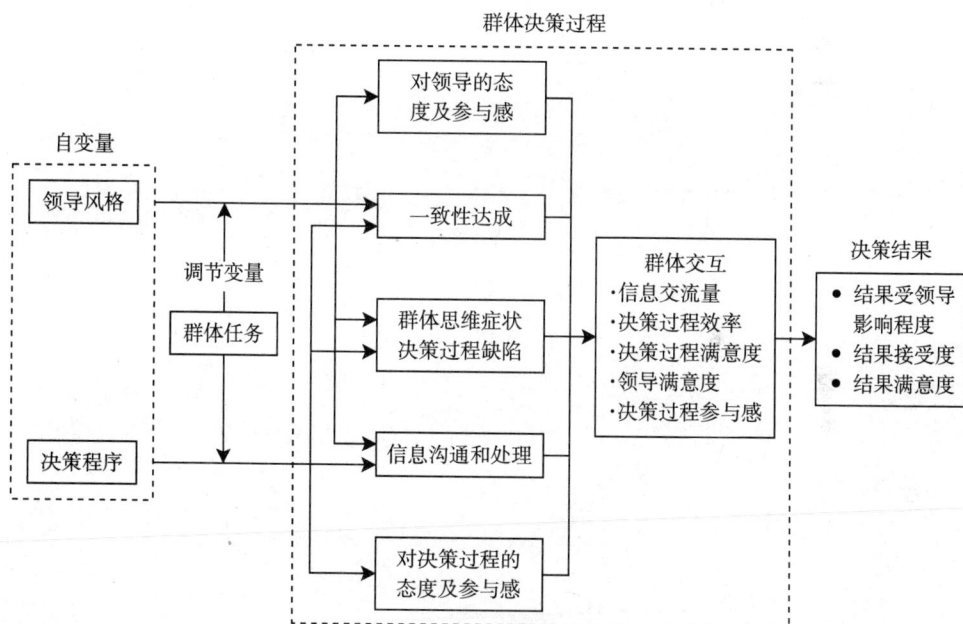

图3-3　群体决策理论模型

由图3-3看出，该理论模型仍然属于典型的群体决策"输入—过程—输出"模式。在模型中可以看到，输入部分的自变量有两个，为领导风格和决策程序，它们将对决策过程产生直接的作用。输入部分的调节变量为决策任务，它将对领导风格和决策程序对决策过程的作用产生影响。在过程部分中，受到领导风格直接作用的包括"对领导的态度及参与感"、"一致性达成"、"群体思维症状及决策过程缺陷"以及"信息沟通和处理"等。受到决策程序直接作用的包括"一致性达成"、"信息沟通和处理"、"对决策过程的态度"以及"群体思维症状及决策过程缺陷"。这些受到自变量影响的过程因素的变化都与"群体交互"相联系，从而产生不同的决策过程模式。由这些不同的决策过程，将导致最后输出部分的不同决策结果。在此理论模型指导下，有关上述这些变量之间的具体关系将通过下一章的理论假设部分进行详细阐述。

4 研究假设

第 3 章的理论模型虽然指出了本书所要研究的三个变量分别与决策过程和结果间的关系，但是这些关系的具体作用方向和强度如何，还需要通过本章所建立的研究假设来落实到具体的可操作层次。

4.1 领导风格与决策过程

参照 Janis 的群体思维模型中对独裁型领导风格的描述，本书所要研究的独裁型领导风格有如下一些表现：①不鼓励群体成员的参与；②在会议的开始就宣布自己的观点；③不鼓励来自其他成员的不同观点；④不强调做出一个明智决策的重要性。与此相对应，民主型领导风格的表现如下：①鼓励群体成员的参与；②在会议的开始先不宣布自己的观点；③鼓励来自其他成员的不同观点；④强调做出一个明智决策的重要性。由于这两种领导风格在表现方面的差异，使得它们在决策过程中将具有不同的影响作用。通过以下三个方面的假设，本书预计领导风格将对决策过程产生影响。

4.1.1 领导风格与信息沟通和处理

从两种领导风格的表现来看，领导对成员参与的不同态度及其是否在决策开始就发表观点，将会直接影响成员之间的信息沟通模式和效率。一个决策群体中的成员各自都掌握有不同的决策信息，通过参与讨论过程，成员才有可能将这些信息与其他成员共享。由于领导者作用的介入，使群体中的信息分布模式及其沟通机制都发生了相应的改变。

按照群体决策中各个成员所掌握的信息是否相同为标准，可以将其区分为共享信息（Shared Information）和非共享信息（Unshared Information）两种。Stasser 和 Titas [78,79] 较早开始对群体决策过程中分享信息和非分享信息的沟通机制进行研究。他们认为群体在交流信息和获取新的信息方面其实效率并不高，群体决策的失败往往由于一种称为 "Hidden Profiles" 的现象，即成员更容易赞成共享信息所支持的方案，而非共享信息所支持的方案即使质量更高，但因非分享信息不能充分沟通而无法被群体选择。[80] 在这方面的研究中，研究者认为能够通过改善信息交换而影响这种现象的一个重要因素就是领导。[61] Larson 等人 [63] 就发现，群体领导能够通过不断的提问来刺激非分享信息的交流。同样，Stasser 等人 [64] 也发现群体领导提高了成员对非分享信息的接受程度。Cruz 等人 [61] 则重点研究了命令型领导风格对群体信息取样（Group Information Sampling）过程的影响，结果发现，领导风格、信息在群体中的分布模式这两种因素对群体决策结果、群体成员对冲突的感知、群体成员对决策的自信以及成员对领导的顺从等都有影响。并认为，在理想的情况下，群体领导是影响群体决策过程和结果的关键成员，领导是否能够改善群体绩效在很大程度上是由其领导风格决定的。[61]

已有的研究表明，不同的领导风格类型对信息的交换和评价有不同的效果。例如，过程指导型的领导压制信息的使用和观点的产生。[44,81] 此外，领导还扮演着信息源的角色，通过鼓吹自己认为合适的方案（如结果导向的领导 [7]），或者频繁发表意见和看法，领导就能够强行向成员灌输自己的理念，从而改变群体讨论的内容。特别的，领导所知晓的信息更容易频繁进入讨论过程，且更有影响力。[61]

由已有文献可知，命令型领导虽然有时能够通过改善群体信息交流而提高群体绩效，但更多的时候，研究者发现命令型领导是造成决策失误的主要因素。和没有领导的群体或者具有民主型领导的群体相比，具有命令型领导的群体提出更少的观点，利用更少的信息。[7,44,48] 此外，不同的领导风格还会影响群体对决策信息的解释。[7,82] 因此，那些决策质量主要依靠有效的信息交换的群体就可以通过拥有一位能够有效引导信息获取和处理的领导而获益。[61]

由以上的研究及分析可以看出，不同的领导风格，对决策过程中的信息沟通和处理所实施的影响效果不同。独裁型领导风格一般被认为不利于各成员之间的决策信息沟通和处理，特别是对于成员非共享信息的沟通具有阻碍作用，从而导致决策由于信息沟通不畅而容易产生失误。此外，独裁型领导对决策信息处理方式及内容的掌控使得自己的观点和意见更容易左右群体成员的选择，因而群体讨论的结果更倾向于和该领导的意见一致。相反，民主型领导则有利于各成员之间的信息沟通和处理，通过促使共享以及非共享信息的沟通和交流，使群体决策的结果更真实地反映群体在经过信息充分沟通的下的选择结果，从而能够有效地避免决策失误。因此：

假设 1a：独裁型领导风格下的群体，相对于民主型领导风格下的群体来说，决策过程中的信息交流量更少，决策结果更易受到领导者意见的影响。

4.1.2　领导风格与一致性达成

前面讲过，按照一致性达成的观点来看待群体决策过程，那么领导者在其中扮演的角色将通过影响一致性的达成效率及效果两个方面来实现。从效率方面看，拥有独裁型领导的群体由于领导者一方面不鼓励成员之间的讨论和参与；另外一方面从决策过程一开始就首先抛出自己的观点来左右其他成员的选择，因而，缺乏充分信息沟通情况下的群体决策过程会在领导者的强大影响力之下较快地达成一致。民主型领导风格下的决策过程则正好相反，为了能够使所有的成员都有机会表达自己的观点，并且为了使决策方案的选择建立在充分的信息沟通基础上，决策一致的达成势必要相对缓慢一些。从效果方面看，独裁型领导风格下的决策过程虽然更快地达成了一致，但是这种不经过充分讨论就仓促达成的一致，在很多情况下都是前面所讲的那种"假一致"，即成员仅仅是表面接受而内心却没有真正接受的一致性。而民主型领导风格下的群体讨论过程则尽管在效率方面可能不尽如人意，但是所获得的一致性却更容易被成员所接受。有关这方面的研究，以群体思维理论[2]最为典型。在群体思维理论中，作为前提条件之一的独裁型领导者风格，是促使决策过程很快达成虚假的一致主要原因，而虚假一致造成的结果又是群体思维症状的出现，出现了群体思维症状的群体决策过程，其最终结果往往就是决策的失败。因此：

假设 1b：独裁型领导风格下的群体，相对于民主型领导风格下的群体来说，决策一致性获得的效率虽然高，但是效果要差。

4.1.3 领导风格与成员对领导的态度及决策过程参与感

领导风格对群体成员对领导的态度以及对成员在决策过程中所获得的参与感所造成的影响是领导风格对决策过程影响作用的另一个重要体现。不同的领导风格会在成员中产生不同的反应和态度，这已经在大多数有关领导风格的研究中得到了证实。但是具体到这种反应和态度如何，目前并没有比较一致的结论。只是说，更多的研究认为，民主型领导风格更容易为成员所接受，从而更容易在成员中产生积极的反应和态度，而独裁型领导风格的情况则正好相反。

一般来讲，成员对领导者的反应和态度可以由成员对领导的总体满意程度来体现。而满意度又可以表现在如下两个方面。一是对领导风格的偏好程度。按照大多数的研究发现，成员似乎更喜欢民主型的领导风格。因为前面讲过，这是由于这种风格的领导在决策过程中更能满足成员的一些高层次心理需求，如自我表达、自尊以及独立自主等。[61] 二是对领导者的服从程度，这往往通过成员对决策结果是否真正接受来反映。一个对领导不服从的下属一般不会接受在领导指挥下所产生的决策结果。当然，也有研究者将成员对领导的态度按照领导对成员的影响是通过奖惩的方式还是通过信息交互的方式分别对应

"顺从（Compliance）"和"内部化（Internalization）"两种情况。但不管采用怎样的分类和界定，本书都预计，对于独裁型风格的领导，成员对其满意度更低，而对民主型风格的领导，成员对其满意度相对更高。此外，不同的领导风格下，群体成员在决策过程中所获得的参与感也不同。独裁型领导风格下，由于领导不鼓励成员之间的相互交流，并且压制成员提出反对意见，因此，成员的参与性受到了一定程度的抑制。民主型领导风格则正好相反，成员之间由于能够平等、充分地表达自己的观点，所以，参与感要相应的高一些。因此：

假设 1c：独裁型风格的领导，相对于民主型风格的领导来讲，成员对其满意度更低，参与感更低。

4.1.4　领导风格与群体思维症状及决策过程缺陷

在以上三条假设基础上，结合群体思维理论中对于领导风格的假设，本书预计，独裁型领导风格下的决策过程，比民主型领导风格下的决策过程更容易出现群体思维症状，同时引起更多的决策过程缺陷。因此：

假设 1d：独裁型风格的领导，相对于民主型风格的领导来讲，更容易引起群体思维症状和决策过程缺陷。

4.2　决策程序与决策过程

在本书中所引入的决策程序称为"MAU（Multi-Attribute Utility）"，是一种对复合结果和事件的效用做出理性估计的决策程序。在估计复合事件的效用时，先分解它，列出其属性，并估计这些属性的权重和价值，然后再把它们复合起来，从而形成了对多属性效用的估计。这种决策程序往往用于支持决策任务为多属性且属性在重要性上是互相冲突的偏好型决策。和领导风格相似，本书预计 MAU 决策程序的引入将对决策过程中的信息沟通和处理、决策一致性的达成以及成员对决策过程的态度三个方面产生影响。

4.2.1　决策程序与信息沟通和处理

前面分析过，作为一种外加的决策过程辅助手段，决策程序的引入，一方面对于决策成员所掌握的非分享信息的挖掘具有重要的辅助作用，从而使信息沟通更加充分。这是因为，和自由讨论情况相比，决策程序的应用会使决策过程能够在一种结构化的流程指导下有目的地进行。朱华燕和郑全全[16]的研究就表明，由于决策程序更加强调决策中的认知成分，从而避免了在自由讨论情况下容易出现的一些社会成分（如群体思维、群体压力）的负面影响，从而使 MAU 表现出挖掘信息的优势。另一方面，决策程序将会使决策相关信息的处理变得更加容易。这是因为决策程序能够提供一些权重估计以及价值集结的方法，使与方案评价有关的信息在处理时更加客观、准确。

下面结合 MAU 的步骤和特征来看其对信息沟通和处理的作用。MAU 的第一步是要对所评价的决策方案进行属性分解。在属性分解的过程中，每个成员将开始就选择哪些属性进行评价提供各自的见解。当待评价的属性列出后，第二步就要对这些属性分别占有怎样的权重进行讨论，依然需要各个成员就各自所掌握的信息进行充分沟通。第三步将是按照每个方案的具体优劣，在对应的属性下进行价值估计。这时，与各个备选方案的评价有关的信息沟通越充分，对与该方案的价值估计就越准确。在方案价值敲定之后，MAU 最终提供了一种方案价值集结算法，将对每个方案在评价最终转换成一个定量的数值。从整个决策程序的操作过程来看，成员整个决策过程中所要做的，就是按照程序要求，尽可能地就各自所掌握的信息进行充分的沟通。从信息沟通的充分性来看，本书预计，决策程序指导下的决策过程，比自由讨论情况下的决策过程所交流的信息量更多，特别是对非分享信息的交流。因此：

假设 2a：应用了决策程序的决策过程，相对于自由讨论情况下的决策过程，其信息交流量更大。

4.2.2 决策程序与一致性达成

按照前面的分析，决策程序将从效果和效率两个方面对一致性的达成产生影响。在效率方面，相比于自由讨论下无任何限制的情况，决策程序的应用会使讨论过程人为地延长，相应达成一致的时间也要花费得多一些。在效果方面，决策程序下的一致性达成虽然相对缓慢，但是这种一致性往往会由于成员经过了充分的信息沟通和交流而变得更加接近真实的一致。这已经在群体思维理论中得到过部分的证实。Janis 就认为，一个决策群体如果缺乏有条理的决策程序，那么就比较容易达成虚假的一致，而虚假的一致将是群体产生群体思维现象的一个主要标志。并且，在有关群体思维防范的建议中，Janis 所提供的一个主要措施就是在群体决策过程中引入某种决策程序，以便使群体达成更好的一致。因此：

假设 2b：应用了决策程序的决策过程，相对于自由讨论下的决策过程，决策一致性获得的效率虽然低，但是效果要更好。

4.2.3 决策程序与成员对决策过程的态度及决策过程参与感

决策程序虽然在挖掘非分享信息的过程中表现出明显的优势，但是，这种程序引入决策过程后，是否会使成员会决策过程产生积极的评价和态度目前还不是很清楚。已有一些相关研究曾经证明，在信息充分共享的条件下，决策程序的引入，会增强成员对决策的自信以及增进对社会交互作用影响。但也有研究者认为，决策程序的引入，并未在成员态度和社会效标上显示出优势。本书采纳了后一种观点，认为，决策程序的引入不会使成员对决策过程产生更积极的态度和评价。理由如下：一是决策程序引入后，成员先对其有一个心理适应过程，这在一定程度上会影响对过程的满意度。二是决策程序使得非分享信息变为共享信息，信息量的增大在某种程度上加大了决策的难度，并会降低决策一致性的达成效率，从而造成成员在讨论后对决策过程的满意度下降。三是决策程序要求必须就所有的属性评价达成一致以便进行最终的加权计算，在这个过程中，成员可能需要对自己先前的偏好做出较大的调整，从而也在一定程度上降低了对决策过程的满意感。此外，决策程序的使用虽然可以促进成员之间的信息交流，但是，成员的参与感却会因为决策程序的刻板步骤而受到影响，相对于自由讨论中成员可以无拘无束地发表看法来讲，决策程序的应用，或多或少将使成员觉得无法完全按照自己的想法进行表达。因此：

假设 2c：应用了决策程序的决策过程，相对于自由讨论下的决策过程来说，成员对过程的满意度更低，参与感更低。

4.2.4 决策程序与群体思维症状及决策过程缺陷

在以上三条假设基础上，结合群体思维理论中对于决策程序的假设，本书预计，自由讨论下的决策过程，比应用了决策程序的决策过程更容易出现群体思维症状，同时引起更多的决策过程缺陷。因此：

假设 2d：自由讨论下的决策过程，相对于应用了决策程序的决策过程来说，更容易出现群体思维症状和决策过程缺陷。

4.3 不同决策任务下的领导风格与决策过程

按照不同的分类标准，决策任务可以分成各种不同类型。例如，智力型任务和判断型任务，就是大多数决策研究中常用到的两种任务类型。McGrath[19] 将决策任务类型分为四个象限，每个象限还可分为两个子类。分别是产生（观点/计划）、选择（正确答案/偏好方案）、解决（冲突的观点/冲突的利益）和竞争（与其他群体/按照一定的绩效标准）。同样，在 GSS 研究中，大都把任务类型分为产生型任务、选择型任务和谈判型任务。[20] 在本书中，对任务类型的划分以复杂性为标准。复杂性是一个更基本的任务分类标准，在上述的种种任务分类中，都还可以按照复杂性的不同进行二次划分。例如，智力型任务就可以进一步分为复杂智力型任务和简单智力型任务。任务的复杂性通常和完成任务的难易程度相联系。郑全全和刘方珍[87] 的研究就认为，任务越复杂，难度越大。任务难度的增加通常会影响决策的质量。Timmermans[85] 则证明了任务复杂性不同的情况下，决策辅助所起的作用也不一样。可见任务难度不仅影响决策的过程，还影响决策辅助的作用。在 Timmermans 的实验研究中，任务难度的操作是通过增加候选人或者候选方案来进行的。

前面讲过，不同的任务类型，会要求不同的决策过程和决策行为。决策任务为群体决策创造了一种交互环境，它限定了群体在制定决策时成员之间的交互模式和行为表现，从而会间接地影响最终的决策结果。例如，在 Janis 的群体思维研究中所涉及的任务类型，往往具有复杂、不确定性高、后果事关重大、没有公认的对错标准这些特点，而且往往有时间限制或者说具有紧迫性。当一个决策群体面临着这样的任务时，成员往往因为问题的复杂性和不确定性而承受相当程度的认知冲突。同时，由于决策后果的严重性，会使成员因为惧怕承担责任而失去主见。这时如果有成员提出一个方案或者领导（独裁型的）已经敲定某个方案，群体就很有可能盲目跟从，而不是继续客观地寻找可行的方案。缺乏价值标准又会使群体产生相当程度的观点冲突，而紧迫性又往往和意外以及紧急情况相联系，令群体处于一种压力环境中，迫使一个本来信息完善的群体仓促决策。

在考察领导风格对决策过程的影响作用时，同样需要考虑群体所执行任务的具体类型。在不同的任务类型下，同样的领导风格，对于决策过程的影响将会具有不同的效果。也可以说，在领导风格和任务之间存在一个相互匹配的问题，某种领导风格要比另外一种领导风格更适合某类任务。例如，Kahai 等人[62]的研究就表明，民主型领导风格更适于中等结构化任务（Moderately Structured Problem），而独裁型领导风格更适于完全结构化任务（Fairly Structured Problem）。本书在假设 1 中，将领导风格对决策过程的作用从信息、一致性以及态度三个方面进行了预计，在引入任务类型这个调节变量之后，这些假设将会发生什么样的变化也将通过这三个方面得到体现。

首先，看信息沟通和处理方面。在复杂决策任务下，由于任务难度加大，要求成员在决策过程中沟通和处理更多的信息，并且对成员的决策能力等方面也提出了更高的要求。为了更好地完成此类任务，就需要更多的成员参与，成员的表现是否能够得到领导的鼓励和其他成员的认同，将在某种程度上决定任务完成的效果和效率。因而，面对复杂任务，鼓励成员参与的民主型领导风格要比阻碍成员参与的独裁型领导风格更胜任，具体表现就是民主型领导风格下的群体比独裁型领导下的群体所沟通和交流的信息更多，而独裁型领导对决策结果的影响力也会更大，因为缺乏信息沟通的成员在面对强势的领导和任务难度所带来的不确定性时，其选择更容易受到领导意见的左右。简单任务下的情况则正好相反，因为任务对信息沟通要求的降低，以及任务难度的减小，都使成员在不需要依赖更多信息交流的情况下更容易地做出自己的选择，领导风格在决策过程中的作用则被弱化。因此：

假设 3a：复杂任务下，相对于简单任务来说，民主型领导风格与独裁型领导风格在信息交流量及决策结果方面的差异将更加显著。

　　其次，对于一致性的达成来讲，两种领导风格所导致的差异在复杂和简单任务下的显著程度也会有所不同。复杂任务下的决策群体如果遇到一位独裁型风格的领导，那么，相对于遇到一位民主型风格的领导来说，一方面由于成员无法进行充分的信息沟通，另一方面由于任务难度的加大会使成员因为担心自己能否胜任决策而产生种种认知失调和冲突，所以，为了避免承担因为自己的失误而导致决策失败的责任，也为了尽快从认知失调和冲突中释放出来，成员很可能放弃全身心的参与而转而希望决策能够在领导者的带领下通过某种"捷径"来完成。此时，决策过程很有可能在领导者的轻易左右下更快地达成一致，但是这种一致性的效果也会因为决策的仓促和信息沟通的不完全而更差。在简单任务下的情况正好相反，两种领导风格在一致性达成发面的差异在复杂任务下将没有这么显著。因此：

　　假设3b：复杂任务下，相对于简单任务来说，民主型领导风格与独裁型领导风格在一致性达成效果和效率方面的差异将更加显著。

　　最后，就成员对领导的满意度及对决策过程中获得的参与感来讲，和前面分析的情况相似，面对复杂的决策任务，由于民主型风格的领导比独裁型风格的领导更加胜任，因此成员对独裁型领导的满意度和服从程度会更低，成员也会因为领导者能够在如此难度的任务情况下依然能够很快提出观点和问题解决办法而觉得领导的能力更胜一筹。同时，复杂任务下，独裁型的领导风格使成员想通过充分的信息交流来完成任务的愿望受到了更强烈的抑制，因此，对决策过程的参与感也会更低。这两种领导风格所造成的成员对领导满意度的差异以及在决策过程参与感方面的差异在简单任务下将没有如此显著。因此：

　　假设3c：复杂任务下，相对于简单任务来说，民主型领导风格与独裁型领导风格在领导者满意度及参与感方面的差异将更加显著。

4.4 不同决策任务下的决策程序和决策过程

同样，面对不同类型的决策任务，决策程序和决策过程之间的关系也将表现出不同的效果。首先，在信息沟通和处理方面，由假设2a，决策程序往往在挖掘隐藏信息和促进成员之间的沟通和交流方面比自由讨论情况更具有优势，这种优势在复杂任务背景下将比简单任务背景下表现得更加显著，理由是复杂任务对信息沟通量的要求以及对成员正确处理信息的能力要求都会更高一些，而决策程序的应用一方面能够使成员更多地将自己所知的信息与其他成员共享，另一方面能够帮助成员有效地处理这些信息。因此：

假设4a：复杂任务下，相对于简单任务来说，决策程序和自由讨论在信息交流量上的差异将更加显著。

其次，在一致性达成方面，由假设2b，应用了决策程序的决策过程虽然比自由讨论情况下达成一致所花费的时间更长，但所达成的一致性效果要比自由讨论下更好。这种一致性达成效率及效果方面的差异在复杂任务背景下，要比在简单任务背景下表现得更加显著。理由是，复杂任务所要沟通和处理的信息量更大，在应用决策程序进行信息沟通和处理时，人为的步骤限制会使本来就复杂的任务完成过程进一步延长。但是，决策程序的使用会使信息处理过程即使在面对大量、复杂信息的情况下依然能够保持自由讨论情况下所不具备的客观性和准确性。因此：

假设4b：复杂任务下，相对于简单任务来说，决策程序和自由讨论在一致性达成效率和效果方面的差异将更加显著。

最后，在成员对决策过程的态度方面，由假设 2c，相比自由讨论，决策程序的应用会降低成员对决策过程的满意度以及对决策的信心。这种决策程序和自由讨论在成员决策过程态度方面所造成差异在复杂任务背景下，将比在简单任务背景下表现得更加显著。因为复杂任务完成的难度会为成员顺利完成任务设置很多障碍，成员在面对复杂任务时所承受的心理压力和认知冲突都要比面对简单任务时大。同时，为了适应所引入的决策程序，成员总需要分散一定的注意力，而且成员还必须不断地在程序的指导下按照信息处理的结果就所有特征的评价达成意见一致，从而需要不断地改变自己最初的偏好。这些都会使复杂任务下成员对决策过程的满意度和对决策过程的参与感相比于自由讨论情况更低。因此：

假设 4c：复杂任务下，相对于简单任务来说，决策程序和自由讨论在决策过程满意态度及参与感方面的差异将更加显著。

5　实验设计及过程

　　本章将对本书实证部分所进行的实验研究的设计、准备及实施过程进行详细描述。目的是使该实验能够满足一般管理研究实验的可操作性和可重复性要求，并为后续的相关研究提供一套可以借鉴的步骤和程序。

　　实验研究是组织行为研究和决策研究中比较常用的方法，按照数据观测地点的差异，通常可分为实验室实验（Laboratory Experiments）和现场实验（Field Experiments）两种。本书采用了实验室实验，具体讲，就是在前述理论研究模型及假设的基础上，通过人为设定并严格控制自变量变化的实验情境来模拟某种现实管理决策背景，并采用让实验主体在此情境下模拟一次企业高层管理决策会议的方式来完成。

　　整个实验研究过程分为三个阶段：①实验前期准备，包括实验方案设计、参与者招募、实验时间安排、地点预定以及实验设备安装调试等相关工作；②预实验，主要目的是对实验设计方案、流程及问卷进行进一步修订和完善；③正式实验实施，本书实证部分的所有分析数据都来自正式实验过程。

5.1　实验前期准备

　　管理研究中的实验，特别是涉及人的管理和决策行为的实验，和自然科学研究或者工程科学研究中的实验相比，具有难以控制、操作性和可重复性较差的特点，这直接影响了其研究结果的内部效度和外部效度。一项科学的管理研究实验，必须尽可能地做好实验前的设计准备工作，保证对所研究变量尽可能精确地控制，对实验过程尽可能准确地指导，最大限度地减少或者消除不可控因素和偶然因素的影响。为了使本实验研究在具有较高内部效度的前提下，尽可能地提高其外部效度，并使其具备良好的可造作性和可重复性，笔者进行了周密细致的前期准备工作。整个实验前期准备包括实验方案设计、参与者招募、实验时间安排、地点预定以及实验设备安装调试等工作。

在实验方案设计阶段，主要根据本书的总体研究框架和思路，重点对实验情境及任务、实验指导书及实验问卷进行了设计。这部分工作是本实验研究的核心内容，关系到最终正式实验实施的效果及成败。因为实验研究毕竟是在一种模拟的情境下进行，只有任务选取恰当、实验指导准确、问卷测度合理，才能使所模拟的情境更加逼近现实，参与者的行为和实际背景下的管理者行为更加相似，参与者的回答和反馈更真实有效。为此，笔者投入了相当多的精力，通过对已有同类研究的总结和借鉴，并结合本书自身的特点进行了设计。

根据本书所提出的理论模型及其研究假设，决策任务将作为模型中的重要调节变量。为此，按照复杂程度的不同，笔者设计了两种类型的任务。这两种任务均为决策型任务，或者称为选择型任务。每种决策任务对应一种决策情境。具体的任务和情境描述将在本章第四节详细阐述。之所以选择决策型任务作为实验任务，主要考虑到本书所研究的对象是企业组织中的管理决策过程，而企业管理决策中比较常见的任务就是如何在众多的备选方案中进行择优或者按照优劣等级进行排序，如企业人力资源管理中常见的人员招聘或者解聘决策就是这种典型的选择型任务。此外，还考虑到现实企业管理组织中的群体决策问题大多都不会是简单的诸如观点产生（Idea Generation）和头脑风暴（Brainstorm）这样不涉及成员间利益、观点和情感冲突的任务。企业管理组织中更多的群体决策任务，如果按照 Esser [58] 的说法，应该表现为具有一定的难度、复杂性，涉及多重方案的选择和成员之间观点、利益的冲突，并且需要成员之间进行沟通、讨论和协调才能顺利完成。所以，只有决策型任务更适合用来研究群体决策问题。

实验指导书（详见附录 2、附录 3）是整个实验过程中另一个重要的环节。所有参与者在实验中的行为都由指导书进行具体的引导和说明。指导书的设计必须尽可能地符合现实情境要求，不仅让参与者容易理解，并且有自然、亲历的感觉。根据本实验的情境安排，所有参与者的指导书均按照各自的角色定位要求分别编写，每个情境下的不同角色对应不同的指导书。本实验指导书的编写，主要参考了 Park[39] 的群体决策实验研究中所应用的实验指导模式。

实验问卷（详见附录 4）是获取实验数据的重要手段。问卷的好坏，直接影响数据的真实性和有效性。按照同类研究中的通行做法，问卷应该尽量采用已经经过信度和效度检验并广泛使用的标准问卷，尽量避免重新设计。本实验问卷的设计主要是在 Park 所设计并经验证的问卷基础上，按照本书实验假设和目的进行了重新的修改和完善。

此外，由于本实验还要对所获取的视频资料进行事后的编码（Coding）和文本分析（Content-analysis），以便对实验中无法通过问卷所度量的一些和群体讨论过程有关的信息和数据进行分析，所以还设计了一套编码标准（详见附录 5），主要还是参考了 Park 的研究中所设计的编码标准。

参与者的招募工作全部在西安交通大学管理学院三个年级的本科生范围内进行。参与者均通过自愿报名的方式参与。有关参与者的选取理由及详细情况将在本章第三节阐述。实验报名表（详见附录 1）在正式实验前两周分发给三个年级各班的班长，并由其代为回收。作者对回收的报名表进行了整理统计，并根据每个参与者各自所选择的参与时间，按照随机分配的原则进行实验组别的安排，并在正式实验前通过电话或者 E-mail 的方式通知各参与者来参加。实验地点为西安交通大学管理学院内的群体决策专业实验室。实验设备除了必备的会议桌椅及角色铭牌之外，还有一套视频音频采集系统，方便对实验全程的拍摄记录。

5.2 预实验

实验设计方案初步完成之后，为了对实验材料和问卷进行验证和修改，本书按照正式的实验流程进行了预实验（Pilot Study）。预实验选取了 16 名自愿参与者来完成。因为两个任务情境设计的思路相同，并采用同一个问卷采集数据，所以，预实验仅在其中一项任务情境下进行。

预实验为 2 × 2（领导风格×决策程序）因子设计，共分 4 个情境，让 16 名参与者随机组成 4 个群体，每个群体对应一个情境。每个情境下的群体均采用初步设计好的实验指导书和问卷进行了大约 30 分钟的模拟决策会议，会议过程同样由视频采集系统进行全程记录。由于样本数量有限，不可能通过正规的统计分析工具来对所获得的数据进行全面分析，笔者只能根据预实验中的问卷回答情况和对视频资料的初步分析，以及通过实验后与所有参与者进行面对面沟通交流所获得的信息反馈，对实验材料中的一些细节部分进行了修正。并根据内部一致性系数对问卷中的问题进行了删减，由最初的 68 个问题精简为 60 个。

5.3 参与者

实验主体是否具有代表性直接关系到实验研究结果的外部效度问题。但要想在任何已知总体中找到真正有代表性的样本并非易事。[4] 本实验研究在样本选取环节上，同样面临这样的问题。

在以往的同类研究中，所选取的样本类型如果按照该样本是否具有管理实践经验为标准，大致可分为两类，一类是学生样本，另一类是非学生样本。学生样本类型在目前的管理和决策研究中最为常见，而且一般以本科生居多，也有部分采用研究生。而非学生样本一般为来自实际管理组织的管理者。例如，在 Lam 的研究中，就是以 216 名来自 35 个不同企业的中层管理者作为实验样本。

现在学术界对管理实验研究中到底应该采用哪种类型的样本并没有达成统一的意见。可以说，两种类型的样本都在使用，而且各有利弊。大多数研究者选择学生作为实验样本一般是从经济性、方便程度和易控制性角度来考虑的。但是，也有研究者认为学生样本最大的问题在于其一般不具有处理实际管理的技能和经验，从而不具有真正的代表性。通过学生样本所获得的研究结果一般也不能轻易外推至实际管理者。非学生样本则正好相反，虽然比较有代表性，研究结果容易和实际接轨，但是在样本的获取、组织和控制方面，会比学生样本困难得多。此外，这种类型的样本自身所拥有的实际经验以及惯性思维方式，往往也会从某种程度上影响其对研究过程的参与，这会直接影响研究结果的内部效度。

本书认为，在最终的样本方式选择问题上，除了要按照上述标准进行一番权衡之外，还需要结合具体的实验目的、任务及情境要求。从某种意义上讲，采用和具体实验情境相匹配的做法选择样本将更科学、更合理。

本书最终采用了管理学专业的本科生样本作为实验主体。除了有经济性、方便程度以及易控制性方面的考虑之外，还考虑到本实验对实验参与者的同质性/异质性要求。根据本书的总体假设，同质性较高的群体一般更容易在决策过程中受到"群体思维"现象的影响，所以，本书要求所有参与者具备较高的同质性，以减少或消除因样本异质所带来的不可控因素的影响，而学生样本则能够较好地满足这一要求。此外，实验任务本身为一项企业管理决策，要求参与者自身具备初步的管理学知识背景和一定的管理问题分析能力，而选择来自管理专业的学生样本就能较好地满足这一要求。

本书认为，虽然本实验所选取的学生样本均没有实际的管理经验和背景，但如果实验任务本身的设计能够适合学生自身背景的特点，使他们能够自然、积极地参与其中，那么同样可以获得比较理想的研究结果。本实验的任务为一项典型的企业人力资源管理决策，对于没有管理实践经验的学生来说，这类任务和他们在学校期间所参与的班级、年级内部的干部评选、奖学金评定等任务有相似之处，加之任务本身对实验参与者本身并无过高的知识和技能要求，所以正常情况下，参与者都能够比较顺利地完成实验任务。

需要说明的是，在以往的同类研究中，对实验群体的组建方式一般可分为两种。一种是称为特设小组（Ad Hoc Group）的样本类型，其特征是每个群体中的参与者均由来自同一总体中的不同个体临时随机组成。这些个体在组成群体之前，并不一定相互认识，或者是虽然认识，但并不具有交互的经历。另外一种是称为完整组（Intact Group）的样本类型，即已经存在并具有交互历史的群体。这类群体在参与实验之前，便已经具有以群体为单位进行合作共事的经历，而且将来也有继续合作的可能性。例如，Leana 在其群体决策实验研究中用到的所谓凝聚类型的群体，就是由在实验前一个为期 15 周的学期中参加过课堂案例讨论和共同撰写小组报告的小组所组成。根据对现有文献的考察，这两种类型的群体在已有研究中都有所采用，并没有哪种类型更适合或者更具代表性之说。具体应用哪种类型，则主要根据各自的研究目的和变量类型。例如，如果研究变量中包含群体凝聚力（Group Cohesion），那么一般来说，研究者会按照第二种方式组建群体，因为通常这样的群体被认为具有较高的凝聚力水平。由于在本书的理论模型及研究假设中，群体凝聚力并不是所要控制的自变量，同时，为了满足样本构成的随机性原则和各组样本之间的无差异化要求，本实验中的群体组建方式遵照了第一种方法，即各实验群体中的参与者事前并没有在一起交互的经历，而是在实验前随机组成。

另外，本实验研究中的任务采用决策会议模拟的形式进行，涉及群体成员之间通过沟通、协调的方式解决某项管理问题，并最终达成某种决策一致。而所有参与者完全是在模拟的情况下完成该任务，因而需要参与者自觉自愿地按照实验指导书的要求和步骤行事。为了防止因为强制参与而使部分对参加实验不感兴趣者产生抵触情绪，从而不按实验所引导的方式做出反应，本书采取了自愿报名的方式招募参与者。在实验前，共对 350 名西安交通大学管理学院的二年级、三年级和四年级的本科生发放了实验报名表，一共回收 178 份。去除信息不完备者 2 份，实际自愿参与者共 176 名。其中，16 名参与者用来进行预实验，用以对实验方案和问卷进行检验和修改，其余 160 名参与最终的正式实验。

一般的管理研究实验，除了需要参与者的自愿参与和个人兴趣之外，还需要适当增加一些激励手段，以便能够让参与者能够更好地参与，从而提高实验结果的真实性和有效性。为此，笔者实施了以下一些手段。①为了吸引更多的学生参与，笔者在实验报名表中为所有参与者设立了若干种纪念品选项，由参与者本人根据需要选择其中一种。②为了使参与者能够在正式实验过程中全力地投入，按照同类研究常用的做法，需要增加一定的实验刺激（Stimulate）。在本实验中，笔者事先告诉所有参与者，在实验过程中参与积极、表现卓越的三个群体将获得额外的奖励。通过这种方式在所有参与实验的群体当中形成某种竞争机制，以提高参与者的参与度。

参加正式实验的 160 名学生样本分别来自工商管理、电子商务、管理工程和工业工程四个专业。表 5-1 中是参与者按专业、年级的分布情况。参与者平均年龄为 20.24 岁，最小年龄 17 岁，最大年龄 24 岁。表 5-2 是实验样本的性别组成情况，其中男性占 62%。由这 160 名参与者随机组成 40 个 4 人实验群体。在 40 个群体中，性别组成情况为：有 3 个群体均为男性，有 19 个群体为 3 个男性加 1 个女性，有 12 组为 2 个男性加 2 个女性，有 6 组为 3 个女性加 1 个男性。

表 5-1　实验样本按专业、年级人数分布情况

	工商管理	电子商务	管理工程	工业工程	合计
二年级	23	28	21	25	97
三年级	10	30	14		54
四年级		25			25
合　计	33	83	35	25	176

表 5–2　实验样本性别组成

	总数	男性	女性
个体	160	99	61
群体	40	38.1%	61.9%

5.4　实验情境

为了让管理学实验所设置的模拟环境能够更真实地再现企业组织中的管理背景，使实验研究结果能够最大限度地应用到实际组织管理中去，实验情境的设计尤为重要。在以往的同类研究中，按照实验情境与实际管理背景是否相关或者相似为标准，实验情境的设计一般有两种做法。一种做法是该情境设计与实际管理背景无关，所模拟的情境一般都是某种虚构的生活或者游戏场景。例如，已经在一些研究中所采用的称为 "Lost at Sea" 的决策情境，就是让参与者模拟一次海上遇险，在必须抛弃船上大部分不必要的物品以减少船只沉没风险的情况下，让参与者通过集体商讨的方式选择保留一些必备的物品以维持生存所需，并按照重要性程度对这些物品进行排序。这种情境设计的好处是任务背景相对简单，能够最大限度地排除一些干扰因素的影响，并且一般具有正确的答案以作为决策结果的评价标准。当然，这种情境设计也存在着比较明显的缺陷，即由于情境和管理背景的不相关，导致实验中根据参与者的反应所得出的结论不能完全用来解释和管理有关的问题。同时，在这种情境下，参与者的参与度会因为情境与现实背景的差距所带来的陌生和不适感而受到影响。另外一种做法就是让所设计的情境与实际企业管理背景尽量相似，从而通过角色扮演的方式让参与者针对该管理情境下的模拟管理问题进行商讨、抉择。这种情境设计虽然也存在虚构的成分，但是背景信息都是来自管理组织，因而参与者明确地知道自己是在解决某种管理问题。从模拟的真实性和有效性角度来看，这种做法要优于第一种做法，因而为大多数研究所采用。

　　本书采用了第二种情境设计方法，理由和前文所述的实验任务选取理由一致，主要是为了使实验环境尽可能地和现实接近。在某种程度上，决策任务和决策情境是同一个概念，群体所要解决的每个任务一定要对应某种情境，完成该决策任务时所要考虑的各种因素和限制条件也都来自此任务所对应的决策情境。为此，笔者按照本实验研究任务设计的思路和要求，选择企业人力资源管理决策任务来设计相应的决策情境。之所以这样选择，是因为人力资源管理在所有企业组织中都是不可缺少的一项管理内容，特别是常见的人员招聘或者解聘任务，往往涉及从多名候选人中进行选择的问题。在选择的过程中，势必会在决策群体中引起一定的观点、利益和情感的冲突，从而是典型的决策型任务，符合本实验研究的任务类型要求。

　　第一种实验情境描述了一家国内的大型 IT 设备研发和制造企业 A 公司所进行的一项裁员决策。该公司一直是行业内处于领先地位的几家企业之一。近几年由于整个 IT 行业的激烈竞争和市场的相对饱和，以及国际市场原材料价格的不断上涨，使该公司面临着比较严重的业务缩减。在 2003 财政年度，公司的销售额比上一年减少 20%，净利润比上一年减少 40%，市场份额已由 2002 年的 25% 降至 2003 年的 18%。而与 A 公司同处行业领先地位的 B 公司，却在同期实现了利润增长 10%，市场份额提高 5%。已经有赶超 A 公司的趋势。在这种情况下，A 公司不得不考虑在 2004 财政年度通过各种措施来降低成本，提高经营效率。这其中的一个主要措施为精简富余人员。

　　制造部和研发部是 A 公司较大的两个部门，因为持续减产，制造部已经有两条成品组装生产线闲置，出现了部分技术人员富余，研发部也因为部分业务的重组而需要精简一些人员。所以，公司董事会决定先从制造部和研发部中开始裁员。A 公司的高层管理团队（包括 4 位成员，分别是公司常务副总裁、制造部经理、人力资源部经理和研发部经理）经过初步筛选，现有 6 名候选人进入最后的裁员名单（见表 5-3），由此高层管理团队组成的裁员委员会将按照所掌握的这 6 名候选人的所有信息进行综合评价，从最先到最后列出一份裁员顺序名单，并提交公司董事会进行最终决定。

表 5-3　裁员候选人名单

姓名	性别	年龄	部门	任期（年）	技术水平	工资（元）	家庭情况
王刚	男	32	研发	10	一般	2500	已婚，无孩子
刘浩	男	33	制造	7	一般	2000	供养妻子和一个孩子
陈茵	女	40	制造	8	差	1900	丈夫去世，供养两个孩子
赵强	男	30	研发	2	优秀	2200	未婚
苏文	女	37	研发	9	好	2700	丈夫有工作，供养一个孩子
梁华	男	50	制造	12	好	2800	妻子去世，有一个已成家的孩子

　　第二种实验情境描述了一家国内大型 IT 设备研发和制造企业 B 公司所进行的一项人员选拔决策。该公司也是行业内发展迅速的一家企业，近几年由于实施了一系列专业化发展战略，同时在技术研发以及人才引进方面的得力措施，使该公司在面临整个 IT 行业竞争激烈、原材料价格上涨的不利情况下，依然取得了稳步的业绩增长。在 2003 财政年度，公司的销售额比上一年增加 30%，净利润比上一年增加 15%，市场份额已由 2002 年的 15% 增至 2003 年的 20%。而与 B 公司同处行业领头地位的 A 公司，却在同期因经营不善，出现了业务缩减现象。销售额比上一年减少 20%，净利润比上一年减少 40%，市场份额已由 2002 年的 25% 降至 2003 年的 18%。在这种情况下，B 公司希望在 2004 年度，利用目前所处的有利形势，进一步扩大市场份额，稳固行业地位。经过周密的市场分析和调研，公司决定在西南地区新建一个分厂。

　　现在董事会决定为该分厂派遣一位经理，根据公司一贯的做法，该经理必须从总公司内部招募。通过公司前期进行的内部公开竞争选拔，现有 3 名候选人进入最后的筛选名单（见表 5-4），由公司 4 位高层经理（分别是公司常务副总裁、制造部经理、人力资源部经理和研

表 5-4　选拔候选人名单

姓名	性别	年龄	任期	学历	技术职称	现任职务
王刚	男	34	5	MBA	会计师	CEO 助理
刘明	男	45	15	本科	高级工程师	制造部副经理
陈茵	女	38	8	硕士	工程师	研发部副经理

发部经理）组成的招聘委员会必须按照所掌握的这 3 名候选人的所有信息进行综合评价，从中选择一位，并提交公司董事会进行最终决定。

从这两种任务情境的描述来看，均为典型的决策型任务。共同点是都需要在几个备选方案之间进行选择取舍，且没有唯一正确的答案。区别则是两种任务的复杂性程度不同，这种复杂性的区别表现在两个方面。一方面，和第二种任务相比，第一种任务所涉及的备选方案、需要评价的指标和考虑的因素都要多。在同样的时间限制下，处理第一种任务时，群体所需要处理的信息量、所面临的压力相应地要大一些。另一方面，两种任务由于所包含的风险因素不同而给决策者带来的心理感受和反应不同。在第一种任务情境下，决策者是在公司处于业务缩减这样的不利形势下不得已做出裁员的决策，从而在决策时由于面临"损失"的风险而处于一种比较悲观的状态。这种状态不仅使决策者在处理该类任务时通常面临着高度的认知和情感冲突，还常常使决策任务因为决策者难以对方案进行选择和取舍而显得更为棘手和复杂。第二种任务情境与第一种正好相反，决策者会因为面临"获得"的收益而相对乐观一些。在对备选方案进行取舍时决策者所面临的认知和情感冲突也远不及第一种任务情况下强烈。问题的解决往往会因为在一种轻松、积极的氛围下进行而使任务显得不是那么复杂。因此，本书在任务设计的过程中，对于任务复杂性的界定不单单是从候选方案和评价指标的多少来进行，而且将任务因为风险因素的不同所营造的决策心理氛围也考虑在内。这样做的目的是想对人们通常所认为的任务复杂性含义进行更全面的扩展。具体来讲，如果说方案的数量及评价指标的多少仅是从客观方面反映了任务的复杂性，那么，任务本身的风险因素及其展现方式所带给决策者的心理感受和反应则是从主观方面展现了任务的复杂性。

5.5 实验过程

在整个实验前期准备工作完成之后，就开始了正式的实验实施过程。本实验中的 40 个决策群体，按照随机的原则分配至 8 个实验情境，每个情境下共 5 个群体。所有的实验过程均在一间特设的"决策室（Decision Room）"内进行，该决策室内布置为一个会议室的形式，室内有一张方形会议桌，会议桌四边各放置一把椅子。每个座位前放置一个标明职位的铭牌，以增强情境模拟的真实感和参与者本人的角色感。

所有的群体在正式实验阶段都将经历共同的几个步骤，分别是：①角色分配及扮演；②正式讨论；③方案提交、问卷填写；④嘱咐、致谢、解散。整个实验全程大约需要一个小时，时间安排大致如下：群体组建、相互熟悉并分配角色，5~8 分钟；按角色分发实验材料并由其阅读理解，5~8 分钟；正式会议讨论，20~35 分钟；提交方案、填写问卷、嘱咐、致谢和解散，10~15 分钟。

5.5.1 角色分配及扮演

每个群体中的 4 名成员将组成一个模拟的企业高层管理团队，分别对应所模拟任务情境下的 4 个不同角色，包括 1 名领导者（常务副总裁）和 3 名下属（人力资源部经理、制造部经理和研发部经理）。当 4 名参与者到达实验地点之后，在笔者的协调下，第一项任务就是对 4 个角色进行分配。由于领导者的行为是本实验中所要控制的一个重要自变量，所以，该角色的分配尤其重要。在以往的同类研究中，对于领导者角色的安排以该角色是来自群体外部还是群体内部为标准有以下几种做法。一种做法称为指定领导者（Assigned Leader），即实验时所有群体中的领导者都由事先指定好的群体外部人员担任。例如，在 Cruz 的研究中，由本科生所组成的所有实验群体中的领导者角色都是由两名志愿参与的研究生来扮演，这两名领导扮演者分别对应两种领导行为。这种做法的好处是领导者的行为相对稳定，容易控制，不利之处在于该角色由于来自群体外部，与其他成员之间会由于彼此间不熟悉和身份地位上的差异而造成一些配合方面的问题。还有一种做法是让领导者由群体内部产生。这种做法还可以按照领导者是由群体内部选举产生还是由实验指导者随机指定为标准分为以下两种情况。一种情况针对已建群体（Established Group），往往是通过实验前由群体成员通过互相评价的做法，选出该群体所认为的具有领导能力的人选。例如，在 Leana[48] 的研究中，对凝聚型群体中领导者角色的安排，就是在实验前的 2~3 周，让该群体的每个成员就整个学期中其他成员在完成各项任务中所表现出的能力和影响力进行打分评价，由此选出公认的领导者。另外一种情况针对临时群体，一般是通过实验指导者随机指定的方式产生。同样是在 Leana 的研究中，对非凝聚群体中领导者角色的安排，就是由实验指导者在实验前随机指定来完成。相对于从群体外部安插领导者角色的做法，从群体内部产生领导者的做法一般更容易让群体成员接受，但缺点是无法完全保证领导者的行为在所有群体中都保持相对稳定和同质。

本实验中的领导者角色安排综合考虑了上述几种做法的优劣，采取了群体内部选举产生和实验指导者协调指定相结合的做法。由于本实验中所有的群体都是通过随机的方式组成，从构成方式来看，应该属于临时性群体。但是和某些完全没有交互经历的临时性群体略有不同的是，本实验中的所有参与者都来自同一个学院，甚至同一个年级或同一个班级。通过和每个群体在实验前的沟通，笔者发现大多的群体中成员间都彼此认识或者熟悉，而且有些组内的成员也有过在同一个小组中共事的经历。所以在领导者角色的安排上，笔者首先通过让群体自发选举的方式。在群体的 4 名成员均到达实验地点之后，经过简单的相互介绍和认识，笔者告诉所有参与者，他们将参加一个模拟的企业管理决策会议，每个人将分别扮演一个不同的角色，其中，领导者角色最好是由几个人共同选出，以便能够带领其他成员顺利完成整个会议的任务。笔者强调，希望有过担任校、院、年级和班级干部经历的同学毛遂自荐，如果其他成员均认可即通过。通过这样的内部选举方式，大约80%的群体都自发产生了各自的领导者，其中，领导者角色中具有学生干部经历的比例在这样的群体中大约占60%。此外，还有约20%的群体无法通过自发选举的方式产生领导者，为此，笔者通过对这类群体中各个成员的观察，依据自己的经验判断，指定了笔者认为比较有影响力的成员作为该群体领导者，并以其他成员均认可为前提条件。领导者的角色选定之后，其他角色则按照随机的方式分配。经过角色分配过程，各个角色的性别组成见表5-5。由表中可见，扮演领导角色的参与者约有73%为男性。

表5-5　实验样本角色/性别构成表

角　色 ＼ 性　别	男性	女性	总计
常务副总裁（领导）	29	11	40
人力资源部经理	20	20	40
制造部经理	26	14	40
研发部经理	24	16	40
合计	99	61	160

　　在角色分配完成之后，所有参与者都按照各自所分配的角色在对应的座位前就座。每人还拿到了一份和角色所对应的实验指导书。本实验要求所有参与者在实验指导书的详细指导下，按照自己所分配的角色进行角色扮演（Role Playing）。为了使参与者在决策过程中能够尽量不受实验环境的干扰，同时为了使参与者能够全身心地投入，笔者在实验指导书中明确告诉参与者，他们所参加的此次模拟会议和他们以前所参加的任何小组讨论没有什么区别。而且他们的讨论过程尽管被全程拍摄，但所有的拍摄资料和他们最终所提交的决策结果报告以及个人问卷都将严格保密，且仅供作者进行研究分析之用，不会用于任何与他们的个人表现有关的评价，因此请他们尽可能地放松参与。除了领导者角色之外，其他3个角色均在指导书中特别指出，尽管他们每个人对其所要扮演的角色应该具有怎样的职能以及如何行为有一些个人理解和看法，但在此次模拟会议中，请他们尽量不要被这些理解和看法所限制，而是在指导书中所提供的背景信息条件下，尽可能

地自由发挥，只要他们觉得自己的做法和表现对其所代表的公司有利即可。

领导者的角色因为涉及自变量的控制，所以和其他角色的控制稍有不同。在其指导书中，除了有针对性的书面指导，告诉他（她）在整个模拟会议中如何按照所要求的行为方式和原则行事之外，还进行了额外的口头强化。当所有参与者阅读完书面材料之后，领导者角色被单独叫出实验室，先由笔者确认其是否理解了指导书中的要求，然后口头对其进行进一步强化，明确告诉他（她），不论其本人在现实生活中具有怎样的领导风格，但是在本次模拟会议中，请他（她）严格按照指导书中的要求去做，而且尽量表现得自然一些，不让其他成员察觉他是在故意如此。经过书面和口头指导，所有的领导者基本理解了角色要求，并均顺利领导其群体完成了决策任务（通过实验后的视频资料分析可以看出）。

5.5.2 正式讨论

正式会议讨论过程在笔者确认所有参与者都理解了实验任务和指导书的要求之后开始。所有会议均有 30 分钟的时间限制，如果不能在时限内完成任务，允许作适当的延长，但一般不超过 15 分钟。

笔者离场后，会议控制权交由领导者完成。讨论过程按照领导风格的不同和是否应用了决策程序共分为四种类型，分别是命令型领导+应用了决策程序、命令型领导+自由讨论、参与型领导+应用了决策程序以及参与型领导+自由讨论。两种任务情境下均包含这四种类型过程。关于领导风格和决策程序的具体指导方法和措施，将在第五章详细阐述。整个讨论过程全部由视频采集系统实时拍摄记录，以便事后进行编码分析。在群体决策进行期间，笔者始终守候在决策室外，随时准备回答任何在决策过程中群体成员可能遇到的问题。

5.5.3 方案提交、问卷填写

每个群体在完成了实验讨论过程之后，都由领导者执笔，提交一份写有群体最终决策结果的方案报告。该报告除了需要写明具体的决策结果之外，还需用简单的几句话写出群体选择的理由，以便事后分析之用。其他成员同时也需要就他们对决策结果的接受程度给出一个选择，从"1 = 非常接受"到"5 = 非常不接受"共五个级别。方案提交之后，向所有成员发放问卷，笔者守候在决策室内随时解答问卷填写过程中的问题。由于问卷是当场发放当场回收，所以回收率为100%。

5.5.4　嘱咐、解散

尽管在整个实验过程中不存在任何故意的隐瞒和欺骗，但由于整个实验过程是在一个人为设定的模拟环境下进行，为了使所有参与者在事后不要产生任何被操纵、控制甚至是愚弄的感觉，笔者在每个群体决策会议结束之后，均花一些时间向所有参与者简单解释一下实验的目的和个人问卷所要度量的一些项目，并请他们不要担心自己在参与过程中的表现是否完美。上述过程直到笔者确信每个参与者都理解为止。

在实验结束，群体即将解散之前，为了防止参与者向尚未参与的成员泄露有关实验的具体细节，从而影响后续实验的实施结果，笔者通过口头方式向所有参与者进行了嘱咐，要求他们在所有实验尚未结束前，不要将他们所知道的任何实验细节透露给尚未参加的人员以及其他人员。在确信每个人都答应了该要求之后，笔者向所有参与者的参与表示感谢，并发放了纪念品，随后参与者解散离场，整个实验过程结束。

6 变量控制及测量

在本书第 5 章，已经在实验方案设计和实施过程的描述中，就几个关键变量的控制问题进行过一些初步说明。本章将进一步对实验研究中所涉及的变量控制及测量问题进行详细阐述。其中，变量控制部分主要针对自变量和调节变量，包括领导风格、决策程序和决策任务，测量部分则主要针对控制检验、群体结构特征、群体决策过程以及决策结果等方面。

6.1 变量控制

为了在管理实验研究中使所要研究的变量能够按照实验设计的思路和要求变化，减少外部因素对研究结果的干扰，凸显研究变量对研究结果的影响，一项重要的任务就是对其进行严格的控制（Manipulation）。在本书中，两个重要的自变量领导风格和决策程序，以及调节变量任务类型是实验中所要控制的对象。

6.1.1 领导风格

本书所要研究的独裁型和民主型两种领导风格，是现有领导学研究和群体决策研究中所普遍应用的二维结构设计，相应的控制方法和手段也比较成熟。参照 Janis 的群体思维研究中对独裁型领导风格的描述，本实验中所要控制的两种领导风格分别有如下的表现。其中，独裁型领导风格的表现为：①在群体讨论一开始，就提出自己偏好的方案；②不鼓励成员讨论和领导所提方案相左的方案；③强调达成一致的重要性而不是决策的质量。与此对应，民主型领导风格的表现为：①在其他成员没有表达他们的观点和偏好之前，领导不会提出自己偏好的方案；②鼓励所有的成员对所有的备选方案进行充分的讨论；③强调通过考察所有可能的信息和备选方案来达成一个正确的决策。

为了使扮演领导者角色的参与者能够尽可能地按照上述的两种领导风格所对应的行为要求进行决策，本书从以下几个方面进行了控制。一是在领导者角色的安排上，尽可能地选择具有领导和组织管理经验的参与者担当该角色。如果满足不了这个要求，就让群体通过自己选举的方式产生领导者。具体的安排和选择方法已经在第四章中有详细的描述。从已有同类实验研究所总结的经验来看，这样的做法更容易使扮演领导者的参与者熟悉和进入角色，从而较好地保证了对领导者角色控制的准确性。二是在实验指导书中对角色行为要求又进行了具体的分解描述，使领导者角色能够较容易地在决策过程中参照执行。以简单任务下的独裁型领导风格为例，在其实验指导书中对其行为要求的描述如下：

……你所扮演的常务副总裁是一位比较独断专行的领导，或者称之为"独裁型领导"。这种类型的领导有如下一些特点：①在决策一开始，在其下属们还没有就决策问题表达他们的观点和意见之前，就首先发表自己的看法和意见。②在决策过程中，不鼓励其他成员讨论和自己所提意见相左的其他方案。③在决策过程中，始终强调决策是否能够尽快达成一致，而不在乎决策质量的高低。所以，在整个小组讨论中，请你也按照上面所描述的独裁型领导的行为特点行事。请记住，你作为一个独裁型领导，主要任务就是如何让自己的观点和意见被其他成员尽快接受，并且能够尽快按照你自己的想法达成决策一致。至于别人是否能够有机会表达他们自己的观点以及决策结果是否正确，并不重要。建议你按照下面的指导去做。

首先，在讨论一开始，在别的成员还未发表他们的看法前，就请你首先表明你自己的立场。例如，你可以这样开场，"我觉得这个问题很简单，我先说说我的看法……"。在本次讨论中，你的个人意见已经提前帮你设定好，即你认为分厂经理应该更看重综合素质，有管理教育背景，并且尽量年轻一些。按照这个标准，你认为王刚是比较合适的人选。

其次，在你提出你的观点后，你要督促大家重点针对你的意见进行讨论，如果其他人认为应该考虑其他的候选人，请你马上进行反驳和制止。例如，如有人说刘明可能比较合适，因为他经验丰富，等等。你可以说，"我觉得此人不够全面，而且年龄偏大"，等等。

最后，请督促大家尽快敲定一个候选人，不要浪费过多的时间在无用的争执上。例如，你可以说，"咱们的主要任务选择一个大家都认可的人选，这个人是不是最好的现在无法准确判断，所以请大家尽快表决确定"。

最后，在实验正式开始前的准备阶段，当领导者角色扮演者阅读完实验指导书后，研究者还将其单独叫出决策室，先确认其是否理解了角色要求，然后进一步对其进行有关角色扮演的口头强化。通过上述这几个方面的措施，基本保证了群体决策过程中两种领导角色表现的准确性和稳定性。

除了以上这些控制措施之外，为了评价不同的领导风格对决策过程及其结果的影响程度，在两种任务情境下的领导者还分别获得了一个事先设定好的问题解决方案作为他们在决策过程中的偏好选择。在简单任务下，领导者偏好的方案是以候选人的资历高低为标准进行排序所获得。在复杂任务下，领导者偏好的方案是按照候选人的技术水平和年龄两个标准为主进行筛选排序所获得。由于本实验所采用的两种任务均为没有唯一正确答案的决策型任务，通过为领导者事先设定偏好方案，一方面可以考察不同的领导行为对决策过程中成员选择行为所产生的影响；另一方面可以考察领导风格的不同而产生的实际决策结果差异，从而达到检验领导风格控制效果的目的。

6.1.2 决策程序

在本书的理论假设部分，将决策程序和领导风格一起视为对群体决策过程和结果有显著影响的重要自变量。在具体的实验研究中，决策程序的设计主要参考了现有管理决策研究中常用的一种正式程序，MAU 决策程序。MAU 程序和自由讨论情况相比，具有能够充分挖掘成员隐藏信息，并对决策相关信息进行较客观、理性处理和评价的优势。本书中对决策程序变量的控制，主要通过在实验指导书中对该程序的原理和操作步骤进行详细描述的方式进行：

……人们在实际的群体决策过程中，经常应用一些辅助程序来帮助群体更好地分析问题，集结不同成员的观点和态度，并最终促成群体内的沟通和一致性的形成。这样的程序有很多，最典型的一种程序常称为"多属性效用模型"（Multi-attribute Utility）。

在本次讨论中，你们可以在讨论过程中，应用上面提到的这种程序来帮助你们更好地对候选人进行评价。这种决策辅助程序的基本思路和步骤如下（以表 a 为例）：

（1）首先为每个需要进行评价的属性按照重要性程度进行权重分配，例如，在下表中，你认为"A"属性最重要，可以给 0.5 的权重，"B"属性其次，可以给 0.3 的权重，"C"最不重要，给 0.2 的权重，等等。这个权重值的分配完全由主观确定。

（2）其次对各个备选方案在特定属性中的价值进行评判打分。例如，在"A"属性中，方案 1 的价值最大，给满分 5 分（这里采用 5 分制，当然你也可以采用任意分制，只要能区别出等级即可），方案 3 价值最小，给 1 分，等等。

（3）最后将每个备选方案在各个属性下获得的分数乘以相应的权重，然后加总，就是对该方案的一个综合评价得分。例如，表 a 中最后"总分"一栏所示（如表 a 所示，方案 1 的得分最高）。

请注意，这种程序仅仅是一个辅助工具，通过它，你们可以首先对表中所提供的各候选人信息进行一个综合的量化评价，但这个评价

表 a　MAU 举例

方案	属性	A	B	C	总分
	权重	0.5	0.3	0.2	
1	价值	5	2	4	$5 \times 0.5 + 2 \times 0.3 + 4 \times 0.2 = 3.9$
2		3	4	5	$3 \times 0.5 + 4 \times 0.3 + 5 \times 0.2 = 3.7$
3		1	5	2	$1 \times 0.5 + 5 \times 0.3 + 2 \times 0.2 = 2.4$

结果并不一定是你们的最终确定结果，你们可能还需要结合表中之外每个成员所掌握的信息来进行进一步的评定。

除了在实验指导书中对决策程序的原理及使用方法进行详细说明之外，在实验开始前的准备阶段，笔者还通过口头方式向需要应用决策程序的决策群体进行了进一步的指导，使参与者能够尽快熟悉并接受决策程序的引入。

6.1.3　决策任务

决策任务作为本实验框架中的一个重要调节变量，在本实验中主要是通过设置两种不同的实验任务情境对其进行控制。在第 4 章中，已经对两种实验情境进行了详细描述。本章将主要对两种实验任务所对应的情境差异及其控制思路和手段进行进一步分析。在第 3 章中曾经讲过，一项决策任务的复杂性通常和完成该任务的难易程度相联系。郑全全和刘方珍[87]的研究就认为，任务越复杂，难度越大，任务难度的增加通常会影响决策的质量。在 Timmermans[85] 的实验研究中，任务难度的操作是通过增加候选人或者候选方案来进行的。本实验对任务复杂性的控制从以下两个方面进行。一方面参照 Timmermans 的做法，通过控制候选人及评价指标的数量来区分两种任务的复杂性。也就是说，复杂任务下的候选人及其需要评价的指标都要比简单任务下多。具体讲，复杂任务下的候选人为 6 个，需要评价的参考指标为 7 个，而简单任务下的候选人为 3 个，需要评价的指标为 6 个。另一方面，通过将任务情境设计为两种不同的风险状态来控制任务的复杂性。在具体的任务设计过程中，本书有意将候选方案多的任务与"损失"

情境相联系，从而使决策任务看起来更加复杂和棘手。而将候选方案少的任务与"获得"情境相联系，使决策任务看起来相对容易处理一些。通过这样的控制措施，力图保证本实验中的两种任务情境能在复杂性方面产生较明显的差异。

这种对任务复杂性的控制思路和手段一方面受到了行为决策研究中对不确定情境下人们选择行为研究的启发。在该领域代表人物Kahneman 和 Tversky [90] 所提出的前景理论（Prospect Theory）中，一个重要的假定就是人们在面临不同风险情境下的选择行为会有差异。受此影响，本书才通过设置不同的风险情境来控制任务所营造的不同决策心理氛围，以进一步强化复杂性的区别。另外，这种任务复杂性控制思路和手段还受到了群体思维理论的影响。该理论的一个重要假设就是在面对因任务的高风险和不确定性而带来的环境压力时，群体更容易发生决策失误。回顾 Janis 的研究中所涉及的决策任务类型，就会发现这些任务的共同特点是复杂、不确定性高、后果事关重大、没有公认的对错标准，而且往往有时间限制或者说具有紧迫性。当一个决策群体面临着这样的任务时，成员往往因为问题的复杂性和不确定性而承受相当程度的认知和情感冲突。同时，由于决策后果的严重性，会使成员因为惧怕承担责任而失去主见。这时如果有人提出一个方案或者领导（独裁型的）已经敲定某个方案，群体就很有可能盲目跟从，而不是继续客观地寻找可行的方案。缺乏价值标准会使群体产生相当程度的观点冲突，而紧迫性又往往和意外以及紧急情况相联系，令群体处于一种压力环境中，迫使一个本来信息完善的群体仓促决策。由此看来，现实中人们在处理复杂任务时常常比在处理简单任务时更容易犯错误，一定程度上是因为任务的复杂性及其所包含的风险因素和任务带给决策群体的环境压力之间存在着某种联系。通过这样的任务设计，本实验一方面想间接地验证前景理论在群体决策背景下的正确性，另一方面也想验证本书的一个隐含假设，即决策群体在处理相对复杂的任务时，要比处理相对简单的任务更容易出现决策失误。

6.2 测量

在具体描述实验测量的方法和过程前，有必要先对本实验的实验数据采集方式及原理进行简单交代。本实验主要通过以下三种途径来采集实验相关数据。第一种也是最主要的一种途径，即实验后的问卷。主要是想获取有关决策群体结构特征、群体决策交互过程及其成员对决策过程主观态度的一些信息。第二种途径是实验过程视频资料的文本分析（Content Analysis），主要是想通过对决策讨论现场情况的录像进行编码（Coding）及分析，来挖掘一些无法通过问卷测量到的信息。第三种途径是对每个群体所提交的最终决策结果报告的文本分析，来进一步比较各个群体之间的决策结果差异。

实验后的问卷采用的是标准 5 点 Likert 量表（详见附录 4）。量表中的问题回答分为两种：对于陈述语气的问题，采用 1="非常不同意"、2="不同意"、3="既不同意也不反对"、4="同意"、5="非常同意"的排列顺序。对于疑问语气的问题，采用 1="极小"、2="较小"、3="中等"、4="较大"、5="极大"的排列顺序。在所有问题中，有一部分问题采用反向表达的方式，这部分问题的最终记分采用用 6 减去回答得分的办法。对问卷中的大部分问题来说，回答所得的分数和该问题所测项目的水平高低直接对应，得分越低，表明水平越低，得分越高，表明水平越高。例如，在对决策过程中群体所讨论和评价的备选方案数量进行测量时，参与者的回答分值越低，表明方案数量越少，否则就越多。另外，还有一些问题的回答得分并不代表某个测量项目水平的高低，而是反映了与该项目两种极端状态的接近程度。例如，在对领导风格的测量项目中，得分越高，表明领导风格越独裁，得分越低，表明领导风格越民主。

本实验问卷量表的大部分问题来自 Park 的博士论文 "A Comprehensive Study of Janis' Groupthink Model: Questionnaire

Development and Empirical Tests"。这些问题的双向翻译工作由笔者及另外一位管理学专业博士研究生合作完成。其余部分问题是笔者根据自己的实验研究方案自行设计。量表共分为四个部分，共 60 个问题。第一部分的问题主要测量与群体结构特征有关的方面（如群体凝聚力、领导风格、决策程序等），另外还包括对变量的控制检验，共 18 个问题。第二部分和第三部分的问题主要针对群体决策过程而设置。其中，第二部分主要通过测量群体思维症状产生与否及其严重程度来检验自变量对群体决策过程产生的影响，共 20 个问题。第三部分主要通过测量群体决策过程缺陷产生与否及其严重程度来检验群体决策过程进行的好坏，共 14 个问题。第四部分的问题主要是针对参与者对决策过程及结果的主观态度测量，共 8 个问题。为了避免实验参与者之间在回答问卷时可能因为测量相同项目的问题排列在一起而可能出现的"序列效应"（Sequence Effect），问卷每个部分问题的排列顺序都有意叉开、打乱。

实验视频录像的编码及分析在一套编码标准（详见附录 5）的指导下进行，该标准的制定主要参照了 Park 所使用过的类似编码标准，主要测量群体决策过程中的信息沟通和交流情况。编码工作由两位对研究假设不甚清楚的管理学专业博士研究生合作完成，具体的编码标准和编码分析过程随后将详细描述。每组所提交的实验结果报告由笔者和另外一名管理学专业博士研究生共同进行了分析，主要针对决策群体最终所选择的方案及其对应的方案选择理由进行比较分析。下面就具体的变量测量方法和过程进行详细描述。

6.2.1 控制检验

本实验的两个自变量领导风格和决策程序以及调节变量决策任务的控制方法在前面已经描述过。作为对这三个变量在实验过程中控制效果的检验，在实验后的问卷中，分别设立了对应的检验项目。

对于领导风格来讲，共有三个 5 点 Likert 测量项目来检验群体成员对领导者在决策过程中所表现出的领导风格的看法（Cronbach α = 0.72）。其中：1= "非常不同意"、2= "不同意"、3= "既不同意也不反对"、4="同意"、5="非常同意"。第一个项目评价领导者是否在决策过程一开始就抛出自己的观点；第二个项目评价领导者在决策过程中是否鼓励成员发表自己的观点和看法；第三个项目评价领导者是否在决策过程中鼓励成员进行信息的交流和沟通。其中，第二和第三个项目采用了反向提问的方式。三个项目的平均得分越高，表明领导风格越独裁。这三个项目均改编自 Park 的实验问卷：

a. 我们小组的领导在讨论一开始就提出了自己的问题解决办法。

b. 我们小组中的领导经常鼓励大家在讨论中表达我们自己的看法和意见。

c. 我们小组中的领导经常鼓励大家就所要讨论的问题提供自己所知的信息。

对于决策程序来讲，共有两个 5 点 Likert 测量项目来检验群体成员对决策程序应用情况的看法（Cronbach α = 0.68）。其中：1="非常不同意"、2="不同意"、3="既不同意也不反对"、4="同意"、5="非常同意"。第一个项目评价群体成员是否认为决策过程中应用了某种决策程序，第二个项目评价群体成员是否认为决策过程采用的是自由讨论的形式。其中第二个项目采用了反向提问的方式。两个项目的平均得分越高，表明决策中使用决策程序的程度越高。这两个项目也均改编自 Park 的实验问卷：

a. 我们小组在讨论时，应用了一种决策辅助程序来帮助我们对候选人进行评价。

b. 我们小组的讨论完全是自由发挥式的。

对于决策任务来讲，共有两个 5 点 Likert 测量项目来检验群体成员对决策任务复杂性及难度的感知（Cronbach α = 0.88）。其中：1="非常不同意"、2="不同意"、3="既不同意也不反对"、4="同意"、5="非常同意"。第一个项目评价群体成员对决策任务复杂性的认识，第二个项目评价群体成员对决策任务处理难度的看法。其中第二个项目采用了反向提问的方式。两个项目的平均得分越高，表明决策任务的复杂性越高。这两个项目由笔者自行设计。

a. 我们小组所要解决的问题比较复杂和棘手。

b. 我们小组在处理这个问题时没有遇到什么困难。

6.2.2　群体结构特征

除了研究框架中的几个重要输入变量之外，本书还对与群体结构特征有关的一些变量进行了测量。这样做的目的有两个，一方面是明确所研究群体的基本结构特征，以便考察这些变量对决策过程及结果所可能产生的影响。另一方面是间接地验证群体思维理论模型中有关前提条件的假设在本研究框架中是否依然成立。因此，这些所要测量的群体结构特征变量均和群体思维模型中的前提条件对应，如群体凝聚力、群体自尊水平、群体所承受的外部压力等。需要说明的是，在Janis 的群体思维模型（见图 2-2）中共有 8 个前提条件，除了领导风格和决策程序已经作为本实验的自变量进行了控制和测量之外，其他的 6 个前提条件中，本实验只对其中 4 个进行了测量。这 4 个前提条件分别是群体凝聚力、群体外部压力、群体自尊以及群体做出好决策的希望。其余两个前提条件群体同质性和群体与外界隔绝之所以在本实验中不予考虑，是因为本实验所选取的样本本身就具有高同质性（见第 4 章 "4.3 参与者"），并且所有群体决策过程也都是在与外界相对隔绝的状态下进行的，已经满足了群体思维模型中关于这两个前提条件的假设状态。

（1）群体凝聚力。群体凝聚力通过以下三个 5 点 Likert 项目来测量（Cronbach $\alpha = 0.73$）。其中：1= "非常不同意"、2= "不同意"、3= "既不同意也不反对"、4= "同意"、5= "非常同意"。每个群体的凝聚力水平由参与者对这三个问题的主观回答得分平均而成。得分越高，表明群体越凝聚。这三个项目改编自 Park 的实验问卷：

a. 我喜欢在我们这个小组中工作。

b. 我们小组中的所有成员在一起工作得很好。

c. 如果有机会，我愿意在类似的活动中再次和这个小组中的其他人一起合作。

（2）群体外部压力。群体外部压力通过以下两个 5 点 Likert 项目来测量（Cronbach α = 0.54）。其中：1 = "非常不同意"、2 = "不同意"、3 = "既不同意也不反对"、4 = "同意"、5 = "非常同意"。每个群体的外部压力水平由参与者对这两个问题的主观回答得分平均而成，得分越高，表明群体的外部压力越大。这两个项目改编自 Park[39] 的实验问卷：

a. 在这个小组中，由于大家很难对要解决的问题达成共识而让我有压力感。

b. 因为讨论有时间限制，我觉得有一些紧张。

（3）群体做出好决策的希望。这个前提条件的实际含义是"由于领导事先提出自己的方案而使群体没有机会去寻找更好的方案"。本研究通过以下两个 5 点 Likert 项目来测量（Cronbach α = 0.55）该前提条件。其中：1 = "非常不同意"、2 = "不同意"、3 = "既不同意也不反对"、4 = "同意"、5 = "非常同意"。群体在该项目上的得分由参与者对这两个问题的主观回答得分平均而成，得分越高，表明群体越没有机会找到比领导所提方案更好的方案。这两个项目改编自 Park 的实验问卷：

a. 我个人觉得自己找不到一个比小组领导所提问题解决方案更好的办法。

b. 小组成员都很有信心能够找到一个比领导所提方案更好的问题解决办法。

（4）群体自尊。群体自尊通过以下四个 5 点 Likert 项目来测量（Cronbach α = 0.64）。其中：1 = "非常不同意"、2 = "不同意"、3 =

"既不同意也不反对"、4="同意"、5="非常同意"。每个群体的自尊水平由参与者对这两个问题的主观回答得分平均而成，得分越高，表明群体的自尊水平越高。这四个项目改编自 Park[39] 的实验问卷：

    a. 在小组中发言时，我对自己没有太大把握。

    b. 我觉得小组中其他人的表现都比我强。

    c. 我对我在小组中的表现比较满意。

    d. 我对我自己的个人能力比较有信心。

需要说明的是，"群体外部压力"以及"群体做出好决策的希望"两项的一致性系数略显偏低，但考虑到这两个变量在本书中并不是重点研究的对象，其水平仅作为正式研究中的一个参考，所以在后续的研究中将继续采用其结果。

6.2.3　群体决策过程

本实验对群体决策过程的测量主要通过两种方式进行。一种是通过实验后的问卷，主要从以下四个角度进行。一是通过测量群体思维症状产生与否及其严重程度来检验自变量以及调节变量对群体决策过程产生的影响；二是通过测量群体决策过程缺陷产生与否及其严重程度来检验群体决策过程进行的好坏；三是通过测量决策过程所花费的时间来比较过程进行的效率；四是通过测量参与者对决策过程的主观感受（包括对过程和领导的满意度以及参与感）来进一步从心理学角度考察决策过程的好坏。另一种是通过对实验过程视频录像的文本分析，主要是从考察群体决策过程中的信息沟通和交流情况这个角度来进行。

（1）群体思维症状。本书之所以通过测量群体思维症状出现与否及其严重程度来检验领导风格、决策程序以及决策任务对决策过程的影响，主要是因为群体思维理论是本书的一个重要理论基础，该理论对决策过程进行的好坏判断主要是以过程中是否出现群体思维现象及其严重程度为标准。而且在群体思维理论中，领导风格和决策程序也是影响群体思维现象发生的两个重要的前提条件。通过对群体思维症状的测量，不仅能验证本书先前基于这两个变量的假设，而且可以为群体思维理论的验证提供更充分的证据。

本书共测量了 7 个群体思维症状，这 7 个症状均来自 Janis 的群体思维理论模型（见图 2-2）。与原有模型中的 8 个症状相比，本书并没有测量"对群体外成员（对手）看法的刻板化"这一症状，原因在于本书在实验情境的设计中，并没有为群体设置一个竞争对手，所以测量这一项的意义不大。所有症状测量均采用 5 点 Likert 项目，其中：1＝"极小"、2＝"较小"、3＝"中等"、4＝"较大"、5＝"极大"。每个群体的各个群体思维症状由参与者的主观回答得分平均而成。某项症状的得分越高，表明该症状越明显。这些测量项目均来自 Park 的实验问卷。具体的测量项目及一致性系数见表 6-1。

表 6-1 群体思维症状测量

群体思维症状	测量项目	Cronbach α
无懈可击的错觉	a. 在多大程度上你有信心认为你们小组将产生高质量的解决方案 b. 你认为你们小组将在多大程度上做出一个失败的决策	0.77
行为的合理化	a. 当有人提供的信息对小组来说是不利的或者不受欢迎时，他们在多大程度上尽力使这些信息看起来更合理 b. 当听说或者想到你们小组的决策将被认为是缺乏人性化时，你们在多大程度上尽力使自己的行为看起来更合理	0.69
对群体的道德深信不疑	a. 在所要解决的问题中涉及道义问题（如到底该让谁失业或者该让谁上任时），你们小组在多大程度上觉得自己的选择是正确的 b. 你们小组在多大程度上会考虑每一次选择之后所涉及的道义问题	0.64
从众压力	a. 当小组中有人提出任何和其他人意见不同的观点时，他（她）会在多大程度上受到来自其他人的压力 b. 当有人提出和大多数人观点不同的意见时，小组其他成员在多大程度上会有所反应 c. 你们小组在多大程度上尽力阻止某些成员针对大家已经普遍接受的观点再提出反对意见	0.79
自我抑制	a. 你在多大程度上避免提出一个对于小组来说不受欢迎的观点 b. 你在多大程度上会保留那些你认为会使小组产生分歧和不和谐的观点和意见 c. 你在多大程度上克制自己发表意见以保持小组中出现的较明显的一致性 d. 你在多大程度上保留自己对小组中某些成员的反对意见	0.55

群体思维症状	测量项目	Cronbach α
全体一致的错觉	a. 你在多大程度上认为小组对于重要的判断全体一致同意 b. 你在多大程度上同意你们小组所提出的问题解决方案 c. 你在多大程度上认为其他成员也同意最终提交的解决方案 d. 你们小组在多大程度上表现得团结一致	0.75
思想警卫	a. 小组成员在多大程度上反对新的观点或意见 b. 当遇到困难时，小组成员在多大程度上会提出新的观点或者重新考虑如何解决问题	0.62

需要说明的是，有几项症状的一致性系数低于 0.7，但考虑到本书是在群体水平下的探索性研究，其可靠性指标本身就要比个体水平下的分析低，所以那些较低的可靠性指标将继续使用。

（2）群体决策过程缺陷。作为对群体决策过程的另外一种度量方式，有关群体决策过程缺陷的测量一共有 14 个项目，共测量 7 种决策过程缺陷。这些决策过程缺陷都来自 Janis 的群体思维理论模型（见图 2–2）。测量均采用 5 点 Likert 项目，其中：1＝"非常不同意"、2＝"不同意"、3＝"既不同意也不反对"、4＝"同意"、5＝"非常同意"。每个群体决策过程的各种缺陷水平由参与者的主观回答得分平均而成，某项缺陷的得分越高，表明此项缺陷越严重。这 14 个测量项目最初由 Moorhead 和 Montanari 设计，又被 Park 所引用。具体的测量项目及一致性系数见表 6–2。

表 6–2　群体决策过程缺陷测量

决策失误和缺陷	测量项目	Cronbach α
不制定其他的备选方案	a. 我们小组在讨论时尽可能地提出和评价多个备选方案 b. 我们小组只提出了很少的几个备选方案	0.56
不全面研究决策目标	a. 我们小组在解决问题时尽可能地考虑多个目标 b. 我们小组在考虑问题时仅关注很少的几个目标	0.64
不考察既定选择的冒险性	a. 我们小组经常重新评价我们已经选定的方案以找出那些不太明显的缺陷 b. 我们小组在大家都接受一个方案后，不去重新评价这些方案以应对一些不可预见的风险	0.53
信息资料研究不充分	a. 我们小组从未考虑寻求外界人员的建议（如咨询本项目负责人）来解决问题 b. 我们小组在我们解决问题时会从外界寻求建议（如从项目负责人那里）	0.77

续表

决策失误和缺陷	测量项目	Cronbach α
对既有资料处理时的选择性偏见	a. 即使来自外界的信息可以获得，当这些信息与我们的选择相悖时，我所在的群体也会忽略这些信息 b. 我们小组会考虑来自外界的建议，哪怕这些建议和我们选定的方案相悖	0.61
不重新评价其他的选择	a. 我们小组从来不重新评价我们最初抛弃的备选方案 b. 我们小组通常会重新评价先前放弃的一些观点	0.73
不全面研究变通的方法	a. 我们小组从未考虑我们的解决方案是否行得通，从而不考虑设计针对意外发生的补救措施 b. 我们小组在发现最初提出的方案有问题时会重新讨论来进行补救	0.48

需要说明的是，有几项症状的一致性系数低于 0.7，但考虑到本研究是在群体水平下的探索性研究，其可靠性指标本身就要比个体水平下的分析低，所以那些较低的可靠性指标将继续使用。

（3）群体决策过程效率。虽然本实验为所有的决策群体讨论过程都设置了时间限制，但是每个群体之间在最终完成讨论的时间上仍然有差异。为此，作为对过程进行效率的测量，本实验对每组的讨论所花费的时间均进行了记录。

（4）群体决策过程满意度。群体决策过程进行的好坏，不仅可以根据群体讨论过程中所沟通和交流的信息量多少来判断，还可以从群体成员对决策过程的满意度等许多心理指标角度进行评价。本实验对决策过程满意度的测量主要通过以下三种心理学指标来进行：一种是对决策过程的满意度，一种是对领导者的满意度，还有一种是在决策过程中的参与感。这三种指标均通过 5 点 Likert 项目进行测量，其中：1="非常不同意"、2="不同意"、3="既不同意也不反对"、4="同意"、5="非常同意"。每个群体的过程满意度由参与者对这些问题的主观回答得分平均而成，得分越高，表明群体成员对过程的满意度越高。这几项指标及测量项目均由笔者自己设计，具体内容及一致性系数见表 6-3。

（5）群体决策过程中的信息沟通和交流。为了对群体决策全过程有一个更加客观、全面的评价，除了上述几种测量方式之外，本书还对所有的群体决策过程都进行了视频拍摄。这种做法是对以往由观察

表 6-3　群体决策过程满意度测量

满意度指标	测量项目	Cronbach α
过程满意度	a. 我觉得在我们小组的讨论中，大家都积极发言，彼此充分交流沟通 b. 我对我们小组的整个讨论过程很满意	0.71
领导满意度	a. 我们小组的领导是一位公平、民主的领导 b. 我对我们小组领导的表现非常满意	0.81
参与感	a. 我在小组中有很强烈的参与感 b. 我觉得我在小组中没有什么机会发言和表现	0.92

者对决策过程进行直接观察方式的一种改进，同时也要比早期一些研究者所采用的实验过程录音分析更为直观，目前已经被大多数的管理决策实验研究所采用。好处是观察者的评价不仅可以不受时间、地点的限制，并且同一个决策过程可以由多个评价者进行重复评价，从而使决策过程测量的客观性和可靠性都得到了明显提高。

　　本书对决策过程视频录像所进行的文本分析主要是针对决策过程中的信息沟通和交流情况。在实验设计中，两种任务情境下的所有参与者都在其实验指导书中进行了信息分配。这些信息又分为共享信息和非共享信息两种。参与者被告知，共享信息为群体所有成员都知道的信息，请他们在讨论中根据自己的需要使用。而非共享信息仅仅为每个参与者自己所掌握，其他三个成员并不知道。是否在决策过程中使用这些信息，完全由参与者根据需要自己决定。在所有的实验指导书中，除了领导者角色仅获得 4 条共享信息外，其余的三个角色均获得了 4 条共享信息和 4 条非共享信息。以简单任务下人力资源管理部经理的信息分配情况为例：

　　……下面是一些你们四个人都知道的信息，请根据需要在讨论中使用这些信息。

　　（1）你们公司这几年的飞速发展，主要得益于一系列专业化发展战略的实施，以及对技术及研发的重视和投入。公司现在面临的最大问题就是如何通过增加产量、提高质量来保持这种快速发展势头，继续扩大市场占有率。

　　（2）你们公司是一家典型的民营股份制企业，公司的员工大多为这两年通过人才市场和猎头公司招募而来。但目前高层经理主要还是通过内部提升的方式产生。

（3）你们拟在西南地区所建的这个分厂将是总公司之外第一个外设的生产机构。建成后，将负责整个西部地区的产品和市场供应。主要以生产为主，研发依然由总公司负责。

（4）由于公司近期下发面向全公司内部招募新分厂经理的通知，员工反应积极，报名应聘者络绎不绝。这次进入最后筛选的三名候选人已经经过了比较严格的考察程序。

下面这些信息仅仅为你所掌握，其他三个成员并不知道。是否在决策过程中使用这些信息，完全由你自己决定。

（1）王刚是你亲手通过猎头公司从一家跨国公司挖来的总裁助理，该员工的最大特点是综合素质全面，受过良好的管理教育，特别在财务管理方面富有经验。

（2）在近期由你主持进行的公司年度内部高层经理综合考评中（结果尚未公布），王刚暂列第一。

（3）在共事的过程中，你发现王刚在生产管理方面的工作经验还比较缺乏，并且很少与下层员工进行沟通和交流。

（4）据你通过内部消息渠道所知，王刚在其原来的公司中，曾因涉嫌挪用公司资金进行个人投资而受到过处分。

笔者邀请了两位管理学专业的博士研究生对视频录像进行了编码分析。编码所用的标准是笔者根据本实验测量的要求，并参照了 Park 的研究中实验录像编码标准的设计思路自行设计（详见附录5）。编码过程主要是针对群体讨论过程中各成员对其所掌握的信息，包括共享信息和非共享信息的交流情况所进行的量化统计。编码标准由实验材料中所提供给各角色的信息及其对应的评价项目构成。在编码前，笔者将编码标准及需要评价的录像资料交给评价者，并对需要评价的项目和评价方法、步骤进行了进一步的口头解释。编码步骤是评价者观看录像，对于录像中各组的自变量控制情况评价者并不知晓。在观看过程中，当某个成员在群体讨论过程中发言时，如果提到了其实验指导书中所提供的某条信息（不论是共享信息还是非共享信息），则评价者在编码表中该角色所对应的信息处进行一次标记。每个讨论过程中的信息沟通交流情况最终可以通过对这些信息是否被提到以及提到的次数进行量化分析。

两位评价者分别对相同的 4 组群体决策过程录像进行了独立的评价，经检验，两人编码结果的一致性达到了 0.94。因此，其余的 36 组群体决策过程录像的评价工作由两位评价者各分担 18 组，分别独立完成。

6.2.4　群体决策结果

对于群体决策过程的任何研究最后都要落实到最终的结果上。前面讲过，和大多数的群体决策研究者所持的观点一致，本书也认为好的决策过程与好的决策结果之间存在着一定的相关性。对群体决策结果进行测量，一方面可以检验对应的决策过程进行的好坏；另一方面也可以对本书所提出的有关自变量和调节变量对决策过程和结果影响的假设进行验证。

本书对群体决策结果的测量主要从以下两个方面进行。一方面是从决策结果的一致性达成角度来考察，主要看群体最终选择的方案是否和事前给领导所设定的方案一致，从而考察领导风格对决策结果是否具有影响作用及其程度大小。同时还要看这种就决策结果达成的一致性究竟是"真"一致还是"假"一致，也就是前面所讲的一致性达成的效果。主要是通过考察各成员对最终结果的接受和认可程度来判断。另一方面是从参与者对决策结果的主观满意度来考察。因为衡量一个决策结果的好坏，除了需要一些客观的标准之外，参与者是否对该结果满意也是一个非常重要的标准，甚至这种主观满意度在某种程度上比仅仅获得一个简单的一致性结果更为重要，因为成员态度的不同将决定决策结果的实施是否得到成员的响应和配合。

在此有必要进行说明的是，任何决策研究中有关决策结果的度量都无法回避一个问题，即真正的决策结果在研究中是无法进行度量的。因为任何决策做出后，必须付诸实施之后才能知道其结果如何，而决策研究中所获得的所谓结果，仅仅是决策实施前的方案选择结果。本实验中所讲的决策结果也是指这样的结果，而非决策实施后的真正结果。用实验中的方案选择结果来代替决策结果，是决策研究中的一个不得已而为之的做法。

对于决策结果和领导者偏好方案之间是否一致的测量比较容易，只需要将每组所提交的决策结果报告中的决策结果和实验设计中为领导者所设定的方案进行对照即可知道。

对于成员对决策结果的接受程度，本实验采用了一个 5 点 Likert 项目进行测量。测量问题如下：

以下是你对你们小组经过集体商讨后所获得的最终结果的一个意见评价，你认为你对这个结果的接受程度如何？

所提供的 5 个备选答案为：1="非常不接受"、2="不接受"、3="既不接受也不反对"、4="接受"、5="非常接受"。群体对决策结果的整体接受程度由个体对此问题的回答平均而成，得分越高，表明群体越接受决策结果。

成员对决策结果的主观满意度通过以下两个 5 点 Likert 项目进行测量（Cronbach $\alpha = 0.88$），其中：1="非常不同意"、2="不同意"、3="既不同意也不反对"、4="同意"、5="非常同意"。每个群体对决策结果的满意度由成员对这些问题的主观回答得分平均而成，得分越高，表明群体成员对决策结果的满意度越高。这项指标及测量项目由笔者自己设计。

a. 我对我们小组最终提交的方案非常满意。
b. 我觉得小组最终提交的方案代表了我自己的真实看法。

7 结果及讨论

在第 6 章变量控制和测量的基础上，本章将对实验研究过程中所获得的所有数据进行分析后所得到的结果进行详细描述。在检验第 4 章所提出的研究假设成立与否的同时，还将对这些研究结果的理论和现实意义进行进一步的讨论。

7.1 结果

通过 SPSS 11.0 for Windows 中的统计分析工具，本书首先对实验数据进行了描述性统计分析。表 7-1 给出了控制变量（自变量及调节变量）及其一些群体思维前提条件变量的描述性统计分析结果，表 7-2 给出了主要的群体决策过程和结果变量的描述性统计分析结果。

表 7-1 控制变量及群体思维前提条件变量的描述性统计分析结果

变量	M	SD	N	1	2	3	4	5	6	7
领导风格	2.79	0.94	160	**0.72**						
决策程序	3.65	0.74	160	−0.04	**0.68**					
决策任务	2.87	0.64	160	0.10	0.09	**0.88**				
群体凝聚力	3.99	0.68	160	−0.50**	0.13	0.00	**0.73**			
做好决策的希望	2.78	0.79	160	−0.07	0.01	−0.17*	0.20*	**0.54**		
外部压力	2.88	0.92	160	0.07	0.02	0.13	−0.28**	−0.17*	**0.55**	
群体自尊	2.17	0.57	160	−0.12	−0.12	0.15	−0.07	−0.11	0.34**	**0.64**

注：黑体数字是变量的 Cronbach's α；** 表示 $P < 0.01$，* 表示 $P < 0.05$；前三项是控制变量，后四项是群体思维前提条件变量。

需要说明的是，在表 7-1 中，除了本书所要进行控制和重点研究的三个变量之外（这些变量将在随后的结果分析中重点讨论），还有四个群体思维前提条件变量。这几个变量尽管不是本书的重点关注对象，但是通过对其状态水平的考察，既可以对所要研究的群体结构特征有一个更清晰的认识，同时也可以通过随后对群体决策过程中是否发生群体思维现象及其严重程度的分析，来间接地验证群体思维理论中有关这些变量的一些假设。

从这四个变量的描述性统计分析结果可以看出实验群体的一些结构特征。一是所有的实验群体都具有较高的凝聚力水平（3.99），这可能与本实验中所选取的样本都具有较高同质性有很大关系。二是群体对能够做出一个好决策抱有一定的希望，但不是很高（2.78），这可能是由于所有的群体成员都是首次参与此类实验，尽管有一定的参与积极性，但对能否圆满完成实验任务并没有太大把握。三是群体还略微感到一些压力（2.88），这可能和实验中为群体讨论过程所设置的时间限制有关。四是群体的整体自尊水平不是很高（2.17），这同样可能和实验群体对能否顺利完成实验任务不太有把握有关。如果按照 Janis 的群体思维理论假设，除了凝聚力一项的水平较能满足引起群体思维的条件之外，其他的前提条件均没有达到明显的要求水平。如果单纯从这几个变量来看，这样的群体只能说虽然有可能发生群体思维，但概率并不是很高。所以，最终的实际结果如何，还将主要从本书所重点关注的三个变量入手进行深入分析后才能知道。

7.1.1 控制检验结果

为了检验领导风格、决策程序以及决策任务这几个变量在实验过程中的控制效果，本书在实验后的问卷中设置了相应的检验项目（详见第 5 章）。首先，本书以领导风格、决策程序和决策任务为自变量，对问卷中这几个变量所对应的检验项目的回答进行了多元方差分析（Multivariate ANOVA）。结果显示，这几个变量均表现出显著性。其中，领导风格：$F(3, 156) = 39.28$，$P < 0.01$；决策过程：$F(3, 156) = 12.64$，$P < 0.01$；决策任务：$F(3, 156) = 55.43$，$P < 0.01$。在此基础

表7-2 群体决策过程和结果变量的描述性统计分析结果

变量	M	SD	N	1	2	3	4	5	6	7	8	9	10	11
群体思维症状														
对群体的道德深信不疑	3.51	0.62	160	0.64										
行为的合理化	3.28	0.89	160	0.07	0.69									
无懈可击的错觉	3.60	0.76	160	-0.02	-0.02	0.77								
自我抑制	2.79	0.64	160	-0.31**	0.11	-0.04	0.55							
全体一致的错觉	3.42	0.73	160	0.05	-0.10	0.67**	-0.04	0.75						
思想警卫	2.69	0.70	160	-0.03	0.12	-0.33**	0.20*	-0.31**	0.62					
从众压力	3.16	0.59	160	-0.10	0.12	-0.18*	0.28**	-0.26**	0.24**	0.79				
决策过程														
不制定其他的备选方案	2.90	0.82	160	0.06	-0.14	-0.33**	-0.04	-0.30**	0.22**	0.07	0.56			
不全面研究决策目标	2.78	0.83	160	0.19*	-0.13	-0.39**	-0.15	-0.45	0.21**	0.14	0.58**	0.64		
不重新评价其选择方案	2.90	0.68	160	0.00	-0.21**	-0.08	-0.03	-0.07	-0.08	0.18*	0.13	0.23**	0.73	
不考察既定选择的冒险性	2.93	0.82	160	0.04	-0.18*	-0.29	-0.02	-0.28*	0.20*	0.14	0.40	0.55**	0.24**	0.53
既有资料处理的选择性偏见	3.49	1.02	160	0.04	0.06	-0.21*	0.03	-0.19*	0.27**	0.13	0.34**	0.36**	0.13	0.27**
信息资料研究不充分	2.85	0.84	160	0.09	-0.04	-0.35**	0.00	-0.42**	0.29**	0.22**	0.31**	0.44**	0.14	0.39**
不全面研究变通的方法	2.57	0.82	160	0.11	-0.02	-0.45**	-0.01	-0.40**	0.28**	0.19**	0.41**	0.53**	0.28**	0.58**
讨论时间	35.25	5.26	40	-0.28	0.11	-0.03	0.05	0.11	-0.11	-0.27	-0.19	-0.22	-0.27	-0.28
信息交流量	12.68	3.17	40	-0.18	0.03	0.07	0.10	0.11	-0.26	-0.02	-0.28	-0.17	0.06	-0.21
过程满意度	3.05	1.10	160	-0.20*	-0.08	0.10	-0.02	0.05	0.05	0.03	-0.01	-0.10	0.17*	0.00
领导满意度	3.10	1.11	160	-0.03	-0.07	0.16	-0.04	0.14	-0.04	-0.05	0.05	0.00	0.13	-0.06
参与感	2.97	1.32	160	0.28**	-0.17*	0.11	0.00	0.09	-0.05	-0.03	0.09	-0.08	0.12	0.01
决策结果														
结果接受度	3.71	1.03	160	0.04	-0.13	0.61**	-0.01	0.64**	-0.23**	-0.10	-0.30**	-0.01**	-0.17*	0.21**
结果满意度	2.92	1.19	160	-0.07	0.01	0.10	-0.08	0.12	-0.06	-0.11	-0.01	-0.08	0.17	-0.06

续表

变量	M	SD	N	12	13	14	15	16	17	18	19	20	21
群体思维症状													
对群体的道德信深信不疑	3.51	0.62	160										
行为的合理化	3.28	0.89	160										
无懈可击的错觉	3.60	0.76	160										
自我抑制	2.79	0.64	160										
全体一致的错觉	3.42	0.73	160										
思想警卫	2.69	0.70	160										
从众压力	3.16	0.59	160										
决策过程													
不制定其他的备选方案	2.90	0.82	160										
不全面研究决策目标	2.78	0.83	160										
不重新评价其他选择方案	2.90	0.68	160										
不考察既定选择的冒险性	2.93	0.82	160										
既有资料处理的选择性偏见	3.49	1.02	160	**0.61**									
信息资料研究不充分	2.85	0.84	160	0.53**	**0.77**								
不全面研究变通的方法	2.57	0.82	160	0.36**	0.47**	**0.48**							
讨论时间	35.25	5.26	40	0.15	-0.30	-0.08	—						
信息交流量	12.68	3.17	40	-0.26	-0.35*	-0.28	0.25	—					
过程满意度	3.05	1.10	160	-0.01	-0.05	-0.09	-0.16	0.28	**0.71**				
领导满意度	3.10	1.11	160	0.09	-0.05	-0.24**	-0.19	0.21	0.70**	**0.81**			
参与感	2.97	1.32	160	-0.06	-0.10	-0.08	0.04	0.33*	0.77**	0.43**	**0.92**		
决策结果													
结果接受度	3.71	1.03	160	-0.14	-0.32**	-0.47**	0.00	0.09	0.00	0.16*	-0.04	—	
结果满意度	2.92	1.19	160	-0.06	-0.13	-0.19*	0.01	0.38**	0.65**	0.68**	0.52**	0.00	**0.88**

注：黑体数字是变量的 Cronbach's α; ** 表示 P<0.01, * 表示 P<0.05；"决策过程" 中的前七项为决策过程缺陷，其中，"讨论时间" 和 "信息交流量" 是以群体为单位测量。

上，本书继续对这三个变量分别进行了单因素方差分析（Univariate ANOVA），以验证各自的控制效果。具体结果如下：

在独裁型领导风格控制情形下，参与者认为领导风格要比民主型领导风格控制情形下更独裁。同样，在民主型领导风格控制情形下，参与者认为领导风格要比独裁型领导风格控制情形下更民主。两种领导风格控制情形下参与者对领导风格的感知其均值和标准差分别为：M = 3.39，SD = 0.88 以及 M = 2.19，SD = 0.51；$F_{(1, 158)} = 110.90$，$P < 0.01$，$eta^2 = 0.41$。表明本实验对领导风格变量的控制达到了预期的效果。

在决策程序控制情形下，参与者对于决策过程中使用了某种决策程序的感知要明显强于自由讨论情况 [M = 3.96，SD = 0.67 vs. M = 3.34，SD = 0.66；$F_{(1, 158)} = 34.23$，$P < 0.01$，$eta^2 = 0.18$]。同样表明本实验对决策程序变量的控制达到了预期的效果。

在复杂任务情况下，参与者对于任务复杂性和难度的感知要明显强于简单任务情况 [M = 3.32，SD = 0.45 vs. M = 2.41，SD = 0.45；$F_{(1, 158)} = 162.16$，$P < 0.01$，$eta^2 = 0.51$]。同样也表明本实验对决策任务变量的控制达到了预期的效果。

7.1.2 决策过程

本书对决策过程的考察主要从以下几个方面进行。一是看决策过程中是否出现了群体思维症状，水平如何，和什么因素有关。二是看群体决策过程是否产生了缺陷，水平如何，和什么因素有关。三是通过对决策过程中的信息沟通和交流情况、决策过程效率以及成员对决策过程的主观态度方面进行的进一步分析，来完成对决策过程的全面评价。

（1）群体思维症状。如果从表 7–2 中的描述性统计分析结果来看，所有七项群体思维症状的水平均超过了 2.5，而且有五项的水平较高（分别为 3.51、3.28、3.60、3.42、3.16），还有两项的水平中等偏上（分别为 2.79、2.69）。所以，从总体来看，所研究的群体都产生了程度不同的群体思维现象。考虑到这些症状之间存在着一定的相关性

（见表 7-2），为了探讨这些症状的产生是否和本书所关注的三个变量有关，并验证假设 1d 和 2d，本书对这些症状以领导风格、决策程序和决策任务为自变量进行了 Multivariate ANOVA。结果只发现在一维因素中存在主效应，而在二维和三维因素中没有发现交互效应。具体结果如下：

对"无懈可击的错觉"这一项的分析结果显示，领导风格变量对此项群体思维症状具有显著影响作用 [独裁型领导风格下，$M = 3.36$，$SD = 0.84$；民主型领导风格下，$M = 3.84$，$SD = 0.59$；$F(1, 152) = 16.81$，$P < 0.01$]。民主型风格领导下的群体比独裁型风格领导下的群体在决策时更觉得自己无懈可击。这一结果和群体思维理论中的预期相反。

对"行为的合理化"这一项的分析结果显示，决策任务变量对此项群体思维症状具有显著影响作用 [复杂任务下，$M = 3.10$，$SD = 0.81$；简单任务下，$M = 3.45$，$SD = 0.94$；$F(1, 152) = 6.56$，$P = 0.01$]。简单任务下的群体比复杂任务下的群体更有可能在决策时尽力使自己的行动看起来更合理。

对"对群体的道德深信不疑"这一项的分析结果显示，领导风格变量对此项群体思维症状具有显著影响作用 [独裁型领导风格下，$M = 3.60$，$SD = 0.60$；民主型领导风格下，$M = 3.41$，$SD = 0.64$；$F(1, 152) = 4.03$，$P < 0.05$]。独裁型风格领导下的群体要比民主型风格领导下的群体对决策中所涉及的道德和伦理问题更有把握和信心。这一结果和群体思维理论的预期一致。同时，决策任务变量对此项群体思维症状也具有显著影响作用 [复杂任务下，$M = 3.31$，$SD = 0.66$；简单任务下，$M = 3.70$，$SD = 0.52$；$F(1, 152) = 17.22$，$P < 0.01$]。简单任务下的群体比复杂任务下的群体对决策中所涉及的道德和伦理问题更有把握和信心。

对"从众压力"这一项的分析结果显示，此项群体思维症状与领导风格、决策程序以及决策任务之间没有表现出显著关系。

对"自我抑制"这一项的分析结果显示，领导风格变量对此项群体思维症状具有显著影响作用 [独裁型领导风格下，$M = 2.91$，$SD = $

0.62；民主型领导风格下，M = 2.67，SD = 0.64；F(1，152) = 5.49，P = 0.02]。独裁型风格领导下的群体成员要比民主型风格领导下的群体成员更有可能在讨论中克制自己发表反对意见。这一结果和群体思维理论的预期一致。

对"全体一致的错觉"这一项的分析结果显示，领导风格变量对此项群体思维症状具有显著影响作用［独裁型领导风格下，M = 3.15，SD = 0.80；民主型领导风格下，M = 3.68，SD = 0.54；F(1，152) = 23.60，P < 0.01]。民主型风格领导下的群体要比独裁型风格领导下的群体更觉得自己能够尽快达成一致。这一结果和群体思维理论的预期相反。

对"思想警卫"这一项的分析结果显示，领导风格变量对此项群体思维症状具有显著影响作用［独裁型领导风格下，M = 2.80，SD = 0.71；民主型领导风格下，M = 2.59，SD = 0.67；F(1，152) = 3.76，P = 0.05]。独裁型风格领导下的群体要比民主型领导风格下的群体更有可能在决策过程中有意地扣留或者隐藏那些不利于群体决策的信息和资料，或者是限制成员提出不同的意见，以此来保护决策的合法性和影响力。这一结果和群体思维理论的预期一致。

上述的分析结果显示，实验群体中所发生的群体思维现象，主要和领导风格及其决策任务两项因素有关，而和决策程序之间没有显著关系。值得注意的是，虽然本实验的结果显示群体思维症状的出现主要和领导因素及任务因素有关，但是，在受到领导因素影响的五项症状中，有两项的结果和群体思维理论中关于领导风格对决策过程影响的预期不同。所以，假设 1d "独裁型风格的领导，相对于民主型风格的领导来讲，更容易引起群体思维症状和决策过程缺陷"中有关群体思维症状的部分只得到本实验的部分支持。同时，假设 2d "自由讨论下的决策过程，相对于应用了决策程序的决策过程来说，更容易出现群体思维症状和决策过程缺陷"中有关群体思维症状的部分没有得到本实验的支持。进一步的结果分析将在结果讨论部分继续进行。

（2）决策过程缺陷。如果从表 7-2 中的描述性统计分析结果来看，所有七项决策过程缺陷均超过了 2.5，而且有一项的水平较高（3.49），其他六项的水平中等偏上（分别为 2.90、2.78、2.90、2.93、2.85、2.57）。所以，从总体来看，只能说所研究的群体在决策过程中仅产生了轻微程度的缺陷。考虑到这些缺陷之间存在着一定的相关性（见表 7-2），为了探讨这些缺陷是否和本书所重点关注的三个变量有关，并验证假设 1d 和 2d，本书对这些症状以领导风格、决策程序以及决策任务为自变量进行了 Multivariate ANOVA。结果发现在一维、二维和三维因素中都存在效应。具体结果如下：

对"不制定其他的备选方案"这一项的分析结果显示，领导风格变量对此项决策过程缺陷具有显著影响作用［独裁型领导风格下，M = 3.06，SD = 0.91；民主型领导风格下，M = 2.74，SD = 0.70；$F(1, 152) = 6.06$，$P = 0.02$］。独裁型领导风格下的群体比民主型领导风格下的群体更不注意制定全面的备选方案。

对"不全面研究决策目标"这一项的分析结果显示，领导风格变量对此项决策过程缺陷具有显著影响作用［独裁型领导风格下，M = 3.01，SD = 0.93；民主型领导风格下，M = 2.53，SD = 0.63；$F(1, 152) = 15.31$，$P < 0.01$］。独裁型领导风格下的群体比民主型领导风格下的群体更不注意对决策目标进行全面分析。

对"不考察既定选择的冒险性"这一项的分析结果显示，此项决策过程缺陷与领导风格、决策程序以及决策任务之间没有表现出显著关系。

对"信息资料研究不充分"这一项的分析结果显示，此项决策过程缺陷与领导风格、决策程序以及决策任务之间没有表现出显著关系。

对"对既有资料处理时的选择性偏见"这一项的分析结果显示，领导风格变量对此项决策过程缺陷具有显著影响作用［独裁型领导风格下，M = 3.06，SD = 0.87；民主型领导风格下，M = 2.63，SD = 0.77；$F(1, 152) = 11.50$，$P < 0.01$］。独裁型领导风格下的群体比民主型领导风格下的群体在处理所掌握的信息资料时更容易发生偏见。同时，还发现领导风格、决策程序以及决策任务在这项决策过程缺陷方面具有显著的交互作用［$F(1, 152) = 6.29$，$P = 0.013$］。具体结果见表 7-3。

表 7-3 领导风格、决策程序及决策任务在"对既有资料处理时的
选择性偏见"方面的交互效应

领导风格	决策任务	决策程序	均值	标准差
独裁型	复杂	有	3.10	0.82
		无	2.78	1.02
	简单	有	3.23	0.72
		无	3.15	0.89
民主型	复杂	有	2.33	0.59
		无	2.85	0.75
	简单	有	2.93	0.82
		无	2.43	0.77

由表 7-3 看出，独裁型领导风格下的群体，不论是处理复杂任务还是简单任务，如果应用了决策程序，都要比采用自由讨论的方式更容易在处理所掌握的信息资料时发生偏见。民主型领导风格下的群体在处理复杂任务时，如果采用自由讨论的方式，要比应用决策程序更容易在处理所掌握的信息资料时发生偏见。相反，民主型领导风格下的群体在处理简单任务时，如果应用了决策程序，要比采用自由讨论方式更容易在处理所掌握的信息资料时发生偏见。

对"不重新评价其选择方案"这一项的分析结果显示，此项决策过程缺陷与领导风格、决策程序以及决策任务之间没有表现出显著关系。

对"不全面研究变通的方法"这一项的分析结果显示，领导风格变量对此项决策过程缺陷具有显著影响作用［独裁型领导风格下，$M = 2.81$，$SD = 0.94$；民主型领导风格下，$M = 2.33$，$SD = 0.60$；$F_{(1, 152)} = 14.50$，$P < 0.01$］。独裁型领导风格下的群体比民主型领导风格下的群体更不注意研究制定一些应急措施以防范可能的风险。同时，领导风格和决策任务在这项决策过程缺陷方面还具有交互作用［$F_{(1, 152)} = 4.43$，$P = 0.037$］。具体结果见表 7-4。

由表 7-4 看出，独裁型领导风格下的群体，在完成复杂任务时，比完成简单任务更不注意研究制定一些应急措施以防范可能的风险。民主型领导风格下的群体，在完成简单任务时，比完成复杂任务更不注意研究制定一些应急措施以防范可能的风险。

表 7-4　领导风格和决策任务在"不全面研究变通的方法"方面的交互作用

领导风格	决策任务	均值	标准差
独裁型	复杂	2.93	0.94
	简单	2.69	0.94
民主型	复杂	2.19	0.60
	简单	2.48	0.58

从上述分析结果可以看出，对于决策过程中发生的一些缺陷，大多都和群体的领导因素有关，而且领导因素所表现出的效应也都和群体思维理论中的预期一致。此外，也有部分决策过程缺陷和决策程序以及决策任务有关。由以上分析结果，假设 1d "独裁型风格的领导，相对于民主型风格的领导来讲，更容易引起群体思维症状和决策过程缺陷"中有关决策过程缺陷的部分得到本实验结果的支持。同时，假设 2d "自由讨论下的决策过程，相对于应用了决策程序的决策过程来说，更容易出现群体思维症状和决策过程缺陷"中有关决策过程缺陷的部分也得到本实验结果的部分支持。进一步的分析讨论，将在结果讨论部分继续进行。

（3）决策过程中的信息沟通和交流。决策过程中的信息沟通和交流情况是通过对决策过程的视频录像进行编码分析后获得的。编码过程主要针对每个群体在讨论过程中所交流的信息总量，同时，对所交流的信息又按照共享或是非共享进行了区分。本书以信息交流量为因变量，以领导风格、决策程序以及决策任务为自变量进行了 Univariate ANOVA。结果显示，群体讨论过程中所交流的信息量和领导风格、决策程序以及决策任务之间均有显著关系，但这些关系均只表现在一维因素中。对于二维和三维因素来讲，没有发现显著的交互效应。具体结果如下：

在独裁型领导风格下，群体交流的信息总量要比民主型领导风格下少［独裁型领导风格下，$M = 11.55$，$SD = 2.96$；民主型领导风格下，$M = 13.80$，$SD = 3.02$；$F(1, 32) = 21.20$，$P < 0.01$］。由此，假设 1a "独裁型领导风格下的群体，相对于民主型领导风格下的群体来说，决策过程中的信息交流量更少，决策结果更容易受到领导者意见的影响"

中有关信息交流量的部分得到了证实。在使用了决策程序的群体中交流的信息总量要比自由讨论情况下多［使用决策程序，M = 15.00，SD = 2.18；自由讨论，M = 10.35，SD = 2.11；F（1，32）= 90.57，P < 0.01］。由此，假设 2a "应用了决策程序的决策过程，相对于自由讨论情况下的决策过程，其信息交流量更大"得到了证实。在复杂任务下，群体交流的信息总量要比简单任务下多［复杂任务下，M = 13.75，SD = 3.16；简单任务下，M = 11.60，SD = 2.85；F（1，32）= 19.36，P < 0.01］。这个结果是本实验假设之外的一个额外发现，表明群体为了完成复杂任务，要比完成简单任务沟通和交流更多的信息。

本书进一步对共享信息和非共享信息的交流情况分别进行分析后发现，上述几个变量在决策过程信息交流总量上的效应在这两类信息中仍然存在。不过，在非共享信息方面还发现了一个二维因素交互效应。

对于共享信息来说，在独裁型领导风格下的交流量比民主型领导风格少［独裁型领导风格下，M = 3.85，SD = 0.99；民主型领导风格下，M = 5.20，SD = 1.15；F(1，32)= 23.14，P < 0.01］。这个结果同样对假设 1a 构成部分支持。在使用了决策程序的群体中交流的共享信息量要比自由讨论情况下多［使用决策程序，M = 5.00，SD = 1.08；自由讨论，M = 4.05，SD = 1.28；F（1，32）= 11.46，P < 0.01］。这个结果同样对假设 2a 构成部分支持。在复杂任务下，群体交流的共享信息量要比简单任务下多［复杂任务下，M = 4.95，SD = 1.05；简单任务下，M = 4.10，SD = 1.33；F(1，32)= 9.18，P < 0.01］。

对于非共享信息来说，在独裁型领导风格下的交流量比民主型领导风格少［独裁型领导风格下，M = 7.70，SD = 2.23；民主型领导风格下，M = 8.60，SD = 2.21；F（1，32）= 9.53，P < 0.01］。这个结果同样对假设 1a 构成部分支持。在使用了决策程序的群体中交流的非共享信息量要比自由讨论情况下多［使用决策程序，M = 10.00，SD = 1.41；自由讨论，M = 6.30，SD = 1.03；F（1，32）= 161.06，P < 0.01］。这个结果同样对假设 2a 构成部分支持。在复杂任务下，群体交流的非共享信息量要比简单任务下多［复杂任务下，M = 8.80，SD = 2.53；简单任

务下，M = 7.50，SD = 1.73；F(1，32) = 19.88，P < 0.01]。

此外，还发现决策程序和决策任务在非共享信息的交流量方面具有交互作用 [F(1，32) = 4.85，P = 0.034]。群体在使用了决策程序时总比自由讨论要交流更多的非共享信息，但这种差异效应在使用了复杂任务下要比在简单任务下更加显著。具体结果见表7-5。

表 7-5　决策任务和决策程序在非共享信息交流方面的交互作用

决策任务	决策程序	均值	标准差
复杂	有	11.00	1.16
	无	6.60	1.17
简单	有	9.00	0.82
	无	6.00	0.82

由表7-5可知，假设4a "复杂任务下，相对于简单任务来说，决策程序和自由讨论在信息交流量上的差异将更加显著"在非共享信息的交流方面得到了证实。

以上结果显示，尽管决策过程中的信息交流量分别受到领导风格和决策任务的影响，但是其在领导风格和决策任务之间并未表现出显著的二维效应。因此，假设3a "复杂任务下，相对于简单任务来说，民主型领导风格与独裁型领导风格在信息交流量和决策结果方面的差异将更加显著"有关信息交流量的部分没有得到本实验结果的支持。

（4）决策过程效率。尽管在实验过程中为群体讨论设置了30分钟的时间限制，但是在实际的实施过程中，各组之间在完成决策时所花费的时间还是具有一些差异。为了检验本书所关注的几个重要变量对决策过程效率是否具有影响作用，本实验对所有决策群体的实际讨论时间进行了记录。并以讨论时间为因变量，以领导风格、决策程序以及决策任务为自变量进行了 Univariate ANOVA。具体结果如下：

首先，群体决策过程所花费的时间受到领导风格因素的显著影响 [独裁型领导风格下，M = 32.35，SD = 4.04；民主型领导风格下，M = 38.25，SD = 4.64；F(1，32) = 34.82，P < 0.01]。也就是说，独裁型领导风格下的群体讨论过程要比民主型领导风格更有效率。由此，假设1b "独裁型领导风格下的群体，相对于民主型领导风格下的群体来说，

决策一致性获得的效率虽然高，但是效果要差"中有关一致性达成效率的部分得到了证实。同时，这个实验结果也证实了先前大多数群体决策研究对领导风格和决策过程效率之间关系的假设。

其次，领导风格和决策任务在决策过程效率方面还具有二维交互作用 $[F(1, 32) = 16.99, P < 0.01]$。具体结果见表7-6。

表7-6 领导风格和决策任务在决策效率方面的交互作用

决策任务	领导风格	均值	标准差
复杂	独裁	34.80	3.43
	民主	36.00	3.77
简单	独裁	29.70	2.87
	民主	40.50	4.48

由表7-6看出，尽管独裁型领导风格下的群体讨论过程总是比民主型领导风格下的群体讨论过程更有效率，但是这种差异性在简单任务下要比复杂下更加显著。由此，假设3b"复杂任务下，相对于简单任务来说，民主型领导风格与独裁型领导风格在一致性达成效果和效率方面的差异将更加显著"中关于一致性达成效率的部分就没有得到支持。虽然研究结果与假设预期方向正好相反，但是决策任务对于领导风格和决策过程效率之间关系的调节作用还是得到了体现。

最后，还发现领导风格、决策程序和决策任务在决策过程效率方面具有三维交互作用 $[F(1, 32) = 12.54, P < 0.01]$。具体结果见表7-7。

表7-7 领导风格、决策程序及决策任务在决策过程效率方面的交互效应

领导风格	决策任务	决策程序	均值	标准差
独裁型	复杂	有	32.80	3.83
		无	36.80	1.30
	简单	有	31.20	2.59
		无	28.20	2.49
民主型	复杂	有	39.00	2.34
		无	33.00	2.12
	简单	有	39.80	6.02
		无	41.20	2.78

由表 7-7 看出，独裁型领导风格下的群体在处理复杂任务时，如果再应用决策程序，将更有效率。而独裁型领导风格下的群体在处理简单任务时，如果采用自由讨论的形式，则更有效率。民主型领导风格下的群体在处理复杂任务时，如果采用自由讨论的形式，将更有效率。而民主型领导风格下的群体在处理简单任务时，如果采用决策程序，则更有效率。

由以上结果看出，与自由讨论情况相比较，决策程序在决策过程效率方面的劣势仅仅出现在独裁型领导风格下处理简单任务的群体以及民主型领导风格下处理复杂任务的群体中。由此，假设 2b "应用了决策程序的决策过程，相对于自由讨论下的决策过程，决策一致性获得的效率虽然低，但是效果要更好"中有关决策过程效率的部分仅得到部分支持。

（5）决策过程主观态度。群体决策过程进行的好坏，不仅可以从成员在讨论中的信息沟通和交流情况以及决策效率等方面进行度量，而且与成员在群体决策过程中获得的主观感受也有关系。本文通过以下三项指标来度量这些主观感受：决策过程满意度、领导者满意度以及决策过程中的参与感。考虑到这三项指标之间存在着一定的相关性（见表 7-2），为了探讨领导风格、决策程序以及决策任务对这些主观态度效标是否具有显著的影响作用，本书以这三项指标为因变量，以领导风格、决策程序和决策任务为自变量进行了 Multivariate ANOVA。具体结果如下：

对决策过程满意度的分析结果显示，参与者对决策过程的满意度与决策任务之间具有显著的关系。具体讲，在复杂任务下，参与者对决策过程的满意度更高 [复杂任务下，$M = 3.86$，$SD = 0.71$；简单任务下，$M = 2.24$，$SD = 0.77$；$F(1, 152) = 224.24$，$P < 0.01$]。也就是说，参与者在完成复杂任务时似乎更容易从决策过程中获得成就感和满足感。

此外，决策过程满意度还受到领导风格和决策任务之间交互作用的影响 [$F(1, 152) = 33.69$，$P < 0.01$]。具体结果见表 7-8。

表 7-8 领导风格和决策任务在决策过程满意度方面的交互作用

决策任务	领导风格	均值	标准差
复杂	独裁	3.55	0.74
	民主	4.16	0.54
简单	独裁	2.56	0.75
	民主	1.93	0.66

由表 7-8 可以看出，当群体在完成复杂任务时，参与者对民主型领导风格下的决策过程更满意。而群体在完成简单任务时，参与者对独裁型领导风格下的决策过程更满意。

在对决策过程满意度的分析结果中，成员对决策过程的满意度和决策程序之间的关系没有达到显著性要求 $[F(1, 152) = 0.006$，$P = 0.013]$。由此，假设 2c "应用了决策程序的决策过程，相对于自由讨论下的决策过程来说，成员对过程的满意度更低，参与感更低"中有关成员对决策过程满意度的部分未得到本实验结果的支持。

对领导满意度的分析结果显示，领导满意度与决策任务之间具有显著关系。具体讲，在复杂任务下，参与者对领导者的满意度要更高 [复杂任务下，M = 3.47，SD = 1.09；简单任务下，M = 2.73，SD = 1.00；$F(1, 152) = 30.24$，$P < 0.01]$。也就是说，参与者在完成复杂任务时，不仅对决策过程更满意，而且对领导也更满意。

同时，领导满意度还受到领导风格和决策任务之间交互作用的影响 $[F(1, 152) = 73.07$，$P < 0.01]$。具体结果见表 7-9。

表 7-9 领导风格和决策任务在领导满意度方面的交互作用

决策任务	领导风格	均值	标准差
复杂	独裁	2.81	1.10
	民主	4.13	0.55
简单	独裁	3.23	1.01
	民主	2.23	0.71

由表 7-9 可以看出，当群体在完成复杂任务时，参与者对民主型领导风格更满意。而群体在完成简单任务时，参与者对独裁型领导风格更满意。

在针对领导满意度的分析结果中，虽然发现民主型领导风格下的领导满意度比独裁型领导风格下略高，但是这种差异没有达到足够的显著性［独裁型领导风格，M = 3.02，SD = 1.07；民主型领导风格，M = 3.18，SD = 1.14；F(1，152) = 1.33，P = 0.25］。

由以上结果可见，成员对领导的满意度不仅受到任务因素的单独作用，同时还受到领导风格和决策任务的共同影响，但并未和领导因素单独有关，由此，假设1c"独裁型风格的领导，相对于民主型风格的领导来讲，成员对其满意度更低，参与感更低"中有关成员对领导满意度的部分没有得到本实验结果的支持。

此外，领导满意度还受到决策任务和决策程序之间交互作用的影响［F(1，152) = 7.95，P < 0.01］。在复杂任务下，自由讨论情况下的群体对领导的满意度更高。而在简单任务下，使用了决策程序的群体对领导的满意度更高。具体结果见表7-10。

表7-10　决策任务和决策程序在领导满意度方面的交互作用

决策任务	决策程序	均值	标准差
复杂	有	3.33	1.03
	无	3.61	1.13
简单	有	2.96	1.02
	无	2.49	0.93

对群体成员在决策过程中的参与感进行分析后的结果显示，参与感与决策任务之间具有显著关系。具体讲，在复杂任务下，参与者在决策过程中的参与感要更强烈［复杂任务下，M = 4.13，SD = 0.67；简单任务下，M = 1.80，SD = 0.57；F(1，152) = 567.63，P < 0.01］。同前面的两项满意度分析结果一致，成员似乎对于完成复杂性的任务具有更强烈的兴趣和积极性。

由于成员在决策过程中的参与感与领导风格和决策程序之间的关系均没有表现出足够的显著性，因此假设1c"独裁型风格的领导，相对于民主型风格的领导来讲，成员对其满意度更低，参与感更低"和假设2c"应用了决策程序的决策过程，相对于自由讨论下的决策过程来说，成员对过程的满意度更低，参与感更低"中有关参与感的部分均未得到本实验结果的支持。由此，假设 1c 和假设 2c 均未得到实验结果的支持。

在以上结果基础上，考虑到假设 1c 和假设 2c 未得到证实，所以，假设 3c "复杂任务下，相对于简单任务来说，民主型领导风格与独裁型领导风格在对领导者满意度和参与感方面的差异将更加显著"和假设 4c "复杂任务下，相对于简单任务来说，决策程序和自由讨论在决策过程满意度和参与感方面的差异将更加显著"也未得到本实验结果的支持。

从上述对决策过程主观态度的整体结果来看，决策任务因素对于参与者在决策过程中的主观感受影响最全面，不论是对决策过程，还是对领导者本人，以及在决策过程中的参与感来说，成员在完成复杂任务时都要比完成简单任务获得更多的正面感受。

7.1.3　决策结果

在本实验中，群体决策结果通过三项指标来度量：参与者对决策结果的接受程度、参与者对决策结果的满意度以及决策结果的一致性。由于决策结果接受度和决策结果满意度之间未发现存在相关性（见表 7–2），所以本书首先以这两项指标为因变量，以领导风格、决策程序和决策任务为固定变量分别进行了 Univariate ANOVA，然后对决策结果的一致性测量结果进行了文本分析。具体分析结果如下：

（1）决策结果接受度。对决策结果接受度的分析结果显示，参与者对决策结果的接受程度受到领导风格的显著影响。具体讲，在独裁型领导风格下，参与者对决策结果的接受程度要更低［独裁型领导风格下，$M = 3.25$，$SD = 1.20$；民主型领导风格下，$M = 4.18$，$SD = 0.52$；$F(1，152) = 39.77$，$P < 0.01$］。结合前面对决策结果一致性的分析可以发现，尽管在独裁型领导风格下，决策结果的一致性程度较高，但是成员对最终的方案并没有从内心真正接受，也就是说这种一致性的效果并不理想。在现实中，这种因为群体领导所施加的压力而达成的一致往往会由于成员并未真正接受而影响决策结果的实施。由此，假设 1b "独裁型领导风格下的群体，相对于民主型领导风格下的群体来说，

决策一致性获得的效率虽然高，但是效果要差"中有关一致性达成效果的部分得到了证实。如果再结合前面对决策过程一致性达成效率的研究结果，假设 1b 得到了完全的证实。

（2）决策结果满意度。对决策结果满意度的分析结果显示，参与者对决策结果的满意程度与领导风格之间具有显著关系。具体讲，在独裁型领导风格下，参与者对决策结果的满意程度要更低［独裁型领导风格下，M = 2.76，SD = 1.18；民主型领导风格下，M = 3.08，SD = 1.19；F（1，152）= 3.91，P = 0.05］。

此外，参与者对决策结果的满意程度还与决策任务之间具有显著关系。具体讲，在复杂任务下，参与者对决策结果的满意程度要更高［复杂任务下，M = 3.43，SD = 1.08；简单任务下，M = 2.41，SD = 1.08；F（1，152）= 41.01，P < 0.01］。

最后，决策结果满意度还受到领导风格和决策任务之间交互作用的影响［F（1，152）= 26.41，P < 0.01］。具体讲，当群体在完成复杂任务时，如果遇到一位民主型风格的领导，则其对决策结果的满意度更高。而群体在完成简单任务时，如果遇到一位独裁型风格的领导，则其对决策结果的满意度更高。具体结果见表 7-11。

表 7-11　领导风格和决策任务在决策结果满意度方面的交互作用

决策任务	领导风格	均值	标准差
复杂	独裁	2.86	1.18
	民主	3.99	0.56
简单	独裁	2.66	1.18
	民主	2.16	0.93

（3）决策结果的一致性。由于本实验中所应用的两种任务均为没有唯一标准答案的决策型任务，所以，对最终结果好坏的度量除了从决策者对决策结果的主观态度方面进行外，本书还从决策结果受到领导者既定方案影响的程度这个角度进行了度量。具体讲，就是比较群体最终选择的方案和事先为领导者设定好的方案之间的一致程度。同时还想考察群体决策的最终结果是否还受到决策程序以及决策任务这些变量的影响。研究结果显示，在独裁型领导风格下，绝大部分的群

体最终选择的方案和领导者在决策一开始就宣布的方案一致（在 20 个群体中，有 13 个群体的最终方案与领导观点一致，比例为 65%）。而这个比例在民主型领导风格下就变得非常低，20 个群体中仅有 1 个群体的方案与领导观点一致，比例仅为 5%。由此可见，独裁型领导风格对群体决策结果的左右程度要明显大于民主型领导风格。

进一步的分析还发现，在独裁型领导风格下，群体的最终选择结果还受到决策任务的影响，越是简单的任务，决策结果越容易受到领导者偏好方案的影响。具体讲，在简单任务下，10 组群体中有 9 组的选择和领导者一致。而在复杂任务下，10 组群体中仅有 4 组的选择和领导者一致。

另外，本实验还对那些与领导方案不一致的群体结果与领导者方案之间的差异性程度进行了进一步的比较分析。结果发现，独裁型领导风格下的那些不一致的群体结果要比民主型领导风格下不一致的群体结果更接近领导事先给定的方案，进一步证明独裁型领导风格对群体决策结果的影响程度要明显大于民主型领导风格。具体讲，在独裁型领导风格下，尽管还有 7/20（复杂任务下 6/10，简单任务下 1/10）的群体选择了和领导不同的结果，但是这些结果与领导方案之间的差异程度并不是很高。在复杂任务下的群体结果是对 6 名候选人的一个排序，本书将领导者事先给定的方案排序定为 123456。共有 6 组群体结果与领导方案不同，其排序分别是：132456、125346、125346、132456、125346、213546。通过比较排序中 6 个对应位置的数字是否相同，就可以给出一个差异度指标。例如，132456 与 123456 相比较，由于两个位置上的对应数字不同，则差异度为 2。将这 6 组的差异度平均后，就是总的差异度。通过计算，这 6 组的总差异度为 2.8。而在民主型领导风格下（共有 19/20 的群体结果与领导方案不一致，复杂任务下 10/10，简单任务下 9/10），这种群体结果和领导方案之间的差异程度就非常显著。具体讲，复杂任务下的 10 组不一致的群体排序结果分别为：513246、215346、153426、215634、126345、123546、216354、265134、123546、235461。经过计算，总的差异度为 4.1。由于简单任务下的群体结果是从 3 名候选人中选出一位，所以无法像复杂任务那样计算差异度，只能看结果的多样性。本书将领导者事先给定的方案定为 1（1 号候选人）。在独裁型领导风格下，只有 1 组的结果与其不一致，其选择为 2（2 号候选人）。而在民主型领导风格下，共有 9 组不一致的群体结果，分别为：2、2、2、2、3、2、3、3、2。可以看出，有 6 组选择了 2 号候选人，有 3 组选择了 3 号候选人。由此可以看出，民主型领导风格下的群体不一致结果要比独裁型领导风格下更丰富。

由以上结果分析可见，领导风格对群体最终决策结果的影响非常显著，特别是当领导风格为独裁型时，决策群体最终的选择结果在很大程度上受到领导所偏好方案的左右。由此，假设 1a "独裁型领导风格下的群体，相对于民主型领导风格下的群体来说，决策过程中信息交流量更少，决策结果更容易受到领导者意见的影响"中有关领导风格和决策结果的部分得到了证实。如果再结合前面对决策过程中领导者与信息交流之间关系的研究结果分析，假设 1a 全部得到证实。相反，民主型领导风格下的决策群体，其最终选择结果则一方面不太受领导者偏好方案的影响，另一方面表现出较明显的多样性。

此外，当领导风格为独裁型时，其对决策结果所具有的影响作用还与群体所解决的任务复杂性有一定的关系，越是简单的任务，领导的影响作用就越强烈。由此，假设 3a "复杂任务下，相对于简单任务来说，民主型领导风格与独裁型领导风格在信息交流量和决策结果方面的差异将更加显著"有关决策结果的部分和假设 3b "复杂任务下，相对于简单任务来说，民主型领导风格与独裁型领导风格在一致性达成效果和效率方面的差异将更加显著"中有关一致性达成效果的部分没有得到本实验的支持。

最后，研究结果没有发现决策程序在决策一致性达成效果方面有明显的影响作用。由此，假设 2b "应用了决策程序的决策过程，相对于自由讨论下的决策过程，决策一致性获得的效率虽然低，但是效果要更好"的后半部分未得到支持。结合前面对决策程序在决策过程效率方面的研究结果，假设 2b 仅得到本实验结果的部分证实。此外，由于决策任务和决策程序在一致性达成效率及效果方面都没有发现交互效应，因此，假设 4b "复杂任务下，相对于简单任务来说，决策程序和自由讨论在一致性达成效率和效果方面的差异将更加显著" 也未得到本实验结果的证实。

7.1.4 假设验证情况

根据以上的研究结果分析，现将本书的假设验证情况做一个总结（见表 7-12）。

表 7-12 假设验证情况

假设	内容	验证情况
假设 1a	独裁型领导风格下的群体，相对于民主型领导风格下的群体来说，决策过程中的信息交流量更少，决策结果更容易受到领导者意见的影响	完全证实
假设 1b	独裁型领导风格下的群体，相对于民主型领导风格下的群体来说，决策一致性获得的效率虽然高，但是效果要差	完全证实
假设 1c	独裁型风格的领导，相对于民主型风格的领导来讲，成员对其满意度更低，参与感更低	未证实
假设 1d	独裁型风格的领导，相对于民主型风格的领导来讲，更容易引起群体思维症状和决策过程缺陷	部分证实
假设 2a	应用了决策程序的决策过程，相对于自由讨论情况下的决策过程，其信息交流量更大	完全证实
假设 2b	应用了决策程序的决策过程，相对于自由讨论下的决策过程，决策一致性获得的效率虽然低，但是效果要更好	部分证实
假设 2c	应用了决策程序的决策过程，相对于自由讨论下的决策过程来说，成员对过程的满意度更低，参与感更低	未证实
假设 2d	自由讨论下的决策过程，相对于应用了决策程序的决策过程来说，更容易出现群体思维症状和决策过程缺陷	部分证实
假设 3a	复杂任务下，相对于简单任务来说，民主型领导风格与独裁型领导风格在信息交流量及决策结果方面的差异将更加显著	未证实
假设 3b	复杂任务下，相对于简单任务来说，民主型领导风格与独裁型领导风格在一致性达成效果和效率方面的差异将更加显著	反向部分证实
假设 3c	复杂任务下，相对于简单任务来说，民主型领导风格与独裁型领导风格在领导满意度和参与感方面的差异将更加显著	未证实
假设 4a	复杂任务下，相对于简单任务来说，决策程序和自由讨论在信息交流量上的差异将更加显著	部分证实
假设 4b	复杂任务下，相对于简单任务来说，决策程序和自由讨论在一致性达成效率和效果方面的差异将更加显著	未证实
假设 4c	复杂任务下，相对于简单任务来说，决策程序和自由讨论在决策过程满意度和参与感方面的差异将更加显著	未证实

7.2　讨论

7.2.1　领导风格对决策过程及结果的影响

从假设 1a、1b、1c 和 1d 的验证情况来看，和本书假设所预期的基本一致，领导风格变量对于决策过程和结果具有比较显著的影响作用。其中，和假设预期完全一致的有领导风格对决策过程中信息交流量的影响以及对决策一致性达成效率及效果的影响。这些研究结果表明，在群体决策过程中，如果领导者在讨论一开始就宣布自己的观点，并且通过不断地督促成员就自己所提方案进行讨论，以及始终强调尽快达成决策一致的话，那群体成员在讨论中的积极性将会受到一定的抑制，导致讨论过程中的信息交流量偏少。虽然决策会很快在领导的压力之下达成一致，但是这种一致性的效果并不是很理想。成员往往迫于压力而仅仅表面上接受领导的方案，但内心并未真正接受。由于讨论过程中成员的意见始终受到领导意见的左右，使得决策的最终结果往往就是领导者事先宣布的方案。这些研究结果和本书的研究结果是一致的，都认为和没有领导的群体或者具有民主型领导的群体相比，具有独裁型领导风格的群体将提出更少的观点，利用更少的信息。此外，Leana 曾经在其实验研究中发现，独裁型领导风格和民主型领导风格对决策结果的影响具有显著差异，独裁型领导风格下群体的选择结果和领导方案一致的比例为 21/26（约 81%），而民主型领导风格下的群体，这一比例仅为 4/21（约 19%）。本书中对应的结果则分别为 65% 和 5%，同样证实了这一发现。这些研究结果进一步从理论上证明独裁型领导风格对于决策过程和结果所具有的一些不利影响。因此，对于现实组织中的决策群体来讲，如果所追求的目标是更充分的信息沟通和交流以及更好的一致性达成效果，或者是为了避免决策结果受到领导者个人主观意见的左右，那最合适的领导风格应该是民主型的。

但如果将决策效率也作为一项追求的目标，那么就需要在效率和效果进行进一步的权衡之后再决定究竟采用哪种领导风格。

和假设预期部分一致的有领导风格对群体思维症状和决策过程缺陷的影响。对于领导风格与群体思维症状之间关系的研究结果表明，领导风格虽然是引起群体思维症状的主要因素，但是和群体思维理论的预期有所不同的是，在所研究的受到领导风格影响的五项群体思维症状中，只有三项表明领导风格越独裁，群体思维症状越明显。而其他两项则表明领导风格越民主，群体思维症状反而越明显。和假设预期一致的三项分别为"对群体的道德深信不疑"、"自我抑制"以及"思想警卫"。这三项对应的研究结果表明，领导风格越独裁型，群体成员往往对决策中所涉及的道德和伦理问题越有把握和信心，更有可能在讨论中克制自己发表反对意见以免被认为是破坏群体的团结和一致，更有可能在决策过程中有意地扣留或者隐藏那些不利于群体决策的信息和资料，或者是限制其他成员提出不同的意见，以此来保护决策的合法性和影响力。这些结果不仅和群体思维理论的预期一致，而且也和大多数有关领导风格的理论研究结果一致。和假设预期不一致的两项分别为"无懈可击的错觉"和"全体一致的错觉"。这两项的结果均表明领导风格越民主，这些症状越明显。也就是说，民主型领导风格下的群体比独裁型领导风格下的群体在决策时更觉得自己无懈可击，同时，更觉得自己的群体能够尽快达成一致。通过对这两项症状的研究结果进行进一步分析后发现，两者之间存在着较高的相关性（表7-2显示两者的相关系数为0.67）。这说明这两项症状实际上反映了群体的同一类状态，所以会表现出相同的效应。之所以会在民主型领导风格下表现出来，本书认为，原因可能和实验过程中不同领导风格所营造的讨论氛围而引起的成员感受不同有关。民主型领导风格下群体成员有更多的表达机会，领导也没有强迫成员尽快达成一致。这种宽松的氛围有时候反而会使成员由于可以不受约束地表达自己的观点而表现出一种过分的自信，从而认为群体可以轻而易举地完成任务，并产生群体很快就能达成决策一致的错觉。相反，独裁型领导风格下群体，由于领导一开始就提出了一个方案供成员讨论，并且总是对其他成员的意见持反对态度，还始终强调尽快达成决策一致，反而使一些持有不同意见的成员对于在这样的领导带领下，自己的群体能否顺利完成任务以及很快达成一致开始持谨慎态度，从而在决策时不会表现出过分的自信和盲目一致的错觉。这个结果也说明，独裁型领导风格并不见得总是会导致群体思维症状出现，民主型领导风格有时候同样也会引起群体思维现象。当然，由于和大多数的已有研究结果有所差异，这个结果的效度目前仅限于本研究样本范围内，其是否最终成立还需要更多的研究证据。

对于领导风格和决策过程缺陷之间的关系来讲，本实验的结果也基本和群体思维理论的预期一致。在七项决策过程缺陷中，除了有三项未达到显著性要求之外，其余四项都和独裁型领导风格有关。也就是说，独裁型领导风格更容易导致决策过程出现缺陷。这个结果也和大多数有关领导风格的已有理论研究结果一致。对于没有达到显著性要求的三项决策过程缺陷"不考察既定选择的冒险性"、"信息资料研究不充分"以及"不重新评价其选择方案"来说，本书认为可能与参与者没有完全进入实验所设置的情境状态以及实验过程所施加的时间限制有关。由于本实验参与者均为没有实际经验的学生群体，面对的是他们从未参与过的企业人力资源管理决策，因此，尽管笔者在实验设计中为决策情境设置了一些风险因素，但由于参与者不能完全设身处地地站在真正决策者的角度进行决策，因此，对于所产生的方案中所可能包含的风险因素并没有足够的认识。此外，由于时间限制，大多的群体没有足够的时间去对已选定的方案进行重新评价。加上实验资料中所提供的信息量并不是很大，因此，群体在讨论中一般也不会出现对所提供的信息资料无法进行充分研究分析的情况。总之，尽管研究结果没有完全支持领导风格与群体思维症状以及决策过程缺陷之间的关系假设，但是却表明独裁型的领导风格的确是引起群体思维现象，并导致决策过程出现失误和缺陷的主要因素。这和 Esser[58] 对群体思维理论的总结研究中所得出的结论基本一致。

和假设预期不一致的有领导风格对领导满意度及成员参与感的影响。本书虽然预期群体成员对独裁型领导更不满意，参与感更低，但是实际结果并不完全支持这个预期。实际结果显示，领导者满意度以及参与感并不受到领导风格的直接影响，而是与决策任务有关。任务越是复杂，群体成员对领导者的满意度越高，同时，在决策过程中的参与感越强烈。这表明，成员对领导满意与否，以及能否获得足够的参与感，实际上与所完成任务的复杂性直接相关。本书认为，出现这种结果的原因可能在于实验群体是临时组建的群体，因此在决策过程中，成员更多地将注意力放在了对任务的完成上。而复杂任务的完成一般会带给成员更多的成就感和满足感，因此只要领导能够带领群体顺利完成复杂性的任务，其就会获得足够的满意度，而不论其风格如何。同时，成员也会由于更愿意完成复杂性的任务而获得较高的参与感。此外，尽管领导风格和领导满意度之间没有发现主效应，但是领导风格和决策任务在领导满意度方面却表现出二维交互效应。具体讲，当群体在完成复杂任务时，参与者对民主型领导风格更满意。而群体在完成简单任务时，参与者对独裁型领导风格更满意。也就是说，成员对独裁型领导风格不满意的情况仅出现在群体处理复杂任务的情况下。而在处理简单任务时，成员反而认为独裁型风格的领导者更适合。这也充分表明决策任务对领导风格和领导满意度之间的关系构成了影响，也表明独裁型领导风格并不见得总是令成员不满。之所以在简单任务下，独裁型风格领导风格更受欢迎，可能是由于群体成员认为简单的任务比较容易解决，不需要过多的群体讨论和参与。在这种情况下，独裁型风格的领导表现更有可能被成员认为是一种果断，从而得到了更高的满意度。而复杂任务的情况正好相反，由于任务不容易完成，成员更期望大家能一起共同讨论，民主型风格的领导由于满足了成员的这种需求而获得了更高的满意度。

除了假设验证范围内的研究结果之外，本书还得到了一些有关领导风格对决策过程和结果的额外发现。例如，独裁型领导风格将会降低成员对决策结果的满意度和接受度，而民主型领导风格下的群体决策结果更容易得到成员的接受和满意。在实际中，群体决策方案或者结果一旦产生，并不代表决策全过程的结束，在随后的实施过程中，往往还需要各个成员的继续参与。如果成员对决策结果从主观上不满意，甚至不接受，那可以预见决策在实施过程中并不会一帆风顺。因此，为了避免这种现象，群体领导在决策过程中采用哪种领导风格就显得至关重要。

上述有关领导风格的研究结果对于现实组织管理来讲也具有显著的实际意义。这些研究结果不仅会使组织的领导者逐渐认识到不同的领导风格会对组织决策过程和结果产生哪些影响，而且可以帮助他们根据所要完成任务的类型等实际情况来适当地调整领导风格以保证在决策效率不受损失的同时，进一步提高决策的效果。

7.2.2 决策程序对决策过程及结果的影响

从假设 2a、2b、2c 和 2d 的验证情况来看，和本书假设所预期的基本一致，决策程序变量对于决策过程和结果也具有一定的影响作用，但影响力没有领导风格变量大。其中，和假设预期完全一致的有决策程序对决策过程中信息交流量的影响。研究结果表明，决策程序在决策过程中表现出了显著的促进信息交流的作用，尤其是在对非共享信息的挖掘方面，这种作用更为显著。这个结果不仅证实了本书的假设，同时也和先前的一些同类研究结果一致。其中，Stasser 等人的系列研究就表明，自由讨论作为一种无结构的讨论形式，在信息不充分享有的条件下，讨论中的信息搜索很容易受到达成一致愿望的影响，从而表现出信息挖掘上的不充分性。而 MAU 作为一种与自由讨论相对应的理性、结构化的讨论方法，可以起到挖掘更多信息的作用。[16] 同时，本书还发现决策程序和决策任务在非共享信息的交流方面存在着交互效应。也就是说，尽管群体在处理复杂任务时总比处理简单任务交流更多的非共享信息，但这种差异在使用了决策程序的群体中将更加显著。这也进一步说明决策程序在促进信息沟通和交流方面所体现出的优势。

和假设预期部分一致的有决策程序对决策一致性达成效率及效果的影响以及对决策过程缺陷的影响。本书的假设预期，决策群体在使用了决策程序之后，其决策过程总是会比采用自由讨论形式花费更多的时间，但达成的一致性效果更好。但本书的实际结果显示，使用了决策程序后，决策过程并不总是出现效率降低的现象。这种效应仅仅出现在独裁型风格的领导处理简单任务和民主型风格的领导处理复杂任务两种情况下。而当独裁型风格的领导处理复杂任务和民主型风格的领导处理简单任务时，决策程序的应用反而会提高决策过程效率。也就是说，本书发现决策过程效率在受到决策程序影响的同时，还受到领导风格以及决策任务的共同作用。朱华燕和郑全全[16]的研究结果曾经表明，不论任务的复杂性如何，使用了决策程序的群体讨论过程总比自由讨论的群体过程花费更多的时间。本书结果之所以不完全支持这个结论，原因可能在于领导风格变量在本书中的引入。也就是说，考虑到领导风格因素的影响之后，在决策程序、领导风格以及决策任务之间就存在着一种相互匹配的关系。实际意义就是，当决策群体在完成某种类型的任务时，为了提高决策过程的效率，应该根据领导风格的不同来决定是采用决策程序还是采用自由讨论。

另外，本书的结果显示决策程序的使用并不对决策结果的一致性效果产生影响，这也和一开始的假设预期不同。一方面，本书认为这可能和领导风格因素的引入有关。前面已经证实，决策结果的一致性效果完全由领导风格因素所决定，因此决策程序对于决策结果一致性达成效果的影响即使存在，也会被领导因素所完全掩盖。另一方面，本书认为这可能和实验设计中决策程序的使用方式有关。决策程序在本实验设计中，采用的是一种强制使用的方式。也就是说，不论群体是否需要及接受这种程序都必须采用。参与者对这种方式也许并不完全认同和接受，这也会在一定程度上削弱决策程序可能对决策结果所产生的影响。

对于决策程序和决策过程缺陷之间关系的研究结果同样没有完全支持研究假设。在两者之间关系的研究结果中，仅发现一项决策过程缺陷和决策程序的使用有关，而且决策程序还不是单独作用，需要结合领导风格和决策任务来共同作用。关于这个结果，本书同样认为和研究设计中决策程序的使用方式有关。一方面，决策程序的使用由于采用了强制执行的方式，所以很多成员并未真正接受这种决策方式。通过实验后和一些成员面对面的交流后研究者也发现，很多参与者都认为在决策中使用这种决策程序没有太大的必要，这势必会影响决策程序在决策过程中所应有的效果。另一方面，由于实验过程的时间限制，参与者同样没有充分的时间来充分理解并掌握决策程序的使用方法和步骤，从而也会影响在决策过程中对决策程序的有效应用。

和假设预期不一致的有决策程序对群体思维症状的影响，对决策过程满意度的影响以及对成员参与感的影响。其中，决策程序对群体思维症状的影响没有表现出足够的显著性。这和群体思维理论的预期完全不同。群体思维理论认为，如果决策群体缺乏一种能够有条理的信息搜集和评价程序的话，就容易出现群体思维症状。而本书只证明领导风格和决策任务与群体思维症状有关。和前面对决策程序与决策过程缺陷关系的讨论一样，本书认为这同样和研究设计中决策程序的使用方式以及实验过程所设置的时间限制有关。此外，本书还假设，使用了决策程序后，成员对决策过程的满意度以及参与感会降低。而结果显示，成员对决策过程满意度并不受决策程序的直接影响，而主要和决策任务以及领导风格有关。同时，参与感也不受决策程序的直接影响，而主要和决策任务有关。出现这种结果有以下两种可能性：一是决策任务和领导因素对于决策过程满意度的影响程度以及决策任务对参与感的影响程度大大超过了决策程序，加上本书中对决策程序的设计和使用方式尚不够完善，从而使决策程序在过程满意度和参与感方面没有表现出足够的影响力。二是对于实验参与者来讲，尽管一方面决策程序的强制使用会让有些成员在心理上不能接受，同时主观上觉得没有必要采用如此复杂的程序来解决实验中看似简单的任务，因而对决策过程的满意度和参与感会有所降低。但另外一方面，决策程序的使用又使成员相互之间交流了更多的信息，特别是非共享信息，从而让参与者在决策时能够更容易地按照这些信息来进行判断，这又会提高参与者对决策过程的满意度和参与感。两方面结合起来考虑后，决策程序和自由讨论在决策过程满意度以及参与感上就没有表现出显著的差异。

在以上研究结果讨论的基础上，本书认为，决策程序变量在决策过程中所发挥的作用目前看来主要还是集中在对决策信息的沟通和交流方面，这和一些研究者最初在决策过程中引入决策程序的初衷是一致的。本书在这方面的研究结果显示，对于实际组织中的决策群体来讲，如果所追求的目标是为了更多地分享各个成员所掌握的信息，特别是一些非共享信息，那么在决策过程中应用决策程序就能够在一定程度上满足这一要求。但决策程序的使用，会在某些情况下降低决策过程的效率，所以，在应用决策程序的同时，为了使决策效率不受影响，还需要考虑所要解决任务的类型以及群体领导的风格。此外，对于决策过程的其他方面（包括群体思维症状，决策过程缺陷）以及决策结果来讲，决策程序所预期的影响作用在本实验中并未完全表现出来。由于本实验在决策程序变量设计和实施中的一些不足，本书认为，为了能够更准确地知道决策程序对决策过程和结果真正所起的作用，在本实验基础上，还需要针对决策程序的设计以及使用方式做更进一步的改进，并通过进一步的深入研究来验证本书最初的假设。

7.2.3 领导风格和决策任务的交互作用

根据假设 3a、3b 和 3c 的验证情况，决策任务对领导风格与决策过程之间关系的调节作用仅得到了部分的支持。按照假设 3 的预期，领导风格对决策过程几个方面的影响效应在复杂任务下将比简单任务更为显著。但实际研究结果发现，决策过程中的信息交流量在领导风格和决策任务之间并未表现出显著的二维效应。也就是说，尽管独裁型领导风格下的群体比民主型领导风格下的群体所交流的信息量少，但是这种差异性在复杂任务下并没有出现扩大的趋势。本书认为这可能是因为决策过程信息交流量分别与领导风格以及决策任务均有关系，而且这两种关系的变化方向和幅度比较一致，从而抵消了可能出现的差异性。同时，对于领导满意度和成员参与感来讲，由于先前关于领导风格对领导满意度及成员参与感的影响关系假设未得到证实，所以，任务对上述关系的调节作用假设也无法进一步证明。

对于决策过程缺陷来讲，领导风格和决策任务仅在"不全面研究变通的方法"这一项上表现出交互效应。独裁型领导风格下的群体，在解决复杂任务时，比解决简单任务更不注意研究制定一些应急措施以防范可能的风险。民主型领导风格下的群体，在解决简单任务时，比解决复杂任务更不注意研究制定一些应急措施以防范可能的风险。这表明独裁型领导在处理复杂任务时更容易引起此项过程缺陷，而民主型领导在处理简单任务时更容易引起此项过程缺陷。这个结果一方面证实了群体思维理论中有关领导风格与决策过程缺陷之间关系的预期，另外一方面也证实了本书有关决策任务对于领导风格和决策过程之间影响关系的调节作用预期。

对于决策效率来讲，领导风格和决策任务的交互作用表现为：尽管独裁型领导风格下的群体讨论过程总是比民主型领导风格下的群体讨论过程更有效率，但是这种差异性在简单任务下要比复杂任务下更加显著。之所以简单任务下决策任务对领导风格和决策效率关系的调节作用更显著，本书认为是由于不同任务情境下参与者的参与性和主动性差异所致。前面已经证实参与者似乎更喜欢去完成复杂性的任务，并且在完成复杂任务的过程中，对决策过程、领导以及决策结果都更满意。因此可以推断，参与者在面临复杂任务时的参与性和积极性会更高，所获得的成就感也越强烈。相反，面对简单的任务，参与者的参与性和热情似乎要低很多。在这两种不同任务情境下，领导者所发挥的作用也会有不同的效果。在复杂任务下，参与者由于积极主动地投入问题的解决过程，从而更有可能去挑战领导者的地位和作用，参与者受到领导风格的影响也相应地会越小。相反，简单任务中，由于参与者的参与性和主动性都不高，从而更愿意接受领导者的指挥和安排，导致领导风格在决策效率方面的影响作用会表现得更明显。虽然这个结果和本书的假设预期正好相反，但同样证明了决策任务的调节作用。

除此以外，领导风格和决策任务在决策过程满意度、领导满意度和决策结果满意度这几个方面也表现出显著的交互作用。这些结果是本书假设之外的一些额外发现。对于这几个主观态度效标来说，领导风格和决策任务的交互作用表现出较高的一致性。当群体在完成复杂任务时，参与者对民主型领导风格下的决策过程、领导表现以及决策结果都更满意。而当群体在完成简单任务时，参与者对独裁型领导风格下的决策过程、领导表现以及决策结果更满意。这些交互作用结果均表明，民主型的领导者更适合完成复杂性的任务，而独裁型的领导者更适合完成简单性的任务。结果的实际意义是，如果组织中的决策群体更看重成员在决策过程中所获得的主观感受，包括对决策过程以及对领导者本人，以及决策结果是否能够让更多人的满意和接受，那么就需要根据群体领导风格和决策任务两者之间所存在的匹配关系来进行相应的调整。一般来讲，决策任务是既定的，所以，领导风格按照任务的类型进行相应的调整就成为一种必要。尽管领导风格作为一种领导者个人特质属性，也具有较大的稳定性，但并不是不可改变，这就要求组织中的更多的领导者能够认识到根据决策情境需求而适时转变领导风格的重要性。

7.2.4 决策程序和决策任务的交互作用

根据假设 4a、4b 和 4c 的验证情况，决策任务对决策程序与决策过程之间关系的调节作用也仅得到了部分的支持。按照假设 4 的预期，决策程序对决策过程几个方面的影响效应在复杂任务下将比简单任务更为显著。但实际结果显示，决策程序和决策任务的交互作用只表现在群体对非共享信息的沟通和交流方面，而在决策过程一致性达成效率和效果方面以及成员对决策过程满意度和参与感方面，决策任务和决策程序都没有表现出显著的交互作用。对非共享信息的沟通和交流来讲，群体在使用了决策程序时总比自由讨论要交流更多的非共享信息，但这种差异效应在复杂任务下要比在简单任务下更加显著。这个结果和本书假设预期一致，表明决策程序在决策过程非共享信息沟通和交流方面的所表现出来的优势效应在复杂任务下将更加显著。因此，为了在完成复杂任务时，能够获得更好的非共享信息沟通和交流效果，决策程序的使用就越有必要。此外，对于决策一致性达成效率和效果以及成员对决策过程满意度和参与感来讲，由于决策程序和决策任务之间的交互作用均未表现出显著性，从而决策任务的调节作用无法得到验证。本书认为，由于领导风格因素对于决策一致性达成效率和效果的影响程度，决策任务和领导因素对于决策过程满意度的影响程度以及决策任务对参与感的影响程度均大大超过了决策程序，加上本书对决策程序的设计和使用方式尚不够完善，从而使决策程序在这些方面没有表现出足够的影响力，使得决策程序所可能产生的影响作用没有达到预期的效果，从而使决策任务的调节作用也受到了影响。

除此以外，本书还发现对于领导者满意度来讲，决策任务和决策程序也具有交互作用，这是本书假设之外的一个额外发现。研究结果表明，在完成复杂任务时，自由讨论情况下的群体对领导的满意度更高。而在完成简单任务时，使用了决策程序的群体对领导的满意度更高。结合前面对不同任务下，群体成员在过程满意度和参与感方面的差异，就可以获得对这个结果的合理解释。由于参与者在完成复杂任务的时候具有更高的参与性和主动性，而相对于决策程序来说，自由讨论更能满足成员的自由表达要求。因此，不管领导风格如何，只要领导者能够通过自由讨论的方式满足成员的这种需求和愿望，其获得的满意度就会越高。而在完成简单任务时，由于参与者的参与性和主动性都比较低，因此，成员对于采用哪种形式的沟通方式并不是很在意，而是更愿意接受领导者的指挥和安排。此时，不管领导风格如何，决策程序的使用都会让成员感觉领导者做事更有条理性和逻辑性，因此，相对于自由讨论下成员的无所适从来说，能够指导群体按照步骤尽快完成任务的领导自然会获得较高的满意度。

7.2.5 领导风格和决策程序的交互作用

作为本书所重点关注的两个自变量，领导风格和决策程序对决策过程和结果都具有程度不同的影响作用，但是在这两者之间却没有发现有显著的交互效应存在，这和本书一开始在绪论中所认为的有所不同。本书先前认为，领导风格和决策程序可能会存在着相互影响的关系，一方面领导风格及其行为能够影响决策程序是否应用及其应用程度和实施效果，另一方面决策程序也能够制约领导的风格和行为方式，这两者共同决定决策过程如何进行。但实际结果显示，在所有的决策过程和结果变量中，这两者都未表现出显著的交互效应。究其原因，本书认为，这可能和本书的实验设计中对决策程序的设计尚存在一些不足有关。决策程序的使用在实验过程中采用的是一种强制执行的方式，并且决策程序的使用方法和步骤都在实验指导书中进行了详细说明。因此，领导者在是否采用以及如何使用决策程序的过程中，并没有自主权和决定权。这使得先前所认为的领导风格可能对决策程序的是否应用及其应用程序和实施效果所产生的影响无法得到观察和度量。而决策程序在使用之后，是否对领导风格和行为产生制约和影响，也因为领导者和决策程序之间缺乏某种联系而没有从研究结果中体现出来。尽管领导风格和决策程序在本实验中未表现出交互效应，但并不完全表明这两者之间就不存在关系。如果在未来的研究中，能够对决策程序变量的控制和使用方式做进一步的改进，则有可能发现本书所没有发现的交互效应。

7.2.6 领导风格、决策程序和决策任务的交互作用

领导风格、决策程序及决策任务这三个变量在决策过程缺陷"对既有资料处理时的选择性偏见"以及决策效率两个方面存在着交互效应。对于"对既有资料处理时的选择性偏见"这项决策过程缺陷来讲，独裁型领导风格下的群体，不论是处理复杂任务还是简单任务，如果应用了决策程序，都要比采用自由讨论的方式更容易在处理所掌握的信息资料时发生偏见。民主型领导风格下的群体在处理复杂任务时，如果采用自由讨论的方式，要比应用决策程序更容易在处理所掌握的信息资料时发生偏见。相反，民主型领导风格下的群体在处理简单任务时，如果应用了决策程序，要比采用自由讨论方式更容易在处理所掌握的信息资料时发生偏见。这个研究发现是对现有群体思维理论的一个重要拓展，它说明决策任务在群体决策过程中和领导风格以及决策程序一样，都有可能产生显著的影响作用。以前在群体思维理论研究中，缺乏对决策任务关注的现象应该引起更多研究者的注意。

对于决策过程效率来讲，领导风格、决策程序以及决策任务的交互作用表现在独裁型领导风格下的群体在处理复杂任务时，如果再应用决策程序，将更有效率。而独裁型领导风格下的群体在处理简单任务时，如果采用自由讨论的形式，则更有效率。民主型领导风格下的

群体在处理复杂任务时，如果采用自由讨论的形式，将更有效率。而民主型领导风格下的群体在处理简单任务时，如果采用决策程序，则更有效率。这个研究结果的实际意义是为了提高决策过程的效率，不同的领导风格需要根据任务的复杂性来决定究竟是采用自由讨论还是应用决策程序。

8 结论及总结

作为全书的结束部分，本章将重点以第 7 章数据分析结果及讨论为基础，并结合第 1 章到第 6 章的内容，对整个研究过程中所进行的工作及其由其中所获得的结论和创新点做一个简要的总结。并根据研究结论来对实际企业管理组织中如何提高小群体决策制定过程的效果和效率提供了一些有针对性的参考意见和建议。最后将对研究过程中所存在的一些不足及其进一步的研究工作进行探讨。

8.1 主要工作及结论

8.1.1 主要工作

在企业组织管理中，群体决策发挥的重要作用日益使得如何通过对决策过程中关键变量的识别、管理和控制来改善决策过程效果、提高决策效率成为一个现实而亟待解决的课题。在此实际背景下，本书以群体决策"过程—结果"研究范式为指导，针对"影响群体决策过程和结果的关键因素有哪些，这些因素如何对群体决策过程和结果实施影响"这个问题进行了规范的实验研究。研究问题所涉及的范围主要限定在微观层面的企业管理组织中小群体决策的制定过程内。研究的侧重点在于决策过程中领导者及其下属之间的决策行为及其由此产生的决策结果。

本书通过对群体决策行为与组织理论及群体思维理论的评述，发现现有研究中存在着以下一些不足：①现有研究尽管指出群体结构特征因素是影响决策过程的主要原因，但对于其中哪项因素更为关键未达成共识。②现有研究，特别是群体思维研究中，对于与决策情境紧密相关的决策任务因素缺乏足够的重视和研究。③已有研究中对决策效果的评价不够全面，缺乏过程与结果的统一。针对上述不足，本书先建立了一个包括群体结构特征、决策过程支撑以及决策外部情境三方面及其决策过程和结果在内的群体决策研究模型，并根据已有研究中各因素研究结果的一致性程度，指出上述三方面中对于决策过程和结果具有关键影响作用的因素分别是领导风格、决策程序以及决策任务。最后，从群体思维症状、决策过程失误、决策过程信息交流、成员对决策过程主观态度、决策过程效率、决策结果一致性以及成员对决策结果主观态度这几个方面建立了一套较全面的决策过程和结果评价系统。

本书主要采用实验室实验法，以 160 名管理学专业的学生为样本，采用 2（领导风格：民主 vs. 独裁）×2（决策程序：MAU vs. 自由讨论）×2（任务类型：简单 vs. 复杂）因子设计的实验研究方案，通过四人群体组成高层管理团队模拟企业进行人力资源管理决策的形式，对于在两类不同的任务背景下，领导风格和决策程序这两个变量如何影响群体决策过程及其结果进行了研究。

本书不仅证实群体领导究竟应该采用什么类型的风格以及是否在决策过程中采用决策程序都需要根据所要完成任务的类型而定，还发现了决策任务的一些单独效应，从而使本书所建立的决策研究模型由于增加了情境因素的考虑而更具有解释效力。此外，本书在中国文化背景下对群体思维理论模型中关于领导风格和决策程序的作用进行了重新的验证。除了决策程序外，关于领导风格的研究结果基本验证了原模型中的对应假设，这在一定程度上增加了该理论模型的跨文化效度。

根据以上研究工作和结论，本书在最后针对实际企业组织中如何提高小群体决策制定过程的效果和效率提出了一些具体的措施和建议。总的来看，本书的工作不仅可以帮助组织管理者对于群体决策过程中领导因素、过程支持因素以及决策环境因素所发挥的重要作用具有更加清晰的认识，还能够指导实际企业组织如何在决策过程中对这些因素加以管理和控制，以更好地达到改善决策过程、提高决策效果和效率的目的。

8.1.2 结论

从本书的研究结果及讨论来看，在本书所研究的三个影响群体决策过程和结果的因素中，如果按照影响力的大小和重要性的高低排列，领导风格是一个具有决定性质的因素，其次是决策任务，最后是决策程序。

作为决策过程中的一个重要社会因素，领导风格对于决策过程和结果具有非常显著的影响作用。其中，领导风格对于决策过程的影响作用主要体现在决策过程中的信息沟通和交流、决策过程中一致性达成的效果和效率、群体思维症状、决策过程缺陷以及决策过程中成员的主观态度等方面。对于决策结果的影响作用主要体现在成员对决策结果的主观态度以及决策结果与领导方案的一致性程度等方面。

在决策过程中的信息沟通方面，两种领导风格的差异主要体现在成员讨论积极性的高低和信息交流量的多少上。独裁型领导风格下，群体成员的讨论积极性会因为领导的强硬作风而受到一定的抑制，从而表现为信息交流量偏少；民主型领导风格则正好相反，成员一般都能够不受约束地进行沟通，从而在讨论中能相互交流更多的信息。

在决策过程一致性达成效果和效率方面，两种领导风格的差异主要体现在：独裁型领导风格下的群体讨论过程一般更有效率，但是所达成的一致性并没有得到成员的完全认可。而民主型领导风格下的群体讨论过程虽然相对要花费更多的讨论时间来达成一致，但是成员一般对所达成的一致更加认可。

在群体思维症状及决策过程缺陷方面，独裁型领导风格表现出更多的负面效应，特别是决策过程缺陷方面，独裁型领导风格总是导致决策过程出现缺陷的原因。而民主型领导风格则在这两方面表现出更多的正面效应，不过对于群体思维症状来讲，民主型领导风格在某些时候也会表现出一些负面效应。

尽管两种领导风格在决策过程中会引起信息沟通和交流的差异以及决策一致性达成效果和效率的差异，但是成员对于两种领导风格的满意度并没有太大差异，参与感也同样没有受到领导风格过多的影响。

对于决策结果的主观满意度和接受度则受到了领导风格的显著影响：独裁型领导风格将会降低成员对决策结果的满意度和接受度，而民主型领导风格下的群体决策结果更容易得到成员的接受和满意。

最后，领导风格对于决策结果和领导者偏好方案之间一致与否的程度具有显著的影响作用：独裁型领导风格下的群体大都选择了领导者在会议一开始就宣布的方案，即使没有选择领导者偏好的方案，其选择的方案和领导者偏好方案之间的差异程度也都很小。而在民主型领导风格下，群体所选方案不仅大都和领导者在会议开始所宣布的方案不同，而且这些方案结果还表现出明显的多样性。

作为决策过程中与环境背景有关的因素，决策任务对于决策过程和结果的影响作用主要是通过和领导风格以及决策程序之间的交互作用表现出来的。其中，决策任务对领导风格和决策过程及结果间关系的调节作用主要表现在决策过程缺陷、决策过程效率以及对决策过程满意度、领导满意度和决策结果满意度这几个方面。对决策过程缺陷来讲，独裁型领导风格在复杂任务下更容易出现过程缺陷，而民主型领导风格在简单任务下更容易出现过程缺陷。对于决策效率来讲，群体在处理复杂任务时，独裁型领导风格和民主型领导风格在效率方面的差异要比简单任务下更为显著。对于决策过程满意度、领导满意度和决策结果满意度这几个方面来讲，复杂任务下，民主型领导风格下的群体在上述几个方面都高于独裁型领导风格下的群体。而简单任务下，独裁型领导风格下的群体在上述几方面都高于民主型领导风格下的群体。

决策任务对决策程序和决策过程及结果间关系的调节作用主要表现在对非共享信息的沟通和交流和领导满意度两个方面，对于非共享信息的交流来讲，群体在使用了决策程序时总比自由讨论要交流更多的非共享信息，但这种差异效应在复杂任务下要比在简单任务下更加显著。因此，为了在完成复杂任务时，能够获得更好的非共享信息沟通和交流效果，决策程序的使用就越有必要。对于领导满意度来讲，群体在完成复杂任务时，自由讨论情况下的群体对领导的满意度更高。而在完成简单任务时，使用了决策程序的群体对领导的满意度更高。

作为决策过程中的一个辅助支持手段，决策程序也对决策过程构成一定的影响。本书的研究证实，决策程序在决策过程中的主要作用在于对成员间信息沟通和交流的促进，尤其是在对非共享信息的挖掘方面，这种作用更为显著。

总的来看，以上这些研究结论不仅大多和已有的一些同类研究结论基本吻合，同时，还有一些新的发现。这些结论不仅可以帮助组织管理者对于群体决策过程中领导因素、过程支持因素以及决策环境因素所发挥的重要作用具有更加清晰的认识，还能够指导实际企业组织如何在决策过程中对这些因素加以管理和控制，以更好地达到改善决策过程、提高决策效果和效率的目的。

8.2　主要创新点

在上述研究工作的基础上，现将本书的主要创新点总结如下：

（1）群体思维理论是国际学术界对于群体决策行为研究的一个比较著名的理论，在其现有的研究中，尽管对影响决策过程的群体结构特征因素给予了充分重视，但是对与决策外部情境有关的决策任务因素却缺乏足够的分析，从而影响了该理论模型的解释效力，并且出现了理论直觉上的可行性与实证研究证据相对缺乏之间的矛盾。为了弥补上述不足，本书在所建立的群体决策研究模型中，除了继续沿用原有模型中所重点关注的一些群体结构特征因素之外，还将决策任务作为一个与决策情境有关的关键因素引入，并通过实验研究证实了任务因素对于领导风格、决策程序与决策过程和结果之间关系具有重要的影响作用，不仅是对群体思维理论的一个重要拓展，而且也使本书所提出的决策研究模型由于增加了情境因素的考虑而更具有解释效力。

（2）在现有群体思维理论研究中，对决策效果的评价仅仅从群体思维症状和决策过程缺陷的角度进行，缺乏对决策结果以及决策过程中成员主观态度的评价。而其他的一些群体决策理论研究又大多仅从过程或者结果的某几个方面进行决策效果的评价。总的来看，上述研究都缺乏对决策效果从过程到结果比较全面的评价。为了弥补上述不足，本书尝试建立了一套包括决策过程和结果在内的较为全面的评价系统。其中，在决策过程部分，不仅包括了对群体思维症状、决策过程缺陷、决策信息沟通和交流以及决策一致达成这些客观方面的评价，还增加了决策过程主观态度的评价。在决策结果部分则将对决策结果接受度和满意度方面的评价与决策结果与领导方案一致程度的评价结合在一起，从而使对决策过程和结果的评价更为全面、更为系统。

（3）已有的群体思维理论研究大都以非中国文化为背景，尽管其有效性在国外已经得到较多证实，但其结论是否适应于中国一直是一个未知的领域。针对此问题，本书在中国文化背景下对群体思维理论模型中关于领导风格和决策程序的作用进行了重新的验证。除了决策程序外，关于领导风格的研究结果基本验证了原模型中的对应假设，这在一定程度上增加了该理论模型的跨文化效度，也为建立适应中国文化背景的新的群体决策行为理论奠定了基础。

（4）国内已有的一些群体决策理论研究对于实际企业管理决策所提供的指导和建议一般都是经验性总结的结果，缺乏足够的研究证据支持。本书则在规范的实验研究结果基础上，提出了诸如领导风格、决策程序以及决策任务这三者必须通过相互匹配、协调的机制才能达到改善决策过程效果、提高决策过程效率的目的等这些更具针对性的措施和建议，从而为国内群体决策研究从理论走向实践提供了更科学的依据和借鉴。

8.3 对企业管理组织的建议

本书研究工作的真正意义和价值除了体现在对现有的决策理论研究所进行的一些拓展和延伸之外，最终还将通过对现实组织中小群体决策制定过程的指导和建议来付诸实践。对于实际的企业管理组织来讲，本书的研究结论至少在以下几个方面具有比较显著的借鉴和参考意义。

面对日益复杂多变的外部经营环境，企业组织一般都需要通过高层管理决策会议的形式来制定一些与企业发展密切相关的投资、融资以及并购和重组等战略性决策。这些决策任务一般都具有复杂性高、风险大以及结果不确定性高的特点，有时往往还具有紧迫性，需要企业快速给出解决方案并付诸实施。在这些事关企业成败的群体决策会议中，领导者的决策风格和行为方式往往具有非常关键的影响力和作用。本书的研究结论提示这些领导者，重大的战略决策往往首先需要对问题有清晰的认识和准确的把握，这就要求参与会议的各方成员代表在会议开始阶段结合自己部门的实际情况进行充分的意见沟通和信息交流。为了满足这一要求，领导者此时需要采用比较民主一些的作风，更多地利用倾听和鼓励参与的方式让成员进行彼此沟通，并且特别注意不要事先抛出自己还不太有把握的观点和意见，以免使会议讨论的议题和重心偏向这些观点。同时，为了避免成员在讨论中过早地出现尽快达成一致的愿望，以及由此愿望而出现的一些群体思维症状，如群体成员的过分自信、对发表反对意见的自我克制、对不利信息的有意扣留或者隐藏，以及限制其他成员提出不同意见等，都需要领导者不断地强调做出一个高质量决策的重要性而不是就问题尽快达成一致。必要的时候，领导者甚至可以在会议中专门安插一个成员来对其他成员的意见进行有意的反驳和挑战，并鼓励群体优先考虑那些反面的观点和疑问。这个措施还要求领导者首先接受对其自身观点和判断的批评，从而防止成员不愿提出自己的不同意见。以此来营造一个更加开放的讨论环境，使群体成员在一个更宽的范围内探索和评价备选方案，并激发成员相互之间更多的信息共享和交流。

此外，战略性决策任务的复杂性也同样需要领导采用更民主一些的决策风格。因为本书已经证明，在完成复杂任务的过程中，民主型领导风格将会引起更少的决策过程缺陷，以及成员更高的决策过程满意度、领导满意度和决策结果满意度。不过，由于民主型的领导风格会对决策效率产生一些不利影响，因此，本书建议，当决策任务的紧迫性不是很高时，领导者仍然可以继续保持这种风格。但当时间非常紧迫时，领导者可以在问题识别和方案产生阶段采用民主型风格，而在方案评价和决定阶段，变换为独裁型的风格，以效果的一些损失来换取效率的提高。

如果企业的高层决策团队所面临的问题是一些更为复杂的多目标决策任务，涉及很多因素的评价，则团队领导可以考虑采用某种决策辅助程序或者工具来帮助团队更好地对问题进行剖析和解决。因为决策辅助程序的使用，最直接的好处就是可以在信息的搜集和评价阶段为决策群体提供更客观全面的帮助，使群体能够更多地挖掘出分布在各个决策成员之间的非共享信息。但考虑到决策辅助程序的使用会在某些情况下影响决策过程的效率，因此，需要结合所解决问题的复杂程度来适当地调整领导风格。例如，如果任务相对复杂，此时，为了提高效率，领导风格可以偏向采用独裁一些的。而当任务相对简单一些时，采用民主型的领导风格可以适当提高决策的效率。

当企业在进行某项群体决策之前，如果想在提高决策效果的同时，使参与决策的各方代表能够对决策过程和领导具有更高的满意度，同时对决策结果也具有更高的满意度和接受度，那么领导者在决策之前，就需要根据所要解决问题的类型和复杂程度，对在决策过程中采用哪种领导风格进行一个提前的计划。如果任务相当复杂，那么民主型领导风格无疑是最好的选择，不仅可以使下属在决策过程中获得足够高的满意度，而且对于决策结果也更满意、更能接受。而当任务较为简单时，领导者就不必表现得太过民主，适当的专制也许能够让下属更能接受。

由上面的建议可以看出，在决策效果和效率以及下属的主观感受这几方面，领导风格应该根据决策任务的类型做何种选择和调整，彼此之间存在着一定的冲突和矛盾。鉴于此，本书建议领导者应该根据企业管理中具体的决策情境需求来决定应该以哪个方面作为主要追求的目标。由此也需要领导者在决策过程中，始终把握住情境变化的方向，动态地调整好领导风格和决策任务之间的匹配关系。

8.4 研究中的不足

作为一项探索性质的管理学实验研究，本书尽管从实验设计、实施、测量以及数据分析方面进行了大量细致周密的工作，但是仍然不可避免地存在这样或者那样的缺陷和不足，下面将分项讨论。

第一，和任何一项管理学实验研究一样，本实验研究也无法回避实验中所选取的样本是否具有代表性这一问题。本书在这方面存在的最大不足之处就是所选样本均是没有实际管理经验的学生群体，并且所有群体都是没有交互历史的临时性群体。这在一定程度上会影响本书所得结论的外部效度，同时，在向实际管理组织推广本书的结论时也必须持谨慎态度。作为改进措施，在未来的研究中，应该尝试选取具有一定交互历史的学生群体，或者从更为实际的角度，选取具有实际管理经验和背景的组织成员（如经理人）来担当实验样本。

第二，本书实验研究中为参与者所施加的时间限制也对实验结果的全面性和完整性构成了不利影响。在短短的 30 分钟内，一个决策群体要从相互熟悉到对问题进行全面了解再到完全解决问题，会显得比较紧张。很多参与者在实验后都反映，尽管他们对实验中的各个环节很感兴趣，但是由于时间限制，他们有时刚刚把问题辨析清楚，还未来得及就问题如何解决进行详细讨论就不得不结束讨论过程。因此，决策过程中成员之间的更全面的社会交互行为会因为时间的限制而不能完全得到观察和评价。而实际管理组织中的重大决策，一般需要通过好几轮会议的形式才能最终完成。因此，在未来的研究中，如果能够设计更为详尽的纵贯（Longitudinal）实验研究方案，则有可能得到更完整更全面的研究发现。

第三，实验过程中对领导风格的控制尽管得到了较为显著的检验效果，但是由于扮演领导者角色的成员和群体其他成员之间在实验前并没有一个交互的过程，所以领导者在决策过程中是否真正具有和实际管理组织中领导者所应该具有的权威和影响力还是一个尚待进一步确认的问题。而且，对于领导因素的研究仅仅从领导风格这个角度进行，研究中对于领导者的其他一些个人特征，如性别、年龄以及权力动机等方面没有进行刻意的控制，从而无法知道研究中这些因素是否也对结果产生了影响。在未来的研究中，如果在尝试选用具有交互历史的群体基础上，能够赋予领导者角色更多的权力（如任免权），并对领导者性别、年龄等方面的特征变量进行严格控制，最大限度地消除这些因素所可能带来的影响，则有可能得到更为真实有效的研究结果。

第四，实验中对决策程序的设计和实施没有完全达到预期的效果。由于采用了强制执行的方式，导致很多成员在决策过程中没有真正接受和领会这种人为设置的决策方式。而且在决策程序的使用和领导者角色的权力设置之间也没有形成某种联系，导致研究中所预期的领导者和决策程序之间可能存在的相互影响关系没有得到验证。在未来的研究中，应该考虑在决策开始阶段增加一个决策规则确定环节，其中就包括群体应该采用哪种讨论方式，使决策程序的使用方式由强制改为自由选择。然后通过考察那些选择应用决策程序的群体具有何种类型的领导风格及其群体特征，就可以对决策程序和领导风格之间所可能存在的关系进行更为准确的研究。

第五，实验中将决策任务设计为没有标准答案的决策型任务，虽然比较适合进行决策研究，但由于针对各个群体的决策结果没有一个统一的评价参考标准，因此遇到了无法根据决策结果的好坏来比较各组决策过程进行好坏的问题。在实际操作中只能通过采用决策结果与领导方案间的一致性以及成员对结果的满意度和接受度等这些次优的方式来评价决策结果。在未来的研究中，除了在决策任务类型方面可以选取更多的维度来进行研究之外，例如可以根据 Mc Grath 的任务分类方式进行更多任务类型的研究，还可以尽量选择具有统一标准答案的任务，以便对决策结果做出更为准确的评价。

8.5　进一步的研究

在上述研究工作总结及其不足的基础上，本书将对进一步的研究中如何对文中所建立的群体决策研究框架进行完善提出一些看法，分为理论和实证两部分。

8.5.1　理论

首先，本书对群体决策过程中领导因素的研究主要采用了领导风格这个维度，一方面是因为领导风格在群体决策研究中比较常见，从而便于和已有的一些研究进行横向比较，另一方面是因为领导风格对于决策过程和结果具有非常显著的影响作用。作为一项单独的研究，本书仅仅选取了独裁型和民主型两种领导风格进行比较，而在领导学研究领域中，有关领导风格的分类有很多种。[92] 本书认为，为了更进一步地验证领导风格在群体决策过程中的重要作用，在后续的研究中，可以对其他类型的领导风格继续进行研究，例如，可以对目前领导学研究中较新的两种领导风格——变革型领导（Transformational Leadership）和交易型领导（Transactional Leadership）[93-98] 进行比较研究。

其次，本书对决策程序的研究主要采用了在决策过程中直接引入某种已经成熟应用的决策程序的方式。本书之所以引入 MAU 程序，主要是因为这种程序比较适合那些决策中需要对系列方案进行评价选择的任务类型。虽然本书由于设计实施方面的不足导致该决策程序没有完全达到预期的效果，但是并不表明决策程序在决策过程中的作用就可以忽略不计。为了更好地验证决策程序在决策信息的挖掘以及群体消极社会影响因素（如小群体压力）的消除方面所起的积极作用，可以在后续的研究中针对决策任务类型设计更为完善的决策程序，并考虑将决策程序的使用和决策规则结合起来，使决策程序在决策过程中的使用方式能够由被动变为主动。

再次，本书对决策任务的研究是按照任务的复杂性维度进行划分的。在实际组织中，群体所面对的任务类型千变万化，复杂性仅仅是其中一种区分方法。在群体决策研究中有关任务的研究，除了复杂性之外，还有一种很常见的区分方式，就是按照任务的结构来划分。Lam 认为，任务结构（Task Structure）将影响群体对问题分析过程、决策程序和决策计划的需求。在不同的任务结构下，群体将会面对不同的程序要求。Kahai 就在完全结构化问题和中等结构化问题下，研究了民主型领导风格和独裁型领导风格对决策过程和结果的影响。本书认为，在后续的研究中，同样可以采用更丰富的任务分类标准。

最后，随着对群体决策过程的关注以及"过程—结果"观的普遍深入，群体决策过程组织方式将成为一个新颖的研究话题。这个概念该如何定义和如何在研究中进行设计，是一个令人感兴趣的问题。本书认为，群体决策过程组织方式中，必定包含领导因素，此外，还可能包含决策程序和（或）决策规则。虽然领导风格和决策程序在本书中没有表现出相互的影响作用，但分析发现是由于决策程序的设计和使用方式存在不足。因此，在未来的研究中，还需要通过不同的领导风格（行为）与决策程序和（或）决策规则的交互设计来考察它们对决策过程和结果的影响，以便将决策组织方式概念上升到更直观的操作层面。

8.5.2 实证

在实证方面，本书采用的是标准的实验室研究方法，这种方法在目前的决策研究中最为常见，使用频率也最高。其优点是具有较高的内部效度，能够对所研究的变量进行相对精确的控制，并能够使用较小的样本量来验证变量间的多维关系。但缺点是"非自然状态"，人为营造的实验条件及其实验的特定需求会直接或间接地影响参与者的行为，从而导致外部效度的缺失。为了弥补这一不足，本书认为可以在以下方面进行进一步的研究。

首先，在样本的选择上，可以尽量采用具有实际管理决策经验的经理人，即使选择学生样本，至少也要使所选样本群体具有一定的交互历史，从而可以避免因为样本缺乏相关的决策经验或者彼此不熟悉而影响对实验的参与，这在一定程度上可以提高实验结果的外部效度。

其次，除了实验室实验之外，还可以采用实地观察研究。通过对自然状态下的真实决策过程进行直接观察，可以获得一些通过实验方式所无法得到的决策过程真实信息。虽然这种研究方法在实施起来有一定的难度，但并不是不可行的。本书认为比较可行的方式是可以事先寻找一批合作的企业或事业组织，经过协商征得对方的许可后，以完全观察者的身份来对这些企业的一些高层决策会议进行旁听观察，必要时，还可以通过事后对包括领导在内的群体成员进行单独访谈的形式，进一步了解其在决策过程中的想法和行为动机。

最后，在实验数据的处理方法上，本书主要采用的是方差分析。这种方法在样本量不是很大，所研究变量不是很多的情况下，能够有效地通过分析比较各组数据间的变异来发现所研究变量影响作用的显著性。但随着研究变量的增多以及样本量的增大，特别是关注的重点由变量的主效应和交互效应转向潜变量之间的关系时，采用更为综合的分析工具（如 LISREL）则有可能得到更为全面详尽的分析结果。

附录 1　实验指导书——人员选拔决策任务

1.1　参与型常务副总裁（无决策程序指导）

究竟应该让谁上任？
——某 IT 企业的一次人员选拔决策

你好，欢迎你参与本次管理决策情境模拟。在接下来的 30 分钟内，你将和其他三位成员一起参与一项模拟实际企业管理问题解决的情境练习，所模拟的情境为一家国内大型 IT 企业的高层管理团队如何解决一项与人力资源有关的决策问题。这个决策模拟要求你们四个人组成该企业的高层管理团队，一起商讨该公司的一项重大决定，并提交最终的决策方案。

因研究需要，你们的讨论过程将被全程拍摄，所获得的拍摄资料以及你们提交的最终决策报告和个人问卷都将严格保密，且仅供研究分析之用，不会涉及任何有关你们个人方面的评价问题。

你们一定有过在一个小组或者群体中共同就一项问题进行商讨和合作的经历，本次讨论和你们以前的这些经历并无差别。所以，请尽可能地放松参与。在整个讨论过程中，如有任何问题，请随时询问项目负责人。

下面是这次情境模拟中有关你的角色和任务的详细资料，请花 5 分钟左右快速阅读完，然后开始你们的小组讨论。小组讨论的时间请你控制好，不要超过 25 分钟。

常务副总裁（参与型）

1.1.1　你的角色

你在这个模拟的高层管理团队中所扮演的角色为公司的常务副总裁，也就是这个四人团队中的权力最高者。其他三个角色分别是人力资源部经理、制造部经理和研发部经理，他们都是你的下属，直接受你的领导。

请注意，尽管你本人对一个企业的领导应该如何有效地管理下属和指挥决策有着自己的看法和理解，但在本次模拟讨论中，请你暂时抛开这些看法，不要被你自己的理解所限制，而是严格按照本指导书中所要求的去做。

1.1.2　你们公司的情况和你们的决策任务

你们公司是一家国内大型 IT 设备研发和制造企业，近几年由于实施了一系列专业化发展战略，同时在技术研发以及人才引进方面措施得力，使公司在面临整个 IT 行业竞争激烈、原材料价格上涨的不利情况下，依然取得了稳步的业绩增长。在 2003 财政年度，公司的销售额比上一年增加 30%，净利润比上一年增加 15%，市场份额已由 2002 年的 15% 增至 20%。而与你们公司同处行业领头地位的 A 公司，却在同期因经营不善，出现了业务缩减现象。销售额比上一年减少 20%，净利润比上一年减少 40%，市场份额已由 2002 年的 25% 降至 2003 年的 18%。在这种情况下，你们公司希望在 2004 年度，利用目前所处的有利形势，进一步扩大市场份额，稳固行业地位。经过周密的市场分析和调研，公司决定在西南地区新建一个分厂。

现在董事会决定为该分厂派遣一位经理，根据公司一贯的做法，该经理必须从总公司内部招募。通过公司前期进行的内部公开竞争选拔，现有 3 名候选人进入最后的筛选名单（见附表 1-1），由你们四位高层经理组成的招聘委员会必须按照所掌握的这 3 名候选人的所有信息进行综合评价，从中选择一位，并提交给公司董事会进行最终决定。

1.1.3　一些和你们的决策有关的信息

下面是一些你们四个人都知道的信息，请根据需要在讨论中使用

附表 1–1　候选人名单

姓名	性别	年龄	任期	学历	技术职称	现任职务
王刚	男	34	5	MBA	会计师	CEO 助理
刘明	男	45	15	本科	高级工程师	制造部副经理
陈茵	女	38	8	硕士	工程师	研发部副经理

这些信息。

（1）你们公司这几年的飞速发展，主要得益于一系列专业化发展战略的实施，以及对技术及研发的重视和投入。公司现在面临的最大问题就是如何通过增加产量、提高质量来保持这种快速发展势头，继续扩大市场占有率。

（2）你们公司是一家典型的民营股份制企业，公司的员工大多为这两年通过人才市场和猎头公司招募而来。但目前高层经理主要还是通过内部提升的方式产生。

（3）你们拟在西南地区所建的这个分厂将是总公司之外第一个外设的生产机构。建成后，分厂将负责整个西部地区的产品和市场供应，以生产为主，研发依然由总公司负责。

（4）由于公司近期下发面向全公司内部招募新分厂经理的通知，员工反应积极，报名应聘者络绎不绝。这次进入最后筛选的三名候选人已经经过了比较严格的考察程序。

1.1.4　你在讨论过程中应该如何做（注意，请仔细阅读并重点理解这一部分内容）

你所扮演的常务副总裁是一位比较民主的领导，或者称之为"参与型领导"。这种类型的领导有如下一些特点：

（1）在决策过程中，在其下属们没有就决策问题表达他们的观点和意见之前，不会首先发表自己的看法和意见。

（2）在决策一开始，就鼓励所有的成员充分发表自己的看法和意见，并轻易不对这些看法和意见进行评价。

（3）强调讨论过程一定要多沟通，充分交换彼此所知的信息，并反复强调通过集体努力获得高质量的决策。

所以，在整个小组讨论中，请你也按照上面所描述的参与型领导的行为特点行事。请记住，你作为一个参与型领导，主要任务就是如何让其他成员有更多的机会表达他们自己，并且能够更好地相互交流，让大家有强烈的参与感。至于你自己是否能够表达自己的观点，并不重要。建议你按照下面的指导去做。

首先，在讨论一开始，在其他人没有发言之前，请你先不要发表自己的看法，而是请其他成员先就如何评价候选人提出他们自己的看法。例如，你的开场白可以这样讲，"你们现在对这个问题都有什么想法和意见，请先讲出来，大家一起讨论"。

其次，请你不要针对其他成员的看法进行评价，但你可以多讲一些赞许和鼓励的话语，诸如，"××，你讲得很好，下面听听×××的看法"。另外，你要不时地鼓励成员之间充分交换彼此所掌握的信息。例如，你可以说，"请大家把自己知道的信息尽量讲出来，这样我们可以更好地对候选人进行评价，找到最佳人选"。

最后，在你认为大家都已发表完自己的看法，并且相互之间充分沟通之后，再提出自己的看法。在本讨论中，你的个人意见已经帮你设定好，即你认为分厂经理应该更看重综合素质，有管理教育背景，并且尽量年轻一些。按照这个标准，你认为王刚是比较合适的人员。

在提出你的看法后，其他成员肯定会针对你的看法提出很多不同意见，请尊重他们的反对意见，并轻易不要反驳，请和其他成员一起继续商讨直到定出最后大家都比较认可的方案为止。也许最终方案并不符合你的看法，但这并不重要，重要的是大家通过讨论能够获得充分的参与感和满意感就行了。

1.1.5 你们的最终选择

讨论结束后，你的任务就是将你们小组经过讨论最终确定的人选记录下来，你们选择的分厂经理是 ＿＿＿＿＿＿＿＿＿＿＿＿＿

并请简单用一两句话给出你们这样选择的理由：

＿＿＿＿＿＿＿＿＿＿＿＿＿＿＿＿＿＿＿＿＿＿＿＿＿＿＿

＿＿＿＿＿＿＿＿＿＿＿＿＿＿＿＿＿＿＿＿＿＿＿＿＿＿＿

＿＿＿＿＿＿＿＿＿＿＿＿＿＿＿＿＿＿＿＿＿＿＿＿＿＿＿

＿＿＿＿＿＿＿＿＿＿＿＿＿＿＿＿＿＿＿＿＿＿＿＿＿＿＿

1.1.6　问卷

讨论结束后，你还需要填写一份和本次讨论有关的问卷（附录3），谢谢你的合作。

1.2　参与型常务副总裁（有决策程序指导）

究竟应该让谁上任？

——某 IT 企业的一次人员选拔决策

你好，欢迎你参与本次管理决策情境模拟。在接下来的 30 分钟内，你将和其他三位成员一起参与一项模拟实际企业管理问题解决的情境练习，所模拟的情境为一家国内大型 IT 企业的高层管理团队如何解决一项与人力资源有关的决策问题。这个决策模拟要求你们四个人组成该企业的高层管理团队，一起商讨该公司的一项重大决定，并提交最终的决策方案。

因研究需要，你们的讨论过程将被全程拍摄，所获的拍摄资料以及你们提交的最终决策报告和个人问卷都将严格保密，且仅供研究分析之用，不会涉及任何有关你们个人方面的评价问题。

你们一定有过在一个小组或者群体中共同就一项问题进行商讨和合作的经历，本次讨论和你们以前的这些经历并无差别。所以，请尽可能地放松参与。在整个讨论过程中，如有任何问题，请随时询问项目负责人。

下面是这次情境模拟中有关你的角色和任务的详细资料，请花 5分钟左右快速阅读完，然后开始你们的小组讨论。小组讨论的时间请你控制好，不要超过 25 分钟。

常务副总裁（参与型）

1.2.1　你的角色

你在这个模拟的高层管理团队中所扮演的角色为公司的常务副总

裁，也就是这个四人团队中的权力最高者。其他三个角色分别是人力资源部经理、制造部经理和研发部经理，他们都是你的下属，直接受你的领导。

请注意，尽管你本人对一个企业的领导应该如何有效地管理下属和指挥决策有着自己的看法和理解，但在本次模拟讨论中，请你暂时抛开这些看法，不要被你自己的理解所限制，而是严格按照本指导书中所要求的去做。

1.2.2 你们公司的情况和你们的决策任务

你们公司是一家国内大型 IT 设备研发和制造企业，近几年由于实施了一系列专业化发展战略，同时在技术研发以及人才引进方面措施得力，使公司在面临整个 IT 行业竞争激烈、原材料价格上涨的不利情况下，依然取得了稳步的业绩增长。在 2003 财政年度，公司的销售额比上一年增加 30%，净利润比上一年增加 15%，市场份额已由 2002 年的 15%增至 20%。而与你们公司同处行业领头地位的 A 公司，却在同期因经营不善，出现了业务缩减现象。销售额比上一年减少 20%，净利润比上一年减少 40%，市场份额已由 2002 年的 25%降至 2003 年的 18%。在这种情况下，你们公司希望在 2004 年度，利用目前所处的有利形势，进一步扩大市场份额，稳固行业地位。经过周密的市场分析和调研，公司决定在西南地区新建一个分厂。

现在董事会决定为该分厂派遣一位经理，根据公司一贯的做法，该经理必须从总公司内部招募。通过公司前期进行的内部公开竞争选拔，现有 3 名候选人进入最后的筛选名单（见附表 1-2），由你们四位高层经理组成的招聘委员会必须按照所掌握的这 3 名候选人的所有信息进行综合评价，从中选择一位，并提交给公司董事会进行最终决定。

附表 1-2 候选人名单

姓名	性别	年龄	任期	学历	技术职称	现任职务
王刚	男	34	5	MBA	会计师	CEO 助理
刘明	男	45	15	本科	高级工程师	制造部副经理
陈茵	女	38	8	硕士	工程师	研发部副经理

1.2.3　一种决策辅助程序——MAU

人们在实际的群体决策过程中，经常应用一些辅助程序来帮助群体更好地分析问题，集结不同成员的观点和态度，并最终促成群体内的沟通和一致性的形成。这样的程序有很多，最典型的一种程序常称为"多属性效用模型"（Multi–Attribute Utility）。

在本次讨论中，要求你们在讨论过程中，应用上面提到的这种程序来帮助你们更好地对候选人进行评价。

这种决策辅助程序的基本思路和步骤如下（以附表 1–3 为例）：

（1）首先，为每个需要进行评价的属性（或者特征）按照重要性程度进行权重分配。例如，附表 1–2 中，你认为"A"属性最重要，可以给 0.5 的权重，"B"属性其次，可以给 0.3 的权重，"C"最不重要，给 0.2 的权重，等等。这个权重值的分配完全由主观确定。

（2）其次，对各个备选方案在特定属性中的价值进行评判打分。例如，在"A"属性中，方案 1 的价值最大，给满分 5 分（这里采用 5 分制，当然你也可以采用 100 分制），方案 3 价值最小，给 1 分，等等。

（3）最后，将每个备选方案在各个属性下获得的分数乘以相应的权重，然后加总，就是对该方案的一个综合评价得分。例如，附表 1–3 中最后"总分"一栏所示（方案 1 的得分最高）。

附表 1–3　MAU 举例

方案	属性	A	B	C	总分
	权重	0.5	0.3	0.2	
1	价值	5	2	4	$5 \times 0.5 + 2 \times 0.3 + 4 \times 0.2 = 3.9$
2		3	4	5	$3 \times 0.5 + 4 \times 0.3 + 5 \times 0.2 = 3.7$
3		1	5	2	$1 \times 0.5 + 5 \times 0.3 + 2 \times 0.2 = 2.4$

请注意，这种程序仅仅是一个辅助工具，通过它，你们可以首先对表中所提供的各候选人信息进行一个综合的量化评价，但这个评价结果并不一定是你们的最终确定结果，你们可能还需要结合表外每个成员所掌握的信息来进行进一步的评定。

1.2.4 一些和你们的决策有关的信息

下面是一些你们四个人都知道的信息，请根据需要在讨论中使用这些信息。

（1）你们公司这几年的飞速发展，主要得益于一系列专业化发展战略的实施，以及对技术及研发的重视和投入。公司现在面临的最大问题就是如何通过增加产量、提高质量来保持这种快速发展势头，继续扩大市场占有率。

（2）你们公司是一家典型的民营股份制企业，公司的员工大多为这两年通过人才市场和猎头公司招募而来。但目前高层经理主要还是通过内部提升的方式产生。

（3）你们拟在西南地区所建的这个分厂将是总公司之外第一个外设的生产机构。建成后，分厂将负责整个西部地区的产品和市场供应，以生产为主，研发依然由总公司负责。

（4）由于公司近期下发面向全公司内部招募新分厂经理的通知，员工反应积极，报名应聘者络绎不绝。这次进入最后筛选的三名候选人已经经过了比较严格的考察程序。

1.2.5 你在讨论过程中应该如何做（注意，请仔细阅读并重点理解这一部分内容）

你所扮演的常务副总裁是一位比较民主的领导，或者称之为"参与型领导"。这种类型的领导有如下一些特点：

（1）在决策过程中，在其下属们没有就决策问题表达他们的观点和意见之前，不会首先发表自己的看法和意见。

（2）在决策一开始，就鼓励所有的成员充分发表自己的看法和意见，并轻易不对这些看法和意见进行评价。

（3）强调讨论过程一定要多沟通，充分交换彼此所知的信息，并反复强调通过集体努力获得高质量的决策。

所以，在整个小组讨论中，请你也按照上面所描述的参与型领导的行为特点行事。请记住，你作为一个参与型领导，主要任务就是如何让其他成员有更多的机会表达他们自己，并且能够更好地相互交流，让大家有强烈的参与感。至于你自己是否能够表达自己的观点，并不重要。建议你按照下面的指导去做。

首先，在讨论一开始，在其他人没有发言之前，请你先不要发表自己的看法，而是请其他成员先就如何在候选人的几种属性间分配权重提出他们自己的看法。例如，你的开场白可以这样讲，"你们对如何应用 MAU 程序对这些候选人的属性进行权重分配都有什么想法和意见，请先讲出来，大家一起讨论"。

其次，请你不要针对其他成员的看法进行评价，但你可以多讲一些赞许和鼓励的话语，诸如，"××，你讲得很好，下面听听×××的看法"。另外，你要不时地鼓励成员之间充分交换彼此所掌握的信息。例如，你可以说，"请大家把自己知道的信息尽量讲出来，这样我们可以更好地对候选人的各项属性值进行打分，找到最佳人选"。

最后，在你认为大家都已发表完自己的看法，相互之间也进行了充分沟通，并且已经通过 MAU 程序获得了一个初步参考结果的情况下，你再提出自己的看法。在本讨论中，你的个人意见已经帮你设定好，即你认为分厂经理应该更看重综合素质，有管理教育背景，并且尽量年轻一些。按照这个标准，你认为王刚是比较合适的人选。

在提出你的看法后，其他成员肯定会针对你的看法提出很多不同意见，请尊重他们的反对意见，并轻易不要反驳，请和其他成员一起继续商讨直到定出最后大家都比较认可的方案为止。也许最终方案并不符合你的看法，但这并不重要，重要的是大家通过讨论能够获得充分的参与感和满意感就行了。

1.2.6　你们的最终选择

讨论结束后，你的任务就是将你们小组经过讨论最终确定的人选记录下来，你们选择的分厂经理是＿＿＿＿＿＿＿＿＿＿

请简单用一两句话给出你们这样选择的理由：

＿＿＿＿＿＿＿＿＿＿＿＿＿＿＿＿＿＿＿＿＿＿＿＿＿＿＿＿＿＿

＿＿＿＿＿＿＿＿＿＿＿＿＿＿＿＿＿＿＿＿＿＿＿＿＿＿＿＿＿＿

＿＿＿＿＿＿＿＿＿＿＿＿＿＿＿＿＿＿＿＿＿＿＿＿＿＿＿＿＿＿

＿＿＿＿＿＿＿＿＿＿＿＿＿＿＿＿＿＿＿＿＿＿＿＿＿＿＿＿＿＿

1.2.7 问卷

讨论结束后，你还需要填写一份和本次讨论有关的问卷（附录3），谢谢你的合作。

1.3 命令型常务副总裁（无决策程序指导）

究竟应该让谁上任?

——某 IT 企业的一次人员选拔决策

你好，欢迎你参与本次管理决策情境模拟。在接下来的 30 分钟内，你将和其他三位成员一起参与一项模拟实际企业管理问题解决的情境练习，所模拟的情境为一家国内大型 IT 企业的高层管理团队如何解决一项与人力资源有关的决策问题。这个决策模拟要求你们四个人组成该企业的高层管理团队，一起商讨该公司的一项重大决定，并提交最终的决策方案。

因研究需要，你们的讨论过程将被全程拍摄，所获的拍摄资料以及你们提交的最终决策报告和个人问卷都将严格保密，且仅供研究分析之用，不会涉及任何有关你们个人方面的评价问题。

你们一定有过在一个小组或者群体中共同就一项问题进行商讨和合作的经历，本次讨论和你们以前的这些经历并无差别。所以，请尽可能地放松参与。在整个讨论过程中，如有任何问题，请随时询问项目负责人。

下面是这次情境模拟中有关你的角色和任务的详细资料，请花 5 分钟左右快速阅读完，然后开始你们的小组讨论。小组讨论的时间请你控制好，不要超过 25 分钟。

常务副总裁（命令型）

1.3.1 你的角色

你在这个模拟的高层管理团队中所扮演的角色为公司的常务副总

裁，也就是这个四人团队中的权力最高者。其他三个角色分别是人力资源部经理、制造部经理和研发部经理，他们都是你的下属，直接受你的领导。

请注意，尽管你本人对一个企业的领导应该如何有效地管理下属和指挥决策有着自己的看法和理解，但在本次模拟讨论中，请你暂时抛开这些看法，不要被你自己的理解所限制，而是严格按照本指导书中所要求的去做。

1.3.2 你们公司的情况和你们的决策任务

你们公司是一家国内大型 IT 设备研发和制造企业，近几年由于实施了一系列专业化发展战略，同时在技术研发以及人才引进方面措施得力，使公司在面临整个 IT 行业竞争激烈、原材料价格上涨的不利情况下，依然取得了稳步的业绩增长。在 2003 财政年度，公司的销售额比上一年增加 30%，净利润比上一年增加 15%，市场份额已由 2002 年的 15%增至 20%。而与你们公司同处行业领头地位的 A 公司，却在同期因经营不善，出现了业务缩减现象。销售额比上一年减少 20%，净利润比上一年减少 40%，市场份额已由 2002 年的 25%降至 2003 年的 18%。在这种情况下，你们公司希望在 2004 年度，利用目前所处的有利形势，进一步扩大市场份额，稳固行业地位。经过周密的市场分析和调研，公司决定在西南地区新建一个分厂。

现在董事会决定为该分厂派遣一位经理，根据公司一贯的做法，该经理必须从总公司内部招募。通过公司前期进行的内部公开竞争选拔，现有 3 名候选人进入最后的筛选名单（见附表 1–4），由你们四位高层经理组成的招聘委员会必须按照所掌握的这 3 名候选人的所有信息进行综合评价，从中选择一位，并提交给公司董事会进行最终决定。

附表 1–4 候选人名单

姓名	性别	年龄	任期	学历	技术职称	现任职务
王刚	男	34	5	MBA	会计师	CEO 助理
刘明	男	45	15	本科	高级工程师	制造部副经理
陈茵	女	38	8	硕士	工程师	研发部副经理

1.3.3 一些和你们的决策有关的信息

下面是一些你们四个人都知道的信息，请根据需要在讨论中使用这些信息。

（1）你们公司这几年的飞速发展，主要得益于一系列专业化发展战略的实施，以及对技术及研发的重视和投入。公司现在面临的最大问题就是如何通过增加产量、提高质量来保持这种快速发展势头，继续扩大市场占有率。

（2）你们公司是一家典型的民营股份制企业，公司的员工大多为这两年通过人才市场和猎头公司招募而来。但目前高层经理主要还是通过内部提升的方式产生。

（3）你们拟在西南地区所建的这个分厂将是总公司之外第一个外设的生产机构。建成后，分厂将负责整个西部地区的产品和市场供应，以生产为主，研发依然由总公司负责。

（4）由于公司近期下发面向全公司内部招募新分厂经理的通知，员工反应积极，报名应聘者络绎不绝。这次进入最后筛选的三名候选人已经经过了比较严格的考察程序。

1.3.4 你在讨论过程中应该如何做（注意，请仔细阅读并重点理解这一部分内容）

你所扮演的常务副总裁是一位比较独断专行的领导，或者称之为"命令型领导"。这种类型的领导有如下一些特点：

（1）在决策一开始，在其下属们还没有就决策问题表达他们的观点和意见之前，就首先发表自己的看法和意见。

（2）在决策过程中，不鼓励其他成员讨论和自己所提意见相左的其他方案。

（3）在决策过程中，始终强调决策是否能够尽快达成一致，而不在乎决策质量的高低。

所以，在整个小组讨论中，请你也按照上面所描述的命令型领导的行为特点行事。请记住，你作为一个命令型领导，主要任务就是如何让自己的观点和意见被其他成员尽快接受，并且能够尽快按照你自己的想法达成决策一致。至于别人是否能够有机会表达他们自己的观点以及决策结果是否正确，并不重要。建议你按照下面的指导去做。

首先，在讨论一开始，在别的成员还未发表他们的看法前，就请你首先表明你自己的立场。例如，你可以这样开场，"我觉得这个问题很简单，我先说说我的看法……"。在本次讨论中，你的个人意见已经提前帮你设定好，即你认为分厂经理应该更看重综合素质，有管理教育背景，并且尽量年轻一些。按照这个标准，你认为王刚是比较合适的人选。

其次，在你提出你的观点后，你要督促大家重点针对你的意见进行讨论，如果其他人认为应该考虑其他的候选人，请你马上进行反驳和制止。例如，如有人说刘明可能比较合适，因为他经验丰富，等等。你可以说，"我觉得此人不够全面，而且年龄偏大"，等等。

最后，请督促大家尽快敲定一个候选人，不要浪费过多的时间在无用的争执上。例如，你可以说，"咱们的主要任务是选择一个大家都认可的人选，这个人是不是最好的现在无法准确判断，所以请大家尽快表决确定"。

1.3.5 你们的最终选择

讨论结束后，你的任务就是将你们小组经过讨论最终确定的人选记录下来，你们选择的分厂经理是＿＿＿＿＿＿＿＿＿＿＿＿＿＿＿＿＿＿

请简单用一两句话给出你们这样选择的理由：

＿＿＿＿＿＿＿＿＿＿＿＿＿＿＿＿＿＿＿＿＿＿＿＿＿＿＿＿＿＿＿＿＿＿＿

＿＿＿＿＿＿＿＿＿＿＿＿＿＿＿＿＿＿＿＿＿＿＿＿＿＿＿＿＿＿＿＿＿＿＿

＿＿＿＿＿＿＿＿＿＿＿＿＿＿＿＿＿＿＿＿＿＿＿＿＿＿＿＿＿＿＿＿＿＿＿

＿＿＿＿＿＿＿＿＿＿＿＿＿＿＿＿＿＿＿＿＿＿＿＿＿＿＿＿＿＿＿＿＿＿＿

1.3.6 问卷

讨论结束后，你还需要填写一份和本次讨论有关的问卷（附录3），谢谢你的合作。

1.4 命令型常务副总裁（有决策程序指导）

究竟应该让谁上任？
—— 某 IT 企业的一次人员选拔决策

你好，欢迎你参与本次管理决策情境模拟。在接下来的 30 分钟内，你将和其他三位成员一起参与一项模拟实际企业管理问题解决的情境练习，所模拟的情境为一家国内大型 IT 企业的高层管理团队如何解决一项与人力资源有关的决策问题。这个决策模拟要求你们四个人组成该企业的高层管理团队，一起商讨该公司的一项重大决定，并提交最终的决策方案。

因研究需要，你们的讨论过程将被全程拍摄，所获得的拍摄资料以及你们提交的最终决策报告和个人问卷都将严格保密，且仅供研究分析之用，不会涉及任何有关你们个人方面的评价问题。

你们一定有过在一个小组或者群体中共同就一项问题进行商讨和合作的经历，本次讨论和你们以前的这些经历并无差别。所以，请尽可能地放松参与。在整个讨论过程中，如有任何问题，请随时询问项目负责人。

下面是这次情境模拟中有关你的角色和任务的详细资料，请花 5 分钟左右快速阅读完，然后开始你们的小组讨论。小组讨论的时间请你控制好，不要超过 25 分钟。

常务副总裁（命令型）

1.4.1 你的角色

你在这个模拟的高层管理团队中所扮演的角色为公司的常务副总裁，也就是这个四人团队中的权力最高者。其他三个角色分别是人力资源部经理、制造部经理和研发部经理，他们都是你的下属，直接受你的领导。

请注意，尽管你本人对一个企业的领导应该如何有效地管理下属和指挥决策有着自己的看法和理解，但在本次模拟讨论中，请你暂时抛开这些看法，不要被你自己的理解所限制，而是严格按照本指导书中所要求的去做。

1.4.2 你们公司的情况和你们的决策任务

你们公司是一家国内大型 IT 设备研发和制造企业，近几年由于实施了一系列专业化发展战略，同时在技术研发以及人才引进方面措施得力，使公司在面临整个 IT 行业竞争激烈、原材料价格上涨的不利情况下，依然取得了稳步的业绩增长。在 2003 财政年度，公司的销售额比上一年增加 30%，净利润比上一年增加 15%，市场份额已由 2002 年的 15%增至 20%。而与你们公司同处行业领头地位的 A 公司，却在同期因经营不善，出现了业务缩减现象。销售额比上一年减少 20%，净利润比上一年减少 40%，市场份额已由 2002 年的 25%降至 2003 年的 18%。在这种情况下，你们公司希望在 2004 年度，利用目前所处的有利形势，进一步扩大市场份额，稳固行业地位。经过周密的市场分析和调研，公司决定在西南地区新建一个分厂。

现在董事会决定为该分厂派遣一位经理，根据公司一贯的做法，该经理必须从总公司内部招募。通过公司前期进行的内部公开竞争选拔，现有 3 名候选人进入最后的筛选名单（见附表 1-5），由你们四位高层经理组成的招聘委员会必须按照所掌握的这 3 名候选人的所有信息进行综合评价，从中选择一位，并提交给公司董事会进行最终决定。

附表 1-5 候选人名单

姓名	性别	年龄	任期	学历	技术职称	现任职务
王刚	男	34	5	MBA	会计师	CEO 助理
刘明	男	45	15	本科	高级工程师	制造部副经理
陈茵	女	38	8	硕士	工程师	研发部副经理

1.4.3 一种决策辅助程序——MAU

人们在实际的群体决策过程中，经常应用一些辅助程序来帮助群体更好地分析问题，集结不同成员的观点和态度，并最终促成群体内的沟通和一致性的形成。这样的程序有很多，最典型的一种程序常称为"多属性效用模型"（Multi-Attribute Utility）。

在本次讨论中，要求你们在讨论过程中，应用上面提到的这种程序来帮助你们更好地对候选人进行评价。

这种决策辅助程序的基本思路和步骤如下（以附表1-6为例）：

（1）首先，为每个需要进行评价的属性（或者特征）按照重要性程度进行权重分配，例如，表2中，你认为"A"属性最重要，可以给0.5的权重，"B"属性其次，可以给0.3的权重，"C"最不重要，给0.2的权重，等等。这个权重值的分配完全由主观确定。

（2）其次，对各个备选方案在特定属性中的价值进行评判打分。例如，在"A"属性中，方案1的价值最大，给满分5分（这里采用5分制，当然你也可以采用100分制），方案3价值最小，给1分，等等。

（3）最后，将每个备选方案在各个属性下获得的分数乘以相应的权重，然后加总，就是对该方案的一个综合评价得分。例如，附表1-6中最后"总分"一栏所示（方案1的得分最高）。

附表1-6　MAU举例

方案	属性	A	B	C	总分
	权重	0.5	0.3	0.2	
1		5	2	4	$5 \times 0.5 + 2 \times 0.3 + 4 \times 0.2 = 3.9$
2	价值	3	4	5	$3 \times 0.5 + 4 \times 0.3 + 5 \times 0.2 = 3.7$
3		1	5	2	$1 \times 0.5 + 5 \times 0.3 + 2 \times 0.2 = 2.4$

请注意，这种程序仅仅是一个辅助工具，通过它，你们可以首先对表中所提供的各候选人信息进行一个综合的量化评价，但这个评价结果并不一定是你们的最终确定结果，你们可能还需要结合表中之外每个成员所掌握的信息来进行进一步的评定。

1.4.4　一些和你们的决策有关的信息

下面是一些你们四个人都知道的信息，请根据需要在讨论中使用这些信息。

（1）你们公司这几年的飞速发展，主要得益于一系列专业化发展战略的实施，以及对技术及研发的重视和投入。公司现在面临的最大问题就是如何通过增加产量、提高质量来保持这种快速发展势头，继续扩大市场占有率。

（2）你们公司是一家典型的民营股份制企业，公司的员工大多为这两年通过人才市场和猎头公司招募而来。但目前高层经理主要还是通过内部提升的方式产生。

（3）你们拟在西南地区所建的这个分厂将是总公司之外第一个外设的生产机构。建成后，分厂将负责整个西部地区的产品和市场供应，以生产为主，研发依然由总公司负责。

（4）由于公司近期下发面向全公司内部招募新分厂经理的通知，员工反应积极，报名应聘者络绎不绝。这次进入最后筛选的三名候选人已经经过了比较严格的考察程序。

1.4.5　你在讨论过程中应该如何做（注意，请仔细阅读并重点理解这一部分内容）

你所扮演的常务副总裁是一位比较独断专行的领导，或者称之为"命令型领导"。这种类型的领导有如下一些特点：

（1）在决策一开始，在其下属们还没有就决策问题表达他们的观点和意见之前，就首先发表自己的看法和意见。

（2）在决策过程中，不鼓励其他成员讨论和自己所提意见相左的其他方案。

（3）在决策过程中，始终强调决策是否能够尽快达成一致，而不在乎决策质量的高低。

所以，在整个小组讨论中，请你也按照上面所描述的命令型领导的行为特点行事。请记住，你作为一个命令型领导，主要任务就是如何让自己的观点和意见被其他成员尽快接受，并且能够尽快按照你自己的想法达成决策一致。至于别人是否能够有机会表达他们自己的观点以及决策结果是否正确，并不重要。建议你按照下面的指导去做。

首先，在讨论一开始，在别的成员还未就各个属性的权重如何分配发表他们的看法前，就请你首先表明你自己分配权重的看法。例如，你可以这样开场，"我先说说我的看法，我觉得这些候选人的几种属性中，年龄、教育背景及职业技术应该是重点考虑的因素⋯⋯"。在本次讨论中，你的个人意见已经提前帮你设定好，即你认为分厂经理应该更看重综合素质，包括年龄、教育背景和技术职称。年纪轻、学历高、技术职称高的应该首选。如果按照这个标准进行打分，你认为王刚将获得最高分，从而是比较合适的人选。请记住，这个人选你自始至终都要坚持下去，不管别人如何反对。

其次，在你提出你的观点后，你要督促大家重点针对你的看法进行讨论，如果其他人认为应该考虑其他的候选人，或者认为你认为的几项属性并不重要，而应该看重其他因素（例如任期、现任职务等）时，请你马上进行反驳和制止。例如，如有人说应该更看重工作经验，而刘明的经验丰富，所以他更合适，等等。你可以反驳说，"我觉得此人不够全面，而且年龄偏大"，等等。

最后，请你督促大家尽快参考你的意见敲定方案，不要浪费过多的时间在无用的争执上。例如，你可以说，"咱们的主要任务是选择一个大家都认可的人选，这个人究竟是不是最好的现在还无法准确判断，所以请大家尽快表决确定"。

1.4.6　你们的最终选择

讨论结束后，你的任务就是将你们小组经过讨论最终确定的人选记录下来，你们选择的分厂经理是＿＿＿＿＿＿＿＿＿＿＿＿＿＿

请简单用一两句话给出你们这样选择的理由：

_____

_____

_____

1.4.7　问卷

讨论结束后，你还需要填写一份和本次讨论有关的问卷（附录3)，谢谢你的合作。

1.5 人力资源部经理 (无决策程序指导)

究竟应该让谁上任?

——某 IT 企业的一次人员选拔决策

你好,欢迎你参与本次管理决策情境模拟。在接下来的 30 分钟内,你将和其他三位成员一起参与一项模拟实际企业管理问题解决的情境练习,所模拟的情境为一家国内大型 IT 企业的高层管理团队如何解决一项与人力资源有关的决策问题。这个决策模拟要求你们四个人组成该企业的高层管理团队,一起商讨该公司的一项重大决定,并提交最终的决策方案。

因研究需要,你们的讨论过程将被全程拍摄,所获的拍摄资料以及你们提交的最终决策报告和个人问卷都将严格保密,且仅供研究分析之用,不会涉及任何有关你们个人方面的评价问题。

你们一定有过在一个小组或者群体中共同就一项问题进行商讨和合作的经历,本次讨论和你们以前的这些经历并无差别。所以,请尽可能地放松参与。在整个讨论过程中,如有任何问题,请随时询问项目负责人。

下面是这次情境模拟中有关你的角色和任务的详细资料,请花 5 分钟左右快速阅读完,然后开始你们的小组讨论。小组讨论的时间请你控制好,不要超过 25 分钟。

人力资源部经理

1.5.1 你的角色

你在这个模拟的高层管理团队中所扮演的角色为公司的人力资源部经理。其他三个角色分别是公司常务副总裁、制造部经理和研发部经理。常务副总裁是你的上司,其他两人和你平级。

请注意,尽管你本人对一个企业的人力资源部经理应该具有哪些职能和如何行使这些职能有着自己的看法和理解,但在本次模拟讨论中，请你暂时抛开这些看法，不要被你自己的理解所限制。在讨论中，请尽可能地自由发挥，只要你觉得你的决策对你们所代表的公司有利即可。

1.5.2 你们公司的情况和你们的决策任务

你们公司是一家国内大型 IT 设备研发和制造企业，近几年由于实施了一系列专业化发展战略，同时在技术研发以及人才引进方面措施得力，使公司在面临整个 IT 行业竞争激烈、原材料价格上涨的不利情况下，依然取得了稳步的业绩增长。在 2003 财政年度，公司的销售额比上一年增加 30%，净利润比上一年增加 15%，市场份额已由 2002 年的 15% 增至 20%。而与你们公司同处行业领头地位的 A 公司，却在同期因经营不善，出现了业务缩减现象。销售额比上一年减少 20%，净利润比上一年减少 40%，市场份额已由 2002 年的 25% 降至 2003 年的 18%。在这种情况下，你们公司希望在 2004 年度，利用目前所处的有利形势，进一步扩大市场份额，稳固行业地位。经过周密的市场分析和调研，公司决定在西南地区新建一个分厂。

现在董事会决定为该分厂派遣一位经理，根据公司一贯的做法，该经理必须从总公司内部招募。通过公司前期进行的内部公开竞争选拔，现有 3 名候选人进入最后的筛选名单（见附表 1-7），由你们四位高层经理组成的招聘委员会必须按照所掌握的这 3 名候选人的所有信息进行综合评价，从中选择一位，并提交给公司董事会进行最终决定。

附表 1-7 候选人名单

姓名	性别	年龄	任期	学历	技术职称	现任职务
王刚	男	34	5	MBA	会计师	CEO 助理
刘明	男	45	15	本科	高级工程师	制造部副经理
陈茵	女	38	8	硕士	工程师	研发部副经理

1.5.3 一些和你们的决策有关的信息

下面是一些你们四个人都知道的信息，请根据需要在讨论中使用这些信息。

（1）你们公司这几年的飞速发展，主要得益于一系列专业化发展战略的实施，以及对技术及研发的重视和投入。公司现在面临的最大问题就是如何通过增加产量、提高质量来保持这种快速发展势头，继续扩大市场占有率。

（2）你们公司是一家典型的民营股份制企业，公司的员工大多为这两年通过人才市场和猎头公司招募而来。但目前高层经理主要还是通过内部提升的方式产生。

（3）你们拟在西南地区所建的这个分厂将是总公司之外第一个外设的生产机构。建成后，分厂将负责整个西部地区的产品和市场供应。主要以生产为主，研发依然由总公司负责。

（4）由于公司近期下发面向全公司内部招募新分厂经理的通知，员工反应积极，报名应聘者络绎不绝。这次进入最后筛选的三名候选人已经经过了比较严格的考察程序。

1.5.4　仅有你知道的信息

下面这些信息仅仅为你所掌握，其他三个成员并不知道。是否在决策过程中使用这些信息，完全由你自己决定。

（1）王刚是你亲手通过猎头公司从一家跨国公司挖来的总裁助理，该员工的最大特点是综合素质全面，受过良好的管理教育，特别在财务管理方面富有经验。

（2）在近期由你主持进行的公司年度内部高层经理综合考评中（结果尚未公布），王刚暂列第一。

（3）在共事的过程中，你发现王刚在生产管理方面的工作经验还比较缺乏，并且很少与下层员工进行沟通和交流。

（4）据你通过内部消息渠道所知，王刚在其原来的公司中，曾因涉嫌挪用公司资金进行个人投资而受到过处分。

1.5.5　结束讨论后你需要做的

以下是你对你们小组经过集体商讨后所获得的最终结果的一个意见评价，你认为你对这个结果的接受程度如何？

非常接受□　　　　接受□　　　　既不接受也不反对□

不接受□　　　　非常不接受□

1.5.6 问卷

讨论结束后，你还需要填写一份和本次讨论有关的问卷（附录3），谢谢你的合作。

1.6 人力资源部经理（有决策程序指导）

究竟应该让谁上任？
——某 IT 企业的一次人员选拔决策

你好，欢迎你参与本次管理决策情境模拟。在接下来的 30 分钟内，你将和其他三位成员一起参与一项模拟实际企业管理问题解决的情境练习，所模拟的情境为一家国内大型 IT 企业的高层管理团队如何解决一项与人力资源有关的决策问题。这个决策模拟要求你们四个人组成该企业的高层管理团队，一起商讨该公司的一项重大决定，并提交最终的决策方案。

因研究需要，你们的讨论过程将被全程拍摄，所获的拍摄资料以及你们提交的最终决策报告和个人问卷都将严格保密，且仅供研究分析之用，不会涉及任何有关你们个人方面的评价问题。

你们一定有过在一个小组或者群体中共同就一项问题进行商讨和合作的经历，本次讨论和你们以前的这些经历并无差别。所以，请尽可能地放松参与。在整个讨论过程中，如有任何问题，请随时询问项目负责人。

下面是这次情境模拟中有关你的角色和任务的详细资料，请花 5 分钟左右快速阅读完，然后开始你们的小组讨论。小组讨论的时间请你控制好，不要超过 25 分钟。

人力资源部经理

1.6.1 你的角色

你在这个模拟的高层管理团队中所扮演的角色为公司的人力资源

部经理。其他三个角色分别是公司常务副总裁、制造部经理和研发部经理。常务副总裁是你的上司，其他两人和你平级。

请注意，尽管你本人对一个企业的人力资源部经理应该具有哪些职能和如何行使这些职能有着自己的看法和理解，但在本次模拟讨论中，请你暂时抛开这些看法，不要被你自己的理解所限制。在讨论中，请尽可能地自由发挥，只要你觉得你的决策对你们所代表的公司有利即可。

1.6.2　你们公司的情况和你们的决策任务

你们公司是一家国内大型 IT 设备研发和制造企业，近几年由于实施了一系列专业化发展战略，同时在技术研发以及人才引进方面措施得力，使公司在面临整个 IT 行业竞争激烈、原材料价格上涨的不利情况下，依然取得了稳步的业绩增长。在 2003 财政年度，公司的销售额比上一年增加 30%，净利润比上一年增加 15%，市场份额已由 2002年的 15%增至 20%。而与你们公司同处行业领头地位的 A 公司，却在同期因经营不善，出现了业务缩减现象。销售额比上一年减少 20%，净利润比上一年减少 40%，市场份额已由 2002 年的 25%降至 2003 年的 18%。在这种情况下，你们公司希望在 2004 年度，利用目前所处的有利形势，进一步扩大市场份额，稳固行业地位。经过周密的市场分析和调研，公司决定在西南地区新建一个分厂。

现在董事会决定为该分厂派遣一位经理，根据公司一贯的做法，该经理必须从总公司内部招募。通过公司前期进行的内部公开竞争选拔，现有 3 名候选人进入最后的筛选名单（见附表 1–8），由你们四位高层经理组成的招聘委员会必须按照所掌握的这 3 名候选人的所有信息进行综合评价，从中选择一位，并提交给公司董事会进行最终决定。

附表 1–8　候选人名单

姓名	性别	年龄	任期	学历	技术职称	现任职务
王刚	男	34	5	MBA	会计师	CEO 助理
刘明	男	45	15	本科	高级工程师	制造部副经理
陈茵	女	38	8	硕士	工程师	研发部副经理

1.6.3 一种决策辅助程序——MAU

人们在实际的群体决策过程中，经常应用一些辅助程序来帮助群体更好地分析问题，集结不同成员的观点和态度，并最终促成群体内的沟通和一致性的形成。这样的程序有很多，最典型的一种程序常称为"多属性效用模型"（Multi-Attribute Utility）。

在本次讨论中，要求你们在讨论过程中，应用上面提到的这种程序来帮助你们更好地对候选人进行评价。

这种决策辅助程序的基本思路和步骤如下（以附表1-9为例）：

（1）首先，为每个需要进行评价的属性（或者特征）按照重要性程度进行权重分配，例如，表2中，你认为"A"属性最重要，可以给0.5的权重，"B"属性其次，可以给0.3的权重，"C"最不重要，给0.2的权重，等等。这个权重值的分配完全由主观确定。

（2）其次，对各个备选方案在特定属性中的价值进行评判打分。例如，在"A"属性中，方案1的价值最大，给满分5分（这里采用5分制，当然你也可以采用100分制），方案3价值最小，给1分，等等。

（3）最后，将每个备选方案在各个属性下获得的分数乘以相应的权重，然后加总，就是对该方案的一个综合评价得分。例如，附表1-9中最后"总分"一栏所示（方案1的得分最高）。

附表1-9 MAU举例

方案	属性	A	B	C	总分
	权重	0.5	0.3	0.2	
1	价值	5	2	4	$5 \times 0.5 + 2 \times 0.3 + 4 \times 0.2 = 3.9$
2		3	4	5	$3 \times 0.5 + 4 \times 0.3 + 5 \times 0.2 = 3.7$
3		1	5	2	$1 \times 0.5 + 5 \times 0.3 + 2 \times 0.2 = 2.4$

请注意，这种程序仅仅是一个辅助工具，通过它，你们可以首先对表中所提供的各候选人信息进行一个综合的量化评价，但这个评价结果并不一定是你们的最终确定结果，你们可能还需要结合表外每个成员所掌握的信息来进行进一步的评定。

1.6.4　一些和你们的决策有关的信息

下面是一些你们四个人都知道的信息，请根据需要在讨论中使用这些信息。

（1）你们公司这几年的飞速发展，主要得益于一系列专业化发展战略的实施，以及对技术及研发的重视和投入。公司现在面临的最大问题就是如何通过增加产量、提高质量来保持这种快速发展势头，继续扩大市场占有率。

（2）你们公司是一家典型的民营股份制企业，公司的员工大多为这两年通过人才市场和猎头公司招募而来。但目前高层经理主要还是通过内部提升的方式产生。

（3）你们拟在西南地区所建的这个分厂将是总公司之外第一个外设的生产机构。建成后，分厂将负责整个西部地区的产品和市场供应，以生产为主，研发依然由总公司负责。

（4）由于公司近期下发面向全公司内部招募新分厂经理的通知，员工反应积极，报名应聘者络绎不绝。这次进入最后筛选的三名候选人已经经过了比较严格的考察程序。

1.6.5　仅有你知道的信息

下面这些信息仅仅为你所掌握，其他三个成员并不知道。是否在决策过程中使用这些信息，完全由你自己决定。

（1）王刚是你亲手通过猎头公司从一家跨国公司挖来的总裁助理，该员工的最大特点是综合素质全面，受过良好的管理教育，特别在财务管理方面富有经验。

（2）在近期由你主持进行的公司年度内部高层经理综合考评中（结果尚未公布），王刚暂列第一。

（3）在共事的过程中，你发现王刚在生产管理方面的工作经验还比较缺乏，并且很少与下层员工进行沟通和交流。

（4）据你通过内部消息渠道所知，王刚在其原来的公司中，曾因涉嫌挪用公司资金进行个人投资而受过处分。

1.6.6　结束讨论后你需要做的

以下是你对你们小组经过集体商讨后所获得的最终结果的一个意

见评价，你认为你对这个结果的接受程度如何？

非常接受□　　　接受□　　　既不接受也不反对□

不接受□　　　非常不接受□

1.6.7　问卷

讨论结束后，你还需要填写一份和本次讨论有关的问卷（附录3），谢谢你的合作。

1.7　制造部经理（无决策程序指导）

究竟应该让谁上任？

——某 IT 企业的一次人员选拔决策

你好，欢迎你参与本次管理决策情境模拟。在接下来的 30 分钟内，你将和其他三位成员一起参与一项模拟实际企业管理问题解决的情境练习，所模拟的情境为一家国内大型 IT 企业的高层管理团队如何解决一项与人力资源有关的决策问题。这个决策模拟要求你们四个人组成该企业的高层管理团队，一起商讨该公司的一项重大决定，并提交最终的决策方案。

因研究需要，你们的讨论过程将被全程拍摄，所获的拍摄资料以及你们提交的最终决策报告和个人问卷都将严格保密，且仅供研究分析之用，不会涉及任何有关你们个人方面的评价问题。

你们一定有过在一个小组或者群体中共同就一项问题进行商讨和合作的经历，本次讨论和你们以前的这些经历并无差别。所以，请尽可能地放松参与。在整个讨论过程中，如有任何问题，请随时询问项目负责人。

下面是这次情境模拟中有关你的角色和任务的详细资料，请花 5 分钟左右快速阅读完，然后开始你们的小组讨论。小组讨论的时间请你控制好，不要超过 25 分钟。

制造部经理

1.7.1　你的角色

你在这个模拟的高层管理团队中所扮演的角色为公司的制造部经理。其他三个角色分别是公司常务副总裁、人力资源部经理和研发部经理。常务副总裁是你的上司，其他两人和你平级。

请注意，尽管你本人对一个企业的制造部经理应该具有哪些职能和如何行使这些职能有着自己的看法和理解，但在本次模拟讨论中，请你暂时抛开这些看法，不要被你自己的理解所限制。在讨论中，请尽可能地自由发挥，只要你觉得你的决策对你们所代表的公司有利即可。

1.7.2　你们公司的情况和你们的决策任务

你们公司是一家国内大型 IT 设备研发和制造企业，近几年由于实施了一系列专业化发展战略，同时在技术研发以及人才引进方面措施得力，使公司在面临整个 IT 行业竞争激烈、原材料价格上涨的不利情况下，依然取得了稳步的业绩增长。在 2003 财政年度，公司的销售额比上一年增加 30%，净利润比上一年增加 15%，市场份额已由 2002 年的 15%增至 20%。而与你们公司同处行业领头地位的 A 公司，却在同期因经营不善，出现了业务缩减现象。销售额比上一年减少 20%，净利润比上一年减少 40%，市场份额已由 2002 年的 25%降至 2003 年的 18%。在这种情况下，你们公司希望在 2004 年度，利用目前所处的有利形势，进一步扩大市场份额，稳固行业地位。经过周密的市场分析和调研，公司决定在西南地区新建一个分厂。

现在董事会决定为该分厂派遣一位经理，根据公司一贯的做法，该经理必须从总公司内部招募。通过公司前期进行的内部公开竞争选拔，现有 3 名候选人进入最后的筛选名单（见附表 1–10），由你们四位高层经理组成的招聘委员会必须按照所掌握的这 3 名候选人的所有信息进行综合评价，从中选择一位，并提交给公司董事会进行最终决定。

附表 1–10　候选人名单

姓名	性别	年龄	任期	学历	技术职称	现任职务
王刚	男	34	5	MBA	会计师	CEO 助理
刘明	男	45	15	本科	高级工程师	制造部副经理
陈茵	女	38	8	硕士	工程师	研发部副经理

1.7.3　一些和你们的决策有关的信息

下面是一些你们四个人都知道的信息，请根据需要在讨论中使用这些信息。

（1）你们公司这几年的飞速发展，主要得益于一系列专业化发展战略的实施，以及对技术及研发的重视和投入。公司现在面临的最大问题就是如何通过增加产量、提高质量来保持这种快速发展势头，继续扩大市场占有率。

（2）你们公司是一家典型的民营股份制企业，公司的员工大多为这两年通过人才市场和猎头公司招募而来。但目前高层经理主要还是通过内部提升的方式产生。

（3）你们拟在西南地区所建的这个分厂将是总公司之外第一个外设的生产机构。建成后，分厂将负责整个西部地区的产品和市场供应，以生产为主，研发依然由总公司负责。

（4）由于公司近期下发面向全公司内部招募新分厂经理的通知，员工反应积极，报名应聘者络绎不绝。这次进入最后筛选的三名候选人已经经过了比较严格的考察程序。

1.7.4　仅有你知道的信息

下面这些信息仅仅为你所掌握，其他三个成员并不知道。是否在决策过程中使用这些信息，完全由你自己决定。

（1）作为制造部推荐的人选，刘明和你共事多年，此人最大的特点在于技术水平高，在生产管理方面相当富有经验。

（2）刘明在制造部担任副经理期间，下属对其的评价是：做事沉稳，决策果断。

（3）最近公司内有人传闻，刘明正在与另外一家对手公司秘密接触，对方欲高薪将其聘任。

（4）通过和刘明的共事，你发现他比较明显的缺点在于不善于处理和协调员工之间的关系纠纷。

1.7.5　结束讨论后你需要做的

以下是你对你们小组经过集体商讨后所获得的最终结果的一个意见评价，你认为你对这个结果的接受程度如何？

非常接受□　　　接受□　　　　既不接受也不反对□

不接受□　　　非常不接受□

1.7.6　问卷

讨论结束后，你还需要填写一份和本次讨论有关的问卷（附录3），谢谢你的合作。

1.8　制造部经理（有决策程序指导）

究竟应该让谁上任？
——某 IT 企业的一次人员选拔决策

你好，欢迎你参与本次管理决策情境模拟。在接下来的 30 分钟内，你将和其他三位成员一起参与一项模拟实际企业管理问题解决的情境练习，所模拟的情境为一家国内大型 IT 企业的高层管理团队如何解决一项与人力资源有关的决策问题。这个决策模拟要求你四个人组成该企业的高层管理团队，一起商讨该公司的一项重大决定，并提交最终的决策方案。

因研究需要，你们的讨论过程将被全程拍摄，所获的拍摄资料以及你们提交的最终决策报告和个人问卷都将严格保密，且仅供研究分析之用，不会涉及任何有关你们个人方面的评价问题。

你们一定有过在一个小组或者群体中共同就一项问题进行商讨和合作的经历，本次讨论和你们以前的这些经历并无差别。所以，请尽可能地放松参与。在整个讨论过程中，如有任何问题，请随时询问项目负责人。

下面是这次情境模拟中有关你的角色和任务的详细资料，请花 5 分钟左右快速阅读完，然后开始你们的小组讨论。小组讨论的时间请你控制好，不要超过 25 分钟。

制造部经理

1.8.1 你的角色

你在这个模拟的高层管理团队中所扮演的角色为公司的制造部经理。其他三个角色分别是公司常务副总裁、人力资源部经理和研发部经理。常务副总裁是你的上司，其他两人和你平级。

请注意，尽管你本人对一个企业的制造部经理应该具有哪些职能和如何行使这些职能有着自己的看法和理解，但在本次模拟讨论中，请你暂时抛开这些看法，不要被你自己的理解所限制。在讨论中，请尽可能地自由发挥，只要你觉得你的决策对你们所代表的公司有利即可。

1.8.2 你们公司的情况和你们的决策任务

你们公司是一家国内大型 IT 设备研发和制造企业，近几年由于实施了一系列专业化发展战略，同时在技术研发以及人才引进方面措施得力，使公司在面临整个 IT 行业竞争激烈、原材料价格上涨的不利情况下，依然取得了稳步的业绩增长。在 2003 财政年度，公司的销售额比上一年增加 30%，净利润比上一年增加 15%，市场份额已由 2002 年的 15%增至 20%。而与你们公司同处行业领头地位的 A 公司，却在同期因经营不善，出现了业务缩减现象。销售额比上一年减少 20%，净利润比上一年减少 40%，市场份额已由 2002 年的 25%降至 2003 年的 18%。在这种情况下，你们公司希望在 2004 年度，利用目前所处的有利形势，进一步扩大市场份额，稳固行业地位。经过周密的市场分析和调研，公司决定在西南地区新建一个分厂。

现在董事会决定为该分厂派遣一位经理，根据公司一贯的做法，该经理必须从总公司内部招募。通过公司前期进行的内部公开竞争选拔，现有 3 名候选人进入最后的筛选名单（见附表 1-11），由你们四位高层经理组成的招聘委员会必须按照所掌握的这 3 名候选人的所有信

附表 1-11 候选人名单

姓名	性别	年龄	任期	学历	技术职称	现任职务
王刚	男	34	5	MBA	会计师	CEO 助理
刘明	男	45	15	本科	高级工程师	制造部副经理
陈茵	女	38	8	硕士	工程师	研发部副经理

息进行综合评价，从中选择一位，并提交给公司董事会进行最终决定。

1.8.3 一种决策辅助程序——MAU

人们在实际的群体决策过程中，经常应用一些辅助程序来帮助群体更好地分析问题，集结不同成员的观点和态度，并最终促成群体内的沟通和一致性的形成。这样的程序有很多，最典型的一种程序常称为"多属性效用模型"（Multi-attribute Utility）。

在本次讨论中，要求你们在讨论过程中，应用上面提到的这种程序来帮助你们更好地对候选人进行评价。

这种决策辅助程序的基本思路和步骤如下（以附表 1-12 为例）：

（1）首先，为每个需要进行评价的属性（或者特征）按照重要性程度进行权重分配，例如，表 2 中，你认为"A"属性最重要，可以给 0.5 的权重，"B"属性其次，可以给 0.3 的权重，"C"最不重要，给 0.2 的权重，等等。这个权重值的分配完全由主观确定。

（2）其次，对各个备选方案在特定属性中的价值进行评判打分。例如，在"A"属性中，方案 1 的价值最大，给满分 5 分（这里采用 5 分制，当然你也可以采用 100 分制），方案 3 价值最小，给 1 分，等等。

（3）最后，将每个备选方案在各个属性下获得的分数乘以相应的权重，然后加总，就是对该方案的一个综合评价得分。例如，附表 1-12 中最后"总分"一栏所示（方案 1 的得分最高）。

附表 1-12 MAU 举例

方案	属性	A	B	C	总分
	权重	0.5	0.3	0.2	
1	价值	5	2	4	$5 \times 0.5 + 2 \times 0.3 + 4 \times 0.2 = 3.9$
2		3	4	5	$3 \times 0.5 + 4 \times 0.3 + 5 \times 0.2 = 3.7$
3		1	5	2	$1 \times 0.5 + 5 \times 0.3 + 2 \times 0.2 = 2.4$

请注意，这种程序仅仅是一个辅助工具，通过它，你们可以首先对表中所提供的各候选人信息进行一个综合的量化评价，但这个评价结果并不一定是你们的最终确定结果，你们可能还需要结合表中之外每个成员所掌握的信息来进行进一步的评定。

1.8.4 一些和你们的决策有关的信息

下面是一些你们四个人都知道的信息，请根据需要在讨论中使用这些信息。

（1）你们公司这几年的飞速发展，主要得益于一系列专业化发展战略的实施，以及对技术及研发的重视和投入。公司现在面临的最大问题就是如何通过增加产量、提高质量来保持这种快速发展势头，继续扩大市场占有率。

（2）你们公司是一家典型的民营股份制企业，公司的员工大多为这两年通过人才市场和猎头公司招募而来。但目前高层经理主要还是通过内部提升的方式产生。

（3）你们拟在西南地区所建的这个分厂将是总公司之外第一个外设的生产机构。建成后，分厂将负责整个西部地区的产品和市场供应，以生产为主，研发依然由总公司负责。

（4）由于公司近期下发面向全公司内部招募新分厂经理的通知，员工反应积极，报名应聘者络绎不绝。这次进入最后筛选的三名候选人已经经过了比较严格的考察程序。

1.8.5 仅有你知道的信息

下面这些信息仅仅为你所掌握，其他三个成员并不知道。是否在决策过程中使用这些信息，完全由你自己决定。

（1）作为制造部推荐的人选，刘明和你共事多年，此人最大的特点在于技术水平高，在生产管理方面相当富有经验。

（2）刘明在制造部担任副经理期间，下属对其的评价是：做事沉稳，决策果断。

（3）最近公司内有人传闻，刘明正在与另外一家对手公司秘密接触，对方欲高薪将其聘任。

（4）通过和刘明的共事，你发现他比较明显的缺点在于不善于处理和协调员工之间的关系纠纷。

1.8.6 结束讨论后你需要做的

以下是你对你们小组经过集体商讨后所获得的最终结果的一个意见评价，你认为你对这个结果的接受程度如何？

非常接受□　　　接受□　　　　既不接受也不反对□

不接受□　　　非常不接受□

1.8.7 问卷

讨论结束后，你还需要填写一份和本次讨论有关的问卷（附录3），谢谢你的合作。

1.9　研发部经理（无决策程序指导）

究竟应该让谁上任？
——某 IT 企业的一次人员选拔决策

你好，欢迎你参与本次管理决策情境模拟。在接下来的 30 分钟内，你将和其他三位成员一起参与一项模拟实际企业管理问题解决的情境练习，所模拟的情境为一家国内大型 IT 企业的高层管理团队如何解决一项与人力资源有关的决策问题。这个决策模拟要求你们四个人组成该企业的高层管理团队，一起商讨该公司的一项重大决定，并提交最终的决策方案。

因研究需要，你们的讨论过程将被全程拍摄，所获的拍摄资料以及你们提交的最终决策报告和个人问卷都将严格保密，且仅供研究分析之用，不会涉及任何有关你们个人方面的评价问题。

你们一定有过在一个小组或者群体中共同就一项问题进行商讨和合作的经历，本次讨论和你们以前的这些经历并无差别。所以，请尽可能地放松参与。在整个讨论过程中，如有任何问题，请随时询问项目负责人。

下面是这次情境模拟中有关你的角色和任务的详细资料，请花 5

分钟左右快速阅读完，然后开始你们的小组讨论。小组讨论的时间请你控制好，不要超过 25 分钟。

研发部经理

1.9.1 你的角色

你在这个模拟的高层管理团队中所扮演的角色为公司的研发部经理。其他三个角色分别是公司常务副总裁、人力资源部经理和制造部经理。常务副总裁是你的上司，其他两人和你平级。

请注意，尽管你本人对一个企业的研发部经理应该具有哪些职能和如何行使这些职能有着自己的看法和理解，但在本次模拟讨论中，请你暂时抛开这些看法，不要被你自己的理解所限制。在讨论中，请尽可能地自由发挥，只要你觉得你的决策对你们所代表的公司有利即可。

1.9.2 你们公司的情况和你们的决策任务

你们公司是一家国内大型 IT 设备研发和制造企业，近几年由于实施了一系列专业化发展战略，同时在技术研发以及人才引进方面措施得力，使公司在面临整个 IT 行业竞争激烈、原材料价格上涨的不利情况下，依然取得了稳步的业绩增长。在 2003 财政年度，公司的销售额比上一年增加 30%，净利润比上一年增加 15%，市场份额已由 2002 年的 15% 增至 20%。而与你们公司同处行业领头地位的 A 公司，却在同期因经营不善，出现了业务缩减现象。销售额比上一年减少 20%，净利润比上一年减少 40%，市场份额已由 2002 年的 25% 降至 2003 年的 18%。在这种情况下，你们公司希望在 2004 年度，利用目前所处的有利形势，进一步扩大市场份额，稳固行业地位。经过周密的市场分析和调研，公司决定在西南地区新建一个分厂。

现在董事会决定为该分厂派遣一位经理，根据公司一贯的做法，该经理必须从总公司内部招募。通过公司前期进行的内部公开竞争选拔，现有 3 名候选人进入最后的筛选名单（见附表 1-13），由你们四位高层经理组成的招聘委员会必须按照所掌握的这 3 名候选人的所有信息进行综合评价，从中选择一位，并提交给公司董事会进行最终

附表 1-13   候选人名单

姓名	性别	年龄	任期	学历	技术职称	现任职务
王刚	男	34	5	MBA	会计师	CEO 助理
刘明	男	45	15	本科	高级工程师	制造部副经理
陈茵	女	38	8	硕士	工程师	研发部副经理

决定。

1.9.3   一些和你们的决策有关的信息

下面是一些你们四个人都知道的信息，请根据需要在讨论中使用这些信息。

（1）你们公司这几年的飞速发展，主要得益于一系列专业化发展战略的实施，以及对技术及研发的重视和投入。公司现在面临的最大问题就是如何通过增加产量、提高质量来保持这种快速发展势头，继续扩大市场占有率。

（2）你们公司是一家典型的民营股份制企业，公司的员工大多为这两年通过人才市场和猎头公司招募而来。但目前高层经理主要还是通过内部提升的方式产生。

（3）你们拟在西南地区所建的这个分厂将是总公司之外第一个外设的生产机构。建成后，分厂将负责整个西部地区的产品和市场供应，以生产为主，研发依然由总公司负责。

（4）由于公司近期下发面向全公司内部招募新分厂经理的通知，员工反应积极，报名应聘者络绎不绝。这次进入最后筛选的三名候选人已经经过了比较严格的考察程序。

1.9.4   仅有你知道的信息

下面这些信息仅仅为你所掌握，其他三个成员并不知道。是否在决策过程中使用这些信息，完全由你自己决定。

（1）作为研发部推荐的人选，陈茵和你共事多年，此人最大的特点在于善于协调和处理员工间的关系纠纷，具有较强的公关能力和外事活动经验。

（2）陈茵在担任研发部副经理期间，下属对其的评价为：善于倾听和沟通，富有亲和力和感召力。

（3）通过与陈茵的共事，你发现她比较明显的缺点在于有时决策不够果断，易受外界因素干扰。

（4）陈茵的专业技术水平较高，但是在生产管理方面的经验稍欠缺。

1.9.5 结束讨论后你需要做的

以下是你对你们小组经过集体商讨后所获得的最终结果的一个意见评价，你认为你对这个结果的接受程度如何？

非常接受□   接受□   既不接受也不反对□

不接受□   非常不接受□

1.9.6 问卷

讨论结束后，你还需要填写一份和本次讨论有关的问卷（附录3），谢谢你的合作。

1.10 研发部经理（有决策程序指导）

究竟应该让谁上任？
—— 某IT企业的一次人员选拔决策

你好，欢迎你参与本次管理决策情境模拟。在接下来的30分钟内，你将和其他三位成员一起参与一项模拟实际企业管理问题解决的情境练习，所模拟的情境为一家国内大型IT企业的高层管理团队如何解决一项与人力资源有关的决策问题。这个决策模拟要求你们四个人组成该企业的高层管理团队，一起商讨该公司的一项重大决定，并提交最终的决策方案。

因研究需要，你们的讨论过程将被全程拍摄，所获的拍摄资料以及你们提交的最终决策报告和个人问卷都将严格保密，且仅供研究分析之用，不会涉及任何有关你们个人方面的评价问题。

你们一定有过在一个小组或者群体中共同就一项问题进行商讨和合作的经历，本次讨论和你们以前的这些经历并无差别。所以，请尽可能地放松参与。在整个讨论过程中，如有任何问题，请随时询问项目负责人。

下面是这次情境模拟中有关你的角色和任务的详细资料，请花 5 分钟左右快速阅读完，然后开始你们的小组讨论。小组讨论的时间请你控制好，不要超过 25 分钟。

研发部经理

1.10.1　你的角色

你在这个模拟的高层管理团队中所扮演的角色为公司的研发部经理。其他三个角色分别是公司常务副总裁、人力资源部经理和制造部经理。常务副总裁是你的上司，其他两人和你平级。

请注意，尽管你本人对一个企业的研发部经理应该具有哪些职能和如何行使这些职能有着自己的看法和理解，但在本次模拟讨论中，请你暂时抛开这些看法，不要被你自己的理解所限制。在讨论中，请尽可能地自由发挥，只要你觉得你的决策对你们所代表的公司有利即可。

1.10.2　你们公司的情况和你们的决策任务

你们公司是一家国内大型 IT 设备研发和制造企业，近几年由于实施了一系列专业化发展战略，同时在技术研发以及人才引进方面措施得力，使公司在面临整个 IT 行业竞争激烈、原材料价格上涨的不利情况下，依然取得了稳步的业绩增长。在 2003 财政年度，公司的销售额比上一年增加 30%，净利润比上一年增加 15%，市场份额已由 2002 年的 15%增至 20%。而与你们公司同处行业领头地位的 A 公司，却在同期因经营不善，出现了业务缩减现象。销售额比上一年减少 20%，净利润比上一年减少 40%，市场份额已由 2002 年的 25%降至 2003 年的 18%。在这种情况下，你们公司希望在 2004 年度，利用目前所处的有利形势，进一步扩大市场份额，稳固行业地位。经过周密的市场分析和调研，公司决定在西南地区新建一个分厂。

现在董事会决定为该分厂派遣一位经理，根据公司一贯的做法，该经理必须从总公司内部招募。通过公司前期进行的内部公开竞争选拔，现有 3 名候选人进入最后的筛选名单（见附表 1-14），由你们四位高层经理组成的招聘委员会必须按照所掌握的这 3 名候选人的所有信息进行综合评价，从中选择一位，并提交给公司董事会进行最终决定。

附表 1-14　候选人名单

姓名	性别	年龄	任期	学历	技术职称	现任职务
王刚	男	34	5	MBA	会计师	CEO 助理
刘明	男	45	15	本科	高级工程师	制造部副经理
陈茵	女	38	8	硕士	工程师	研发部副经理

1.10.3　一种决策辅助程序——MAU

人们在实际的群体决策过程中，经常应用一些辅助程序来帮助群体更好地分析问题，集结不同成员的观点和态度，并最终促成群体内的沟通和一致性的形成。这样的程序有很多，最典型的一种程序常称为"多属性效用模型"（Multi-Attribute Utility）。

在本次讨论中，要求你们在讨论过程中，应用上面提到的这种程序来帮助你们更好地对候选人进行评价。

这种决策辅助程序的基本思路和步骤如下（以附表 1-15 为例）：

（1）首先，为每个需要进行评价的属性（或者特征）按照重要性程度进行权重分配，例如，表 2 中，你认为"A"属性最重要，可以给 0.5 的权重，"B"属性其次，可以给 0.3 的权重，"C"最不重要，给 0.2 的权重，等等。这个权重值的分配完全由主观确定。

（2）其次，对各个备选方案在特定属性中的价值进行评判打分。例如，在"A"属性中，方案 1 的价值最大，给满分 5 分（这里采用 5 分制，当然你也可以采用 100 分制），方案 3 价值最小，给 1 分，等等。

（3）最后，将每个备选方案在各个属性下获得的分数乘以相应的权重，然后加总，就是对该方案的一个综合评价得分。例如，附表 1-15 中最后"总分"一栏所示（方案 1 的得分最高）。

请注意，这种程序仅仅是一个辅助工具，通过它，你们可以首先对表中所提供的各候选人信息进行一个综合的量化评价，但这个评价

附表 1-15　MAU 举例

方案	属性	A	B	C	总分
	权重	0.5	0.3	0.2	
1		5	2	4	$5 \times 0.5 + 2 \times 0.3 + 4 \times 0.2 = 3.9$
2	价值	3	4	5	$3 \times 0.5 + 4 \times 0.3 + 5 \times 0.2 = 3.7$
3		1	5	2	$1 \times 0.5 + 5 \times 0.3 + 2 \times 0.2 = 2.4$

结果并不一定是你们的最终确定结果，你们可能还需要结合表中之外每个成员所掌握的信息来进行进一步的评定。

1.10.4　一些和你们的决策有关的信息

下面是一些你们四个人都知道的信息，请根据需要在讨论中使用这些信息。

（1）你们公司这几年的飞速发展，主要得益于一系列专业化发展战略的实施，以及对技术及研发的重视和投入。公司现在面临的最大问题就是如何通过增加产量、提高质量来保持这种快速发展势头，继续扩大市场占有率。

（2）你们公司是一家典型的民营股份制企业，公司的员工大多为这两年通过人才市场和猎头公司招募而来。但目前高层经理主要还是通过内部提升的方式产生。

（3）你们拟在西南地区所建的这个分厂将是总公司之外第一个外设的生产机构。建成后，将负责整个西部地区的产品和市场供应。主要以生产为主，研发依然由总公司负责。

（4）由于公司近期下发面向全公司内部招募新分厂经理的通知，员工反应积极，报名应聘者络绎不绝。这次进入最后筛选的三名候选人已经经过了比较严格的考察程序。

1.10.5　仅有你知道的信息

下面这些信息仅仅为你所掌握，其他三个成员并不知道。是否在决策过程中使用这些信息，完全由你自己决定。

（1）作为研发部推荐的人选，陈茵和你共事多年，此人最大的特点在于善于协调和处理员工间的关系纠纷，具有较强的公关能力和外事活动经验。

（2）陈茵在担任研发部副经理期间，下属对其的评价为：善于倾听和沟通，富有亲和力和感召力。

（3）通过与陈茵的共事，你发现她比较明显的缺点在于有时决策不够果断，易受外界因素干扰。

（4）陈茵的专业技术水平较高，但是在生产管理方面的经验稍欠缺。

1.10.6　结束讨论后你需要做的

以下是你对你们小组经过集体商讨后所获得的最终结果的一个意见评价，你认为你对这个结果的接受程度如何？

非常接受□　　　　接受□　　　　既不接受也不反对□

不接受□　　　　非常不接受□

1.10.7　问卷

讨论结束后，你还需要填写一份和本次讨论有关的问卷（附录3），谢谢你的合作。

附录 2 实验指导书——裁员决策任务

2.1 参与型常务副总裁（无决策程序指导）

究竟应该让谁失业?

——某 IT 企业的一次裁员决策

你好，欢迎你参与本次管理决策情境模拟。在接下来的 30 分钟内，你将和其他三位成员一起参与一项模拟实际企业管理问题解决的情境练习，所模拟的情境为一家国内大型 IT 企业的高层管理团队如何解决一项与人力资源有关的决策问题。这个决策模拟要求你们四个人组成该企业的高层管理团队，一起商讨该公司的一项重大决定，并提交最终的决策方案。

因研究需要，你们的决策过程将被全程拍摄，所获得的拍摄资料以及你们提交的最终决策报告和个人问卷都将严格保密，且仅供研究分析之用，不会涉及任何有关你们个人方面的评价问题。

你们一定有过在一个小组或者群体中共同就一项问题进行商讨和合作的经历，本次模拟会议和你们以前的这些经历并无差别。所以，请尽可能地放松参与。在整个会议过程中，如有任何问题，请随时询问项目负责人。

下面是这次情境模拟中有关你的角色和任务的详细资料，请花 5 分钟左右时间快速阅读完，然后开始你们的小组会议。讨论的时间请你控制好，不要超过 25 分钟。

常务副总裁（参与型）

2.1.1　你的角色

你在这个模拟的高层管理团队中所扮演的角色为公司的常务副总裁，也就是这个四人团队中的权力最高者。其他三个角色分别是人力资源部经理、制造部经理和研发部经理，他们都是你的下属，直接受你的领导。

请注意，尽管你本人对一个企业的领导应该如何有效地管理下属和指挥决策有着自己的看法和理解，但在本次模拟会议中，请你暂时抛开这些看法，不要被你自己的理解所限制，而是严格按照本指导书中所要求的去做。

2.1.2　你们公司的情况和你们的决策任务

你们公司是一家国内大型 IT 设备研发和制造企业，一直是该行业内处于领先地位的几家企业之一。近几年由于整个 IT 行业的激烈竞争和市场的相对饱和，以及国际市场原材料价格的不断上涨，公司面临着比较严重的业务缩减。在 2003 财政年度，公司的销售额比上一年减少 20%，净利润比上一年减少 40%，市场份额已由 2002 年的 25%降至 2003 年的 18%。而与你们公司同处行业领先地位的 B 公司，却在同期实现了利润增长 10%，市场份额提高 5%。已经有赶超你们公司的趋势。在这种情况下，你们公司不得不考虑在 2004 财政年度通过各种措施来降低成本，提高经营效率。这其中的一个主要措施为精简富余人员。

制造部和研发部是你们公司较大的两个部门，因为持续减产，制造部已经有两条成品组装生产线闲置，出现了部分技术人员富余，研发部也因为部分业务的重组而需要精简一些人员。所以，公司董事会决定先从制造部和研发部中开始裁员。通过你和公司其他三位高层经理（分别是公司常务副总裁、制造部经理和研发部经理）的协商和沟通，现有 6 名候选人进入最后的筛选名单（见附表 2-1），由你们组成的裁员委员会将按照所掌握的这 6 名候选人的所有信息进行综合评价，从最先到最后列出一份裁员顺序名单，并提交公司董事会进行最终决定。

附表 2-1 裁员候选人名单

姓名	性别	年龄	部门	任期（年）	技术水平	工资（元）	家庭情况
王刚	男	32	研发	10	一般	2500	已婚，无孩子
刘浩	男	33	制造	7	一般	2000	供养妻子和一个孩子
陈茵	女	40	制造	8	差	1900	丈夫去世，供养两个孩子
赵强	男	30	研发	2	优秀	2200	未婚
苏文	女	37	研发	9	好	2700	丈夫有工作，供养一个孩子
梁华	男	50	制造	12	好	2800	妻子去世，有一个已成家的孩子

2.1.3 一些你们四个人都知道的决策相关信息

下面的信息你们四个人的材料上都有，请根据需要在讨论中使用。

（1）你们公司前几年的飞速发展，主要得益于市场需求的急剧膨胀。但随着竞争对手的增多，市场需求的多样化，原有的产品结构和市场开发战略已经逐渐不能适应变化的市场需求。公司亟须在不断提高产品质量的同时，加强新产品的开发和新市场的拓展。

（2）你们公司是在原来一家中型国有企业的基础上，通过合资的方式成立的。公司的员工大多还是原来国有企业中的雇员。现有员工中普遍存在着年龄偏大，技术水平偏低的现象。

（3）竞争对手 B 公司是一家民营股份制企业，虽然建立时间不长，但是这两年的发展速度飞快。与你们公司相比，B 公司的优势主要在于员工相对精简，整体技术水平较高。

（4）公司员工对此次裁员决定反应不一，通过调查，大多数员工都担心这次裁员决定是否能够真正清理一些不合格的人员，达到最初裁员的目的。

2.1.4 你在讨论过程中应该如何做（注意，请仔细阅读并重点理解这一部分内容）

你所扮演的常务副总裁是一位比较民主的领导，或者称之为"参与型领导"。这种类型的领导有如下一些特点：

（1）在决策过程中，在其下属们没有就决策问题表达他们的观点和意见之前，不会首先发表自己的看法和意见。

（2）在决策一开始，就鼓励所有的成员充分发表自己的看法和意见，并轻易不对这些看法和意见进行评价。

（3）强调讨论过程一定要多沟通，充分交换彼此所知的信息，并反复强调通过集体努力获得高质量的决策。

所以，在整个小组讨论中，请你也按照上面所描述的参与型领导的行为特点行事。请记住，你作为一个参与型领导，主要任务就是如何让其他成员有更多的机会表达他们自己，并且能够更好地相互交流，让大家有强烈的参与感。至于你自己是否能够表达自己的观点，并不重要。建议你按照下面的指导去做。

首先，在讨论一开始，在其他人没有发言之前，请你先不要发表自己的看法，而是请其他成员先就如何评价候选人提出他们自己的看法。例如，你的开场白可以这样讲："今天的任务有些难度，时间也有限，我想先听听各位对这个问题怎么看，你们觉得应该用什么标准来进行评判？"当然，你也可以按照自己的理解自由发挥进行开场。

其次，请你轻易不要对其他成员的看法进行评价，但你可以多讲一些赞许和鼓励的话语，诸如，"××，你讲得很好，下面再听听×××的看法"。另外，你要不时地鼓励成员之间充分交换彼此所掌握的信息。例如，你可以说："请大家把自己知道的信息尽量讲出来，这样我们可以更好地对候选人进行评价"，等等。

最后，在你认为大家都已发表完自己的看法，并且相互之间充分沟通之后，再提出自己的看法。我们事前为你准备了一个参考方案，这个方案主要是以员工的技术水平和年龄两个标准为主来进行筛选。这样做一方面是因为这两个因素是企业在选拔或者解雇员工时一般比较注重的因素，另一方面可以简化问题难度，尽快做出判断。这个参考方案的产生过程如下：①选择评判因素为技术水平和年龄，其他因素暂不考虑。②为这两个因素按重要性赋权，技术水平相对重要，给0.6的权重，年龄的权重则为0.4。然后是打分，打分时技术水平按4分制，年龄按6分制，技术水平最低的给1分，年龄最大的给1分，两个标准均按1分递增。将权重和对应分值相乘后加起来，就是每个人的一个分数。最后将六个人的分数按照高低进行排序，就是最后的方案。整个过程见附表2-2：

附表 2-2 参与型常务副总裁无决策程序指导情景下的候选人 MAU 排序

候选人	技术水平 （权重 0.6）		年龄 （权重 0.4）		得分	排序
王刚	一般	2	32	5	$0.6 \times 2 + 0.4 \times 5 = 3.2$	5
刘浩	一般	2	33	4	$0.6 \times 2 + 0.4 \times 4 = 2.8$	3
陈茵	差	1	40	2	$0.6 \times 1 + 0.4 \times 2 = 1.4$	1
赵强	优秀	4	30	6	$0.6 \times 4 + 0.4 \times 6 = 4.8$	6
苏文	好	3	37	3	$0.6 \times 3 + 0.4 \times 3 = 3.0$	4
梁华	好	3	50	1	$0.6 \times 3 + 0.4 \times 1 = 2.2$	2

按照上面的简单评判过程，最后的裁员顺序 （从最先到最后） 应该为

陈茵 （技术水平差，年龄 40）

梁华 （技术水平好，年龄 50）

刘浩 （技术水平一般，年龄 33）

苏文 （技术水平好，年龄 37）

王刚 （技术水平一般，年龄 32）

赵强 （技术水平优秀，年龄 30）

请注意：这个方案仅仅是一个参考，你也不一定非得将这个方案产生的详细过程告诉大家，仅仅作为你个人的参考意见讲出来即可。其他人肯定会对你的这个看法提出很多不同意见，请尊重他们的反对意见，并轻易不要反驳，而是请他们继续提出自己认为更好的看法，并一起继续商讨直到定出最后大家都比较认可的方案为止。也许最终方案并不符合你的看法，但这并不重要，重要的是大家通过相互沟通交流能够获得充分的参与感和满意感就行了。

2.1.5 你们的最终选择

经过集体讨论，你们最终必须提交一个裁员排序名单，请填写在下面的横线上：

最先被裁员的人是 _____

_____

_____

_____

_____

最后被裁员的人是 _____

另外，你本人觉得其他成员对你在整个会议中的看法和表现的接受程度如何？

非常接受□　　　　接受□　　　　　既不接受也不反对□

不接受□　　　　非常不接受□

讨论结束后，你还需要填写一份和本次讨论有关的问卷（附录3），谢谢你的配合。

2.2　参与型常务副总裁（有决策程序指导）

究竟应该让谁失业？
——某 IT 企业的一次裁员决策

你好，欢迎你参与本次管理决策情境模拟。在接下来的 30 分钟内，你将和其他三位成员一起参与一项模拟实际企业管理问题解决的情境练习，所模拟的情境为一家国内大型 IT 企业的高层管理团队如何解决一项与人力资源有关的决策问题。这个决策模拟要求你们四个人组成该企业的高层管理团队，一起商讨该公司的一项重大决定，并提交最终的决策方案。

因研究需要，你们的决策过程将被全程拍摄，所获得的拍摄资料以及你们提交的最终决策报告和个人问卷都将严格保密，且仅供研究分析之用，不会涉及任何有关你们个人方面的评价问题。

你们一定有过在一个小组或者群体中共同就一项问题进行商讨和合作的经历，本次模拟会议和你们以前的这些经历并无差别。所以，请尽可能地放松参与。在整个会议过程中，如有任何问题，请随时询问项目负责人。

下面是这次情境模拟中有关你的角色和任务的详细资料，请花 5 分钟左右时间快速阅读完，然后开始你们的小组会议。讨论的时间请你控制好，不要超过 25 分钟。

常务副总裁（参与型）

2.2.1　你的角色

你在这个模拟的高层管理团队中所扮演的角色为公司的常务副总裁，也就是这个四人团队中的权力最高者。其他三个角色分别是人力资源部经理、制造部经理和研发部经理，他们都是你的下属，直接受你的领导。

请注意，尽管你本人对一个企业的领导应该如何有效地管理下属和指挥决策有着自己的看法和理解，但在本次模拟会议中，请你暂时抛开这些看法，不要被你自己的理解所限制，而是严格按照本指导书中所要求的去做。

2.2.2　你们公司的情况和你们的决策任务

你们公司是一家国内大型 IT 设备研发和制造企业，一直是该行业内处于领先地位的几家企业之一。近几年由于整个 IT 行业的激烈竞争和市场的相对饱和，以及国际市场原材料价格的不断上涨，公司面临着比较严重的业务缩减。在 2003 财政年度，公司的销售额比上一年减少 20%，净利润比上一年减少 40%，市场份额已由 2002 年的 25%降至 2003 年的 18%。而与你们公司同处行业领先地位的 B 公司，却在同期实现了利润增长 10%，市场份额提高 5%。已经有赶超你们公司的趋势。在这种情况下，你们公司不得不考虑在 2004 财政年度通过各种措施来降低成本，提高经营效率。这其中的一个主要措施为精简富余人员。

制造部和研发部是你们公司较大的两个部门，因为持续减产，制造部已经有两条成品组装生产线闲置，出现了部分技术人员富余，研发部也因为部分业务的重组而需要精简一些人员。所以，公司董事会决定先从制造部和研发部中开始裁员。通过你和公司其他三位高层经理（分别是公司常务副总裁、制造部经理和研发部经理）的协商和沟通，现有 6 名候选人进入最后的筛选名单（见附表 2-3），由你们组成的裁员委员会将按照所掌握的这 6 名候选人的所有信息进行综合评价，从最先到最后列出一份裁员顺序名单，并提交公司董事会进行最终决定。

附表 2-3　裁员候选人名单

姓名	性别	年龄	部门	任期（年）	技术水平	工资（元）	家庭情况
王刚	男	32	研发	10	一般	2500	已婚，无孩子
刘浩	男	33	制造	7	一般	2000	供养妻子和一个孩子
陈茵	女	40	制造	8	差	1900	丈夫去世，供养两个孩子
赵强	男	30	研发	2	优秀	2200	未婚
苏文	女	37	研发	9	好	2700	丈夫有工作，供养一个孩子
梁华	男	50	制造	12	好	2800	妻子去世，有一个已成家的孩子

2.2.3　一些你们四个人都知道的决策相关信息

下面的信息你们四个人的材料上都有，请根据需要在讨论中使用。

（1）你们公司前几年的飞速发展，主要得益于市场需求的急剧膨胀。但随着竞争对手的增多，市场需求的多样化，原有的产品结构和市场开发战略已经逐渐不能适应变化的市场需求。公司亟须在不断提高产品质量的同时，加强新产品的开发和新市场的拓展。

（2）你们公司是在原来一家中型国有企业的基础上，通过合资的方式成立的。公司的员工大多还是原来国有企业中的雇员。现有员工中普遍存在着年龄偏大，技术水平偏低的现象。

（3）竞争对手 B 公司是一家民营股份制企业，虽然建立时间不长，但是这两年的发展速度飞快。与你们公司相比，B 公司的优势主要在于员工相对精简，整体技术水平较高。

（4）公司员工对此次裁员决定反应不一，通过调查，大多数员工都担心这次裁员决定是否能够真正清理一些不合格的人员，达到最初裁员的目的。

2.2.4　决策辅助程序简介

人们在实际的群体决策过程中，经常应用一些辅助程序来帮助群体更好地分析问题，集结不同成员的观点和态度，并最终促成群体内的沟通和一致性的形成。这样的程序有很多，最典型的一种程序常称为"多属性效用模型"（Multi-attribute Utility）。

在本次讨论中，你们必须在讨论过程中，应用上面提到的这种程序来帮助你们更好地对候选人进行评价。这种决策辅助程序的基本思路和步骤如下（以附表 2-4 为例）：

（1）首先，为每个需要进行评价的属性按照重要性程度进行权重分配。例如，附表 2-4 中，你认为"A"属性最重要，可以给 0.5 的权重，"B"属性其次，可以给 0.3 的权重，"C"最不重要，给 0.2 的权重，等等。这个权重值的分配完全由主观确定。

（2）其次，对各个备选方案在特定属性中的价值进行评判打分。例如，在"A"属性中，方案 1 的价值最大，给满分 5 分（这里采用 5 分制，当然你也可以采用任意分制，只要能区别出等级即可），方案 3 价值最小，给 1 分，等等。

（3）最后，将每个备选方案在各个属性下获得的分数乘以相应的权重，然后加总，就是对该方案的一个综合评价得分。例如，附表 2-4 中最后"总分"一栏所示（方案 1 的得分最高）。

附表 2-4 MAU 举例

方案	属性	A	B	C	总分
	权重	0.5	0.3	0.2	
1	价值	5	2	4	$5 \times 0.5 + 2 \times 0.3 + 4 \times 0.2 = 3.9$
2		3	4	5	$3 \times 0.5 + 4 \times 0.3 + 5 \times 0.2 = 3.7$
3		1	5	2	$1 \times 0.5 + 5 \times 0.3 + 2 \times 0.2 = 2.4$

请注意，这种程序仅仅是一个辅助工具，通过它，你们可以首先对表中所提供的各候选人信息进行一个综合的量化评价，但这个评价结果并不一定是你们的最终确定结果，你们可能还需要结合表中之外每个成员所掌握的信息来进行进一步的评定。

2.2.5 你在讨论过程中应该如何做（注意，请仔细阅读并重点理解这一部分内容）

你所扮演的常务副总裁是一位比较民主的领导，或者称之为"参与型领导"。这种类型的领导有如下一些特点：

（1）在决策过程中，在其下属们没有就决策问题表达他们的观点和意见之前，不会首先发表自己的看法和意见。

（2）在决策一开始，就鼓励所有的成员充分发表自己的看法和意见，并轻易不对这些看法和意见进行评价。

（3）强调讨论过程一定要多沟通，充分交换彼此所知的信息，并反复强调通过集体努力获得高质量的决策。

所以，在整个小组讨论中，请你也按照上面所描述的参与型领导的行为特点行事。请记住，你作为一个参与型领导，主要任务就是如何让其他成员有更多的机会表达他们自己，并且能够更好地相互交流，让大家有强烈的参与感。至于你自己是否能够表达自己的观点，并不重要。建议你按照下面的指导去做。

首先，在讨论一开始，在其他人没有发言之前，请你先不要发表自己的看法，而是请其他成员先就如何评价候选人提出他们自己的看法。例如，你的开场白可以这样讲："今天的任务有些难度，时间也有限，我想先听听各位对这个问题怎么看，你们觉得应该用什么标准来进行评判？"当然，你也可以按照自己的理解自由发挥进行开场。

其次，请你轻易不要对其他成员的看法进行评价，但你可以多讲一些赞许和鼓励的话语，诸如，"××，你讲得很好，下面再听听×××的看法"。另外，你要不时地鼓励成员之间充分交换彼此所掌握的信息。例如，你可以说："请大家把自己知道的信息尽量讲出来，这样我们可以更好地对候选人进行评价"，等等。

最后，在你认为大家都已发表完自己的看法，并且相互之间充分沟通之后，再提出自己的看法。我们事前为你准备了一个应用"多属性效用模型"得出的参考方案，这个方案是以员工的技术水平和年龄两个属性来进行筛选，而暂不考虑其他属性。这样做一方面是因为这两个因素是企业在选拔或者解雇员工时一般比较注重的因素，另外一方面可以简化问题难度，尽快做出判断。这个参考方案的产生过程如下：①为这两个因素按重要性赋权，技术水平相对重要，给 0.6 的权重，年龄的权重则为 0.4。②打分，打分时技术水平按 4 分制，年龄按 6 分制，技术水平最低的给 1 分，年龄最大的给 1 分，两个标准均按 1 分递增。然后将权重和对应分值相乘后加起来，就是每个人的一个分数。最后将六个人的分数按照高低进行排序，就是最后的方案。整个过程见附表 2-5：

附表 2-5　参与型常务副总裁有决策程序指导情景下的候选人 MAU 排序

候选人	技术水平（权重 0.6）		年龄（权重 0.4）		得分	排序
王刚	一般	2	32	5	$0.6 \times 2 + 0.4 \times 5 = 3.2$	5
刘浩	一般	2	33	4	$0.6 \times 2 + 0.4 \times 4 = 2.8$	3
陈茵	差	1	40	2	$0.6 \times 1 + 0.4 \times 2 = 1.4$	1
赵强	优秀	4	30	6	$0.6 \times 4 + 0.4 \times 6 = 4.8$	6
苏文	好	3	37	3	$0.6 \times 3 + 0.4 \times 3 = 3.0$	4
梁华	好	3	50	1	$0.6 \times 3 + 0.4 \times 1 = 2.2$	2

按照上面的简单评判过程，最后的裁员顺序（从最先到最后）应该为

陈茵（技术水平差，年龄 40）

梁华（技术水平好，年龄 50）

刘浩（技术水平一般，年龄 33）

苏文（技术水平好，年龄 37）

王刚（技术水平一般，年龄 32）

赵强（技术水平优秀，年龄 30）

请注意：在提出你的看法后，其他成员肯定会针对你的看法提出很多不同意见，请尊重他们的反对意见，并轻易不要反驳，而是请他们提出自己认为的更好的看法，并一起继续商讨直到定出最后大家都比较认可的方案为止。也许最终方案并不符合你的看法，但这并不重要，重要的是大家通过相互沟通交流能够获得充分的参与感和满意感就行了。

2.2.6　你们的最终选择

经过集体讨论，你们最终必须提交一个裁员排序名单，请填写在下面的横线上：

最先被裁员的人是＿＿＿＿＿＿＿＿＿＿

＿＿＿＿＿＿＿＿＿＿

＿＿＿＿＿＿＿＿＿＿

＿＿＿＿＿＿＿＿＿＿

＿＿＿＿＿＿＿＿＿＿

最后被裁员的人是＿＿＿＿＿＿＿＿＿＿

另外，你本人觉得其他成员对你在整个会议中的看法和表现的接受程度如何？

非常接受□　　　　接受□　　　　　既不接受也不反对□

不接受□　　　　非常不接受□

讨论结束后，你还需要填写一份和本次讨论有关的问卷（附录3），谢谢你的配合。

2.3　命令型常务副总裁（无决策程序指导）

究竟应该让谁失业?
——某 IT 企业的一次裁员决策

你好，欢迎你参与本次管理决策情境模拟。在接下来的约 30 分钟内，你将和其他三位成员一起参与一项模拟实际企业管理问题解决的情境练习，所模拟的情境为一家国内大型 IT 企业的高层管理团队如何解决一项与人力资源有关的决策问题。这个决策模拟要求你们四个人组成该企业的高层管理团队，一起商讨该公司的一项重大决定，并提交最终的决策方案。

因研究需要，你们的决策过程将被全程拍摄，所获得的拍摄资料以及你们提交的最终决策报告和个人问卷都将严格保密，且仅供研究分析之用，不会涉及任何有关你们个人方面的评价问题。

你们一定有过在一个小组或者群体中共同就一项问题进行商讨和合作的经历，本次模拟会议和你们以前的这些经历并无差别。所以，请尽可能地放松参与。在整个会议过程中，如有任何问题，请随时询问项目负责人。

下面是这次情境模拟中有关你的角色和任务的详细资料，请花 5 分钟左右时间快速阅读完，然后开始你们的小组会议。讨论的时间请你控制好，不要超过 30 分钟。

常务副总裁（命令型）

2.3.1 你的角色

你在这个模拟的高层管理团队中所扮演的角色为公司的常务副总裁，也就是这个四人团队中的权力最高者。其他三个角色分别是人力资源部经理、制造部经理和研发部经理，他们都是你的下属，直接受你的领导。

请注意，尽管你本人对一个企业的领导应该如何有效地管理下属和指挥决策有着自己的看法和理解，但在本次模拟讨论中，请你暂时抛开这些看法，不要被你自己的理解所限制，而是严格按照本指导书中所要求的去做。

2.3.2 你们公司的情况和你们的决策任务

你们公司是一家国内大型 IT 设备研发和制造企业，一直是该行业内处于领先地位的几家企业之一。近几年由于整个 IT 行业的激烈竞争和市场的相对饱和，以及国际市场原材料价格的不断上涨，公司面临着比较严重的业务缩减。在 2003 财政年度，公司的销售额比上一年减少 20%，净利润比上一年减少 40%，市场份额已由 2002 年的 25%降至 2003 年的 18%。而与你们公司同处行业领先地位的 B 公司，却在同期实现了利润增长 10%，市场份额提高 5%。已经有赶超你们公司的趋势。在这种情况下，你们公司不得不考虑在 2004 财政年度通过各种措施来降低成本，提高经营效率。这其中的一个主要措施为精简富余人员。

制造部和研发部是你们公司较大的两个部门，因为持续减产，制造部已经有两条成品组装生产线闲置，出现了部分技术人员富余，研发部也因为部分业务的重组而需要精简一些人员。所以，公司董事会决定先从制造部和研发部中开始裁员。通过你和公司其他三位高层经理（分别是公司常务副总裁、制造部经理和研发部经理）的协商和沟通，现有 6 名候选人进入最后的筛选名单（见附表 2-6），由你们组成的裁员委员会将按照所掌握的这 6 名候选人的所有信息进行综合评价，从最先到最后列出一份裁员顺序名单，并提交公司董事会进行最终决定。

附表 2-6　裁员候选人名单

姓名	性别	年龄	部门	任期（年）	技术水平	工资（元）	家庭情况
王刚	男	32	研发	10	一般	2500	已婚，无孩子
刘浩	男	33	制造	7	一般	2000	供养妻子和一个孩子
陈茵	女	40	制造	8	差	1900	丈夫去世，供养两个孩子
赵强	男	30	研发	2	优秀	2200	未婚
苏文	女	37	研发	9	好	2700	丈夫有工作，供养一个孩子
梁华	男	50	制造	12	好	2800	妻子去世，有一个已成家的孩子

2.3.3　一些你们四个人都知道的决策相关信息

下面的信息你们四个人的材料上都有，请根据需要在讨论中使用。

（1）你们公司前几年的飞速发展，主要得益于市场需求的急剧膨胀。但随着竞争对手的增多，市场需求的多样化，原有的产品结构和市场开发战略已经逐渐不能适应变化的市场需求。公司亟须在不断提高产品质量的同时，加强新产品的开发和新市场的拓展。

（2）你们公司是在原来一家中型国有企业的基础上，通过合资的方式成立的。公司的员工大多还是原来国有企业中的雇员。现有员工中普遍存在着年龄偏大，技术水平偏低的现象。

（3）竞争对手 B 公司是一家民营股份制企业，虽然建立时间不长，但是这两年的发展速度飞快。与你们公司相比，B 公司的优势主要在于员工相对精简，整体技术水平较高。

（4）公司员工对此次裁员决定反应不一，通过调查，大多数员工都担心这次裁员决定是否能够真正清理一些不合格的人员，达到最初裁员的目的。

2.3.4　你在讨论过程中应该如何做（注意，请仔细阅读并重点理解这一部分内容）

你所扮演的常务副总裁是一位比较独断专行的领导，或者称之为"命令型领导"。这种类型的领导有如下一些特点：

（1）在决策一开始，在其下属们还没有就决策问题表达他们的观点和意见之前，就首先发表自己的看法和意见。

（2）在决策过程中，不鼓励其他成员讨论和自己所提意见相左的其他方案。

（3）在决策过程中，始终强调决策是否能够尽快达成一致，而不在乎决策质量的高低。

所以，在整个小组讨论中，请你也按照上面所描述的命令型领导的行为特点行事。请记住，你作为一个命令型领导，主要任务就是如何让自己的观点和意见被其他成员尽快接受，并且能够尽快按照你自己的想法达成决策一致。至于别人是否能够有机会表达他们自己的观点以及决策结果是否正确，并不重要。建议你按照下面的指导去做。

首先，在讨论一开始，在别的成员还未就选择哪些属性来进行评判发表他们的看法前，就请你首先表明你自己对如何进行决策的看法。例如，你可以这样开场："今天的决策任务难度大，时间紧，我先说说我的看法，我觉得从公司发展角度，裁员时应该将年龄和技术水平作为重点考虑因素……"。在本次讨论中，你的个人意见已经提前帮你设定好，即你认为裁员应该重点考虑技术水平（0.6 的权重）和年龄（权重 0.4）两个因素，技术水平优先考虑，其他的因素可以暂时不予考虑。打分时技术水平按 4 分制，年龄按 6 分制，技术水平最低的给 1分，年龄最大的给 1 分，两个标准均按 1 分递增，得分最少的最先裁掉。按照这个标准打分如附表 2-7：

附表 2-7　命令型常务副总裁无决策程序指导情景下的候选人 MAU 排序

候选人	技术水平（权重0.6）		年龄（权重0.4）		得分	排序
王刚	一般	2	32	5	$0.6 \times 2 + 0.4 \times 5 = 3.2$	5
刘浩	一般	2	33	4	$0.6 \times 2 + 0.4 \times 4 = 2.8$	3
陈茵	差	1	40	2	$0.6 \times 1 + 0.4 \times 2 = 1.4$	1
赵强	优秀	4	30	6	$0.6 \times 4 + 0.4 \times 6 = 4.8$	6
苏文	好	3	37	3	$0.6 \times 3 + 0.4 \times 3 = 3.0$	4
梁华	好	3	50	1	$0.6 \times 3 + 0.4 \times 1 = 2.2$	2

所以你认为合适的裁员排序（从最先到最后）应该为

陈茵（技术水平差，年龄 40）

梁华（技术水平好，年龄 50）

刘浩（技术水平一般，年龄 33）

苏文（技术水平好，年龄 37）

王刚（技术水平一般，年龄 32）

赵强（技术水平优秀，年龄 30）

其次，在你提出你的以上观点后，你要督促大家重点针对你的看法进行讨论，如果其他人认为应该考虑除年龄和技术水平之外的其他因素时，请你马上进行反驳和制止。例如，如有人说还应该考虑家庭情况，你可以反驳说："我觉得公司不是福利院，还是要以公司利益为重"，等等。当然，你可以自由发挥，只要让别人觉得你比较独断就行。

最后，请你督促大家尽快参考你的意见敲定方案，不要浪费过多的时间在无用的争执上。例如，你可以说："咱们的主要任务是列出一个大家都认可的裁员顺序名单，至于这个名单是不是公平、合理，现在还无法准确判断，另外时间有限，所以请大家尽快表决确定"。

2.3.5 你们的最终选择

经过集体讨论，你们最终必须提交一个裁员排序名单，请填写在下面的横线上：

最先被裁员的人是 ＿＿＿＿＿＿＿＿

＿＿＿＿＿＿＿

＿＿＿＿＿＿＿

＿＿＿＿＿＿＿

最后被裁员的人是 ＿＿＿＿＿＿＿＿

另外，会议结束后，你本人觉得其他成员对你在讨论中的看法和表现的接受程度如何？

非常接受□　　　　接受□　　　　既不接受也不反对□

不接受□　　　　非常不接受□

讨论结束后，你还需要填写一份和本次讨论有关的问卷（附录3），谢谢你的配合。

2.4   命令型常务副总裁（有决策程序指导）

究竟应该让谁失业？
——某 IT 企业的一次裁员决策

你好，欢迎你参与本次管理决策情境模拟。在接下来的约 30 分钟内，你将和其他三位成员一起参与一项模拟实际企业管理问题解决的情境练习，所模拟的情境为一家国内大型 IT 企业的高层管理团队如何解决一项与人力资源有关的决策问题。这个决策模拟要求你们四个人组成该企业的高层管理团队，一起商讨该公司的一项重大决定，并提交最终的决策方案。

因研究需要，你们的决策过程将被全程拍摄，所获得的拍摄资料以及你们提交的最终决策报告和个人问卷都将严格保密，且仅供研究分析之用，不会涉及任何有关你们个人方面的评价问题。

你们一定有过在一个小组或者群体中共同就一项问题进行商讨和合作的经历，本次模拟会议和你们以前的这些经历并无差别。所以，请尽可能地放松参与。在整个会议过程中，如有任何问题，请随时询问项目负责人。

下面是这次情境模拟中有关你的角色和任务的详细资料，请花 5 分钟左右时间快速阅读完，然后开始你们的小组会议。讨论的时间请你控制好，不要超过 30 分钟。

常务副总裁（命令型）

2.4.1   你的角色

你在这个模拟的高层管理团队中所扮演的角色为公司的常务副总裁，也就是这个四人团队中的权力最高者。其他三个角色分别是人力资源部经理、制造部经理和研发部经理，他们都是你的下属，直接受你的领导。

请注意，尽管你本人对一个企业的领导应该如何有效地管理下属和指挥决策有着自己的看法和理解，但在本次模拟讨论中，请你暂时抛开这些看法，不要被你自己的理解所限制，而是严格按照本指导书中所要求的去做。

2.4.2 你们公司的情况和你们的决策任务

你们公司是一家国内大型 IT 设备研发和制造企业，一直是该行业内处于领先地位的几家企业之一。近几年由于整个 IT 行业的激烈竞争和市场的相对饱和，以及国际市场原材料价格的不断上涨，公司面临着比较严重的业务缩减。在 2003 财政年度，公司的销售额比上一年减少 20%，净利润比上一年减少 40%，市场份额已由 2002 年的 25%降至 2003 年的 18%。而与你们公司同处行业领先地位的 B 公司，却在同期实现了利润增长 10%，市场份额提高 5%。已经有赶超你们公司的趋势。在这种情况下，你们公司不得不考虑在 2004 财政年度通过各种措施来降低成本，提高经营效率。这其中的一个主要措施为精简富余人员。

制造部和研发部是你们公司较大的两个部门，因为持续减产，制造部已经有两条成品组装生产线闲置，出现了部分技术人员富余，研发部也因为部分业务的重组而需要精简一些人员。所以，公司董事会决定先从制造部和研发部中开始裁员。通过你和公司其他三位高层经理（分别是公司常务副总裁、制造部经理和研发部经理）的协商和沟通，现有 6 名候选人进入最后的筛选名单（见附表 2-8），由你们组成的裁员委员会将按照所掌握的这 6 名候选人的所有信息进行综合评价，从最先到最后列出一份裁员顺序名单，并提交给公司董事会进行最终决定。

附表 2-8 裁员候选人名单

姓名	性别	年龄	部门	任期（年）	技术水平	工资（元）	家庭情况
王刚	男	32	研发	10	一般	2500	已婚，无孩子
刘浩	男	33	制造	7	一般	2000	供养妻子和一个孩子
陈茵	女	40	制造	8	差	1900	丈夫去世，供养两个孩子
赵强	男	30	研发	2	优秀	2200	未婚
苏文	女	37	研发	9	好	2700	丈夫有工作，供养一个孩子
梁华	男	50	制造	12	好	2800	妻子去世，有一个已成家的孩子

2.4.3 一些你们四个人都知道的决策相关信息

下面的信息你们四个人的材料上都有，请根据需要在讨论中使用。

（1）你们公司前几年的飞速发展，主要得益于市场需求的急剧膨胀。但随着竞争对手的增多，市场需求的多样化，原有的产品结构和市场开发战略已经逐渐不能适应变化的市场需求。公司亟须在不断提高产品质量的同时，加强新产品的开发和新市场的拓展。

（2）你们公司是在原来一家中型国有企业的基础上，通过合资的方式成立的。公司的员工大多还是原来国有企业中的雇员。现有员工中普遍存在着年龄偏大，技术水平偏低的现象。

（3）竞争对手 B 公司是一家民营股份制企业，虽然建立时间不长，但是这两年的发展速度飞快。与你们公司相比，B 公司的优势主要在于员工相对精简，整体技术水平较高。

（4）公司员工对此次裁员决定反应不一，通过调查，大多数员工都担心这次裁员决定是否能够真正清理一些不合格的人员，达到最初裁员的目的。

2.4.4 决策辅助程序简介

人们在实际的群体决策过程中，经常应用一些辅助程序来帮助群体更好地分析问题，集结不同成员的观点和态度，并最终促成群体内的沟通和一致性的形成。这样的程序有很多，最典型的一种程序常称为"多属性效用模型"（Multi-attribute Utility）。

在本次讨论中，你们必须在讨论过程中，应用上面提到的这种程序来帮助你们更好地对候选人进行评价。这种决策辅助程序的基本思路和步骤如下（见附表 2-9）：

（1）首先，为每个需要进行评价的属性按照重要性程度进行权重分配，例如，附表 2-9 中，你认为"A"属性最重要，可以给 0.5 的权重，"B"属性其次，可以给 0.3 的权重，"C"最不重要，给 0.2 的权重，等等。这个权重值的分配完全由主观确定。

（2）其次，对各个备选方案在特定属性中的价值进行评判打分。例如，在"A"属性中，方案 1 的价值最大，给满分 5 分（这里采用 5 分制，当然你也可以采用任意分制，只要能区别出等级即可），方案 3

价值最小，给 1 分，等等。

（3）最后，将每个备选方案在各个属性下获得的分数乘以相应的权重，然后加总，就是对该方案的一个综合评价得分。例如，附表 2-9 中最后"总分"一栏所示（方案 1 的得分最高）。

附表 2-9　MAU 举例

方案	属性	A	B	C	总分
	权重	0.5	0.3	0.2	
1		5	2	4	$5 \times 0.5 + 2 \times 0.3 + 4 \times 0.2 = 3.9$
2	价值	3	4	5	$3 \times 0.5 + 4 \times 0.3 + 5 \times 0.2 = 3.7$
3		1	5	2	$1 \times 0.5 + 5 \times 0.3 + 2 \times 0.2 = 2.4$

请注意，这种程序仅仅是一个辅助工具，通过它，你们可以首先对表中所提供的各候选人信息进行一个综合的量化评价，但这个评价结果并不一定是你们的最终确定结果，你们可能还需要结合表中之外每个成员所掌握的信息来进行进一步的评定。

2.4.5　你在讨论过程中应该如何做（注意，请仔细阅读并重点理解这一部分内容）

你所扮演的常务副总裁是一位比较独断专行的领导，或者称之为"命令型领导"。这种类型的领导有如下一些特点：

（1）在决策一开始，在其下属们还没有就决策问题发表他们的观点和意见之前，就首先发表自己的看法和意见。

（2）在决策过程中，不鼓励其他成员讨论和自己所提意见相左的其他方案。

（3）在决策过程中，始终强调决策是否能够尽快达成一致，而不在乎决策质量的高低。

所以，在整个小组讨论中，请你也按照上面所描述的命令型领导的行为特点行事。请记住，你作为一个命令型领导，主要任务就是如何让自己的观点和意见被其他成员尽快接受，并且能够尽快按照你自己的想法达成决策一致。至于别人是否能够有机会表达他们自己的观点以及决策结果是否正确，并不重要。建议你按照下面的指导去做。

首先，在讨论一开始，在别的成员还未就选择哪些属性来进行评判发表他们的看法前，就请你首先表明你自己对如何进行决策的看法。例如，你可以这样开场："今天的决策任务难度大，时间紧，我先说说我的看法，我觉得从公司发展角度，裁员时应该将年龄和技术水平作为重点考虑因素……"。在本次讨论中，你的个人意见已经提前帮你设定好，即你认为裁员应该重点考虑技术水平（0.6 的权重）和年龄（权重 0.4）两个因素，技术水平优先考虑，其他的因素可以暂时不予考虑。打分时技术水平按 4 分制，年龄按 6 分制，技术水平最低的给 1 分，年龄最大的给 1 分，两个标准均按 1 分递增，得分最少的最先裁掉。按照这个标准打分如附表 2–10：

附表 2–10　命令型常务副总裁有决策程序指导情景下的候选人 MAU 排序

候选人	技术水平（权重 0.6）		年龄（权重 0.4）		得分	排序
王刚	一般	2	32	5	$0.6 \times 2 + 0.4 \times 5 = 3.2$	5
刘浩	一般	2	33	4	$0.6 \times 2 + 0.4 \times 4 = 2.8$	3
陈茵	差	1	40	2	$0.6 \times 1 + 0.4 \times 2 = 1.4$	1
赵强	优秀	4	30	6	$0.6 \times 4 + 0.4 \times 6 = 4.8$	6
苏文	好	3	37	3	$0.6 \times 3 + 0.4 \times 3 = 3.0$	4
梁华	好	3	50	1	$0.6 \times 3 + 0.4 \times 1 = 2.2$	2

所以你认为合适的裁员排序（从最先到最后）应该为

陈茵（技术水平差，年龄 40）

梁华（技术水平好，年龄 50）

刘浩（技术水平一般，年龄 33）

苏文（技术水平好，年龄 37）

王刚（技术水平一般，年龄 32）

赵强（技术水平优秀，年龄 30）

其次，在你提出你的以上观点后，你要督促大家重点针对你的看法进行讨论，如果其他人认为应该考虑除年龄和技术水平之外的其他因素时，请你马上进行反驳和制止。例如，如有人说还应该考虑家庭情况，你可以反驳说："我觉得公司不是福利院，还是要以公司利益为重"，等等。当然，你可以自由发挥，只要让别人觉得你比较独断就行。

最后，请你督促大家尽快参考你的意见敲定方案，不要浪费过多的时间在无用的争执上。例如，你可以说，"咱们的主要任务是列出一个大家都认可的裁员顺序名单，至于这个名单是不是公平、合理，现在还无法准确判断，另外时间有限，所以请大家尽快表决确定"。

2.4.6　你们的最终选择

经过集体讨论，你们最终必须提交一个裁员排序名单，填写在下面的横线上：

最先被裁员的人是＿＿＿＿＿＿＿＿＿

　　　　　　　　＿＿＿＿＿＿＿＿＿

　　　　　　　　＿＿＿＿＿＿＿＿＿

　　　　　　　　＿＿＿＿＿＿＿＿＿

最后被裁员的人是＿＿＿＿＿＿＿＿＿

另外，会议结束后，你本人觉得其他成员对你在讨论中的看法和表现的接受程度如何？

非常接受□　　　　　接受□　　　　　既不接受也不反对□

不接受□　　　　　非常不接受□

讨论结束后，你还需要填写一份和本次讨论有关的问卷（附录3），谢谢你的配合。

2.5　人力资源部经理（无决策程序指导）

究竟应该让谁失业?
——某 IT 企业的一次裁员决策

你好，欢迎你参与本次管理决策情境模拟。在接下来的 30 分钟内，你将和其他三位成员一起参与一项模拟实际企业管理问题解决的情境练习，所模拟的情境为一家国内大型 IT 企业的高层管理团队如何解决一项与人力资源有关的决策问题。这个决策模拟要求你们四个人组成该企业的高层管理团队，一起商讨该公司的一项重大决定，并提交最终的决策方案。

因研究需要，你们的决策过程将被全程拍摄，所获得的拍摄资料以及你们提交的最终决策报告和个人问卷都将严格保密，且仅供研究分析之用，不会涉及任何有关你们个人方面的评价问题。

你们一定有过在一个小组或者群体中共同就一项问题进行商讨和合作的经历，本次模拟会议和你们以前的这些经历并无差别。所以，请尽可能地放松参与。在整个会议过程中，如有任何问题，请随时询问项目负责人。

下面是这次情境模拟中有关你的角色和任务的详细资料，请花 5 分钟左右时间快速阅读完，然后开始你们的小组会议。讨论的时间请你控制好，不要超过 25 分钟。

人力资源部经理

2.5.1 你的角色

你在这个模拟的高层管理团队中所扮演的角色为公司的人力资源部经理。其他三个角色分别是公司常务副总裁、制造部经理和研发部经理。常务副总裁是你的上司，其他两人和你平级。

请注意，尽管你本人对一个企业的人力资源部经理应该具有哪些职能和如何行使这些职能有着自己的看法和理解，但在本次模拟讨论中，请你暂时抛开这些看法，不要被你自己的理解所限制。在讨论中，请尽可能地自由发挥，只要你觉得你的决策对你们所代表的公司有利即可。

2.5.2 你们公司的情况和你们的决策任务

你们公司是一家国内大型 IT 设备研发和制造企业，一直是该行业内处于领先地位的几家企业之一。近几年由于整个 IT 行业的激烈竞争和市场的相对饱和，以及国际市场原材料价格的不断上涨，公司面临着比较严重的业务缩减。在 2003 财政年度，公司的销售额比上一年减少 20%，净利润比上一年减少 40%，市场份额已由 2002 年的 25%降至 2003 年的 18%。而与你们公司同处行业领先地位的 B 公司，却在同期实现了利润增长 10%，市场份额提高 5%。已经有赶超你们公司的趋势。在这种情况下，你们公司不得不考虑在 2004 财政年度通过各种措施来降低成本，提高经营效率。这其中的一个主要措施为精简富余人员。

制造部和研发部是你们公司较大的两个部门，因为持续减产，制造部已经有两条成品组装生产线闲置，出现了部分技术人员富余，研发部也因为部分业务的重组而需要精简一些人员。所以，公司董事会决定先从制造部和研发部中开始裁员。通过你和公司其他三位高层经理（分别是公司常务副总裁、制造部经理和研发部经理）的协商和沟通，现有 6 名候选人进入最后的筛选名单（见附表 2-11），由你们组成的裁员委员会将按照所掌握的这 6 名候选人的所有信息进行综合评价，从最先到最后列出一份裁员顺序名单，并提交公司董事会进行最终决定。

附表 2-11　裁员候选人名单

姓名	性别	年龄	部门	任期（年）	技术水平	工资（元）	家庭情况
王刚	男	32	研发	10	一般	2500	已婚，无孩子
刘浩	男	33	制造	7	一般	2000	供养妻子和一个孩子
陈茵	女	40	制造	8	差	1900	丈夫去世，供养两个孩子
赵强	男	30	研发	2	优秀	2200	未婚
苏文	女	37	研发	9	好	2700	丈夫有工作，供养一个孩子
梁华	男	50	制造	12	好	2800	妻子去世，有一个已成家的孩子

2.5.3　一些你们四个人都知道的决策相关信息

下面的信息你们四个人的材料上都有，请根据需要在讨论中使用。

（1）你们公司前几年的飞速发展，主要得益于市场需求的急剧膨胀。但随着竞争对手的增多，市场需求的多样化，原有的产品结构和市场开发战略已经逐渐不能适应变化的市场需求。公司亟须在不断提高产品质量的同时，加强新产品的开发和新市场的拓展。

（2）你们公司是在原来一家中型国有企业的基础上，通过合资的方式成立的。公司的员工大多还是原来国有企业中的雇员。现有员工中普遍存在着年龄偏大，技术水平偏低的现象。

（3）竞争对手 B 公司是一家民营股份制企业，虽然建立时间不长，但是这两年的发展速度飞快。与你们公司相比，B 公司的优势主要在于员工相对精简，整体技术水平较高。

（4）公司员工对此次裁员决定反应不一，通过调查，大多数员工都担心这次裁员决定是否能够真正清理一些不合格的人员，达到最初裁员的目的。

2.5.4 仅有你知道的决策相关信息

下面这些信息仅仅为你所掌握，其他三个成员并不知道。是否在决策过程中使用这些信息，完全由你自己决定。

（1）此次你们公司的裁员计划将分阶段进行，先行裁员六个人，然后根据裁员后的员工反应再进行下一步。如果因裁员不当而出现其他雇员反应激烈，则下一步的计划需要调整。

（2）研发部的人力资源成本要略高于制造部，每裁一个研发部雇员，相当于裁 1.5 个制造部雇员。

（3）通过你们人力资源部内部所掌握的情况，公司的员工内部有明显的帮派关系，一些老员工身边一般都有一批跟随者，比较有影响力。

（4）就你所掌握的情况，公司目前雇员的薪金在行业内仅处在中等水平，大多数员工对自己的报酬不满意。

2.5.5 结束讨论后你需要做的

以下是你对你们小组经过集体商讨后所获得的最终结果的一个意见评价，你认为你对这个结果的接受程度如何？

非常接受□　　　　接受□　　　　既不接受也不反对□

不接受□　　　　非常不接受□

讨论结束后，你还需要填写一份和本次讨论有关的问卷（附录 3），谢谢你的配合。

2.6 人力资源部经理（有决策程序指导）

究竟应该让谁失业？
——某 IT 企业的一次裁员选择

你好，欢迎你参与本次管理决策情境模拟。在接下来的 30 分钟内，你将和其他三位成员一起参与一项模拟实际企业管理问题解决的情境练习，所模拟的情境为一家国内大型 IT 企业的高层管理团队如何解决一项与人力资源有关的决策问题。这个决策模拟要求你们四个人组成该企业的高层管理团队，一起商讨该公司的一项重大决定，并提交最终的决策方案。

因研究需要，你们的决策过程将被全程拍摄，所获得的拍摄资料以及你们提交的最终决策报告和个人问卷都将严格保密，且仅供研究分析之用，不会涉及任何有关你们个人方面的评价问题。

你们一定有过在一个小组或者群体中共同就一项问题进行商讨和合作的经历，本次模拟会议和你们以前的这些经历并无差别。所以，请尽可能地放松参与。在整个会议过程中，如有任何问题，请随时询问项目负责人。

下面是这次情境模拟中有关你的角色和任务的详细资料，请花 5 分钟左右时间快速阅读完，然后开始你们的小组会议。讨论的时间请你控制好，不要超过 30 分钟。

人力资源部经理

2.6.1 你的角色

你在这个模拟的高层管理团队中所扮演的角色为公司的人力资源部经理。其他三个角色分别是公司常务副总裁、制造部经理和研发部经理。常务副总裁是你的上司，其他两人和你平级。

请注意，尽管你本人对一个企业的人力资源部经理应该具有哪些职能和如何行使这些职能有着自己的看法和理解，但在本次模拟讨论中，请你暂时抛开这些看法，不要被你自己的理解所限制。在讨论中，请尽可能地自由发挥，只要你觉得你的决策对你们所代表的公司有利即可。

2.6.2 你们公司的情况和你们的决策任务

你们公司是一家国内大型 IT 设备研发和制造企业，一直是该行业内处于领先地位的几家企业之一。近几年由于整个 IT 行业的激烈竞争和市场的相对饱和，以及国际市场原材料价格的不断上涨，公司面临着比较严重的业务缩减。在 2003 财政年度，公司的销售额比上一年减少 20%，净利润比上一年减少 40%，市场份额已由 2002 年的 25%降至 2003 年的 18%。而与你们公司同处行业领先地位的 B 公司，却在同期实现了利润增长 10%，市场份额提高 5%。已经有赶超你们公司的趋势。在这种情况下，你们公司不得不考虑在 2004 财政年度通过各种措施来降低成本，提高经营效率。这其中的一个主要措施为精简富余人员。

制造部和研发部是你们公司较大的两个部门，因为持续减产，制造部已经有两条成品组装生产线闲置，出现了部分技术人员富余，研发部也因为部分业务的重组而需要精简一些人员。所以，公司董事会决定先从制造部和研发部中开始裁员。通过你和公司其他三位高层经理（分别是公司常务副总裁、制造部经理和研发部经理）的协商和沟通，现有 6 名候选人进入最后的筛选名单（见附表 2-12），由你们组成的裁员委员会将按照所掌握的这 6 名候选人的所有信息进行综合评价，从最先到最后列出一份裁员顺序名单，并提交给公司董事会进行最终决定。

附表 2-12 裁员候选人名单

姓名	性别	年龄	部门	任期（年）	技术水平	工资（元）	家庭情况
王刚	男	32	研发	10	一般	2500	已婚，无孩子
刘浩	男	33	制造	7	一般	2000	供养妻子和一个孩子
陈茵	女	40	制造	8	差	1900	丈夫去世，供养两个孩子
赵强	男	30	研发	2	优秀	2200	未婚
苏文	女	37	研发	9	好	2700	丈夫有工作，供养一个孩子
梁华	男	50	制造	12	好	2800	妻子去世，有一个已成家的孩子

2.6.3 决策辅助程序简介

人们在实际的群体决策过程中，经常应用一些辅助程序来帮助群体更好地分析问题，集结不同成员的观点和态度，并最终促成群体内的沟通和一致性的形成。这样的程序有很多，最典型的一种程序常称为"多属性效用模型"（Multi-attribute Utility）。

在本次讨论中，你们必须在讨论过程中，应用上面提到的这种程序来帮助你们更好地对候选人进行评价。这种决策辅助程序的基本思路和步骤如下（以附表 2-13 为例）：

（1）首先，为每个需要进行评价的属性按照重要性程度进行权重分配，例如，附表 2-13 中，你认为"A"属性最重要，可以给 0.5 的权重，"B"属性其次，可以给 0.3 的权重，"C"最不重要，给 0.2 的权重，等等。这个权重值的分配完全由主观确定。

（2）其次，对各个备选方案在特定属性中的价值进行评判打分。例如，在"A"属性中，方案 1 的价值最大，给满分 5 分（这里采用 5 分制，当然你也可以采用任意分制，只要能区别出等级即可），方案 3 价值最小，给 1 分，等等。

（3）最后，将每个备选方案在各个属性下获得的分数乘以相应的权重，然后加总，就是对该方案的一个综合评价得分。例如，附表 2-13 中最后"总分"一栏所示（方案 1 的得分最高）。

附表 2-13　MAU 举例

方案	属性	A	B	C	总分
	权重	0.5	0.3	0.2	
1		5	2	4	$5 \times 0.5 + 2 \times 0.3 + 4 \times 0.2 = 3.9$
2	价值	3	4	5	$3 \times 0.5 + 4 \times 0.3 + 5 \times 0.2 = 3.7$
3		1	5	2	$1 \times 0.5 + 5 \times 0.3 + 2 \times 0.2 = 2.4$

请注意，这种程序仅仅是一个辅助工具，通过它，你们可以首先对表中所提供的各候选人信息进行一个综合的量化评价，但这个评价结果并不一定是你们的最终确定结果，你们可能还需要结合表中之外每个成员所掌握的信息来进行进一步的评定。

2.6.4 一些你们四个人都知道的决策相关信息

下面是一些你们四个人都知道的信息，请根据需要在讨论中使用。

（1）你们公司前几年的飞速发展，主要得益于市场需求的急剧膨胀。但随着竞争对手的增多，市场需求的多样化，原有的产品结构和市场开发战略已经逐渐不能适应变化的市场需求。公司亟须在不断提高产品质量的同时，加强新产品的开发和新市场的拓展。

（2）你们公司是在原来一家中型国有企业的基础上，通过合资的方式成立的。公司的员工大多还是原来国有企业中的雇员。现有员工中普遍存在着年龄偏大，技术水平偏低的现象。

（3）竞争对手 B 公司是一家民营股份制企业，虽然建立时间不长，但是这两年的发展速度飞快。与你们公司相比，B 公司的优势主要在于员工相对精简，整体技术水平较高。

（4）公司员工对此次裁员决定反应不一，通过调查，大多数员工都担心这次裁员决定是否能够真正清理一些不合格的人员，达到最初裁员的目的。

2.6.5 仅有你知道的信息

下面这些信息仅仅为你所掌握，其他三个成员并不知道。是否在决策过程中使用这些信息，完全由你自己决定。

（1）此次你们公司的裁员计划将分阶段进行，先行裁员六个人，然后根据裁员后的员工反应再进行下一步。如果因裁员不当而出现其他雇员反应激烈，则下一步的计划需要调整。

（2）研发部的人力资源成本要略高于制造部，每裁一个研发部雇员，相当于裁 1.5 个制造部雇员。

（3）通过你们人力资源部内部所掌握的情况，公司的员工内部有明显的帮派关系，一些老员工身边一般都有一批跟随者，比较有影响力。

（4）就你所掌握的情况，公司目前雇员的薪金在行业内仅处在中等水平，大多数员工对自己的报酬不满意。

2.6.6 结束讨论后你需要做的

以下是你对你们小组经过集体商讨后所获得的最终结果的一个意

见评价，你认为你对这个结果的接受程度如何？

非常接受□　　　　接受□　　　　　既不接受也不反对□

不接受□　　　　非常不接受□

讨论结束后，你还需要填写一份和本次讨论有关的问卷（附录3)，谢谢你的配合。

2.7　制造部经理（无决策程序指导）

究竟应该让谁失业?

——某 IT 企业的一次裁员决策

你好，欢迎你参与本次管理决策情境模拟。在接下来的 30 分钟内，你将和其他三位成员一起参与一项模拟实际企业管理问题解决的情境练习，所模拟的情境为一家国内大型 IT 企业的高层管理团队如何解决一项与人力资源有关的决策问题。这个决策模拟要求你们四个人组成该企业的高层管理团队，一起商讨该公司的一项重大决定，并提交最终的决策方案。

因研究需要，你们的决策过程将被全程拍摄，所获得的拍摄资料以及你们提交的最终决策报告和个人问卷都将严格保密，且仅供研究分析之用，不会涉及任何有关你们个人方面的评价问题。

你们一定有过在一个小组或者群体中共同就一项问题进行商讨和合作的经历，本次模拟会议和你们以前的这些经历并无差别。所以，请尽可能地放松参与。在整个会议过程中，如有任何问题，请随时询问项目负责人。

下面是这次情境模拟中有关你的角色和任务的详细资料，请花 5 分钟左右时间快速阅读完，然后开始你们的小组会议。讨论的时间请你控制好，不要超过 25 分钟。

制造部经理

2.7.1 你的角色

你在这个模拟的高层管理团队中所扮演的角色为公司的制造部经理。其他三个角色分别是公司常务副总裁、人力资源部经理和研发部经理。常务副总裁是你的上司，其他两人和你平级。

请注意，尽管你本人对一个企业的制造部经理应该具有哪些职能和如何行使这些职能有着自己的看法和理解，但在本次模拟讨论中，请你暂时抛开这些看法，不要被你自己的理解所限制。在讨论中，请尽可能地自由发挥，只要你觉得你的决策对你们所代表的公司有利即可。

2.7.2 你们公司的情况和你们的决策任务

你们公司是一家国内大型 IT 设备研发和制造企业，一直是该行业内处于领先地位的几家企业之一。近几年由于整个 IT 行业的激烈竞争和市场的相对饱和，以及国际市场原材料价格的不断上涨，公司面临着比较严重的业务缩减。在 2003 财政年度，公司的销售额比上一年减少 20%，净利润比上一年减少 40%，市场份额已由 2002 年的 25%降至 2003 年的 18%。而与你们公司同处行业领先地位的 B 公司，却在同期实现了利润增长 10%，市场份额提高 5%。已经有赶超你们公司的趋势。在这种情况下，你们公司不得不考虑在 2004 财政年度通过各种措施来降低成本，提高经营效率。这其中的一个主要措施为精简富余人员。

制造部和研发部是你们公司较大的两个部门，因为持续减产，制造部已经有两条成品组装生产线闲置，出现了部分技术人员富余，研发部也因为部分业务的重组而需要精简一些人员。所以，公司董事会决定先从制造部和研发部中开始裁员。通过你和公司其他三位高层经理（分别是公司常务副总裁、人力资源部经理和研发部经理）的协商和沟通，现有 6 名候选人进入最后的筛选名单（见附表 2-14），由你们组成的裁员委员会将按照所掌握的这 6 名候选人的所有信息进行综合评价，从最先到最后列出一份裁员顺序名单，并提交给公司董事会

附表 2-14 裁员候选人名单

姓名	性别	年龄	部门	任期（年）	技术水平	工资（元）	家庭情况
王刚	男	32	研发	10	一般	2500	已婚，无孩子
刘浩	男	33	制造	7	一般	2000	供养妻子和一个孩子
陈茵	女	40	制造	8	差	1900	丈夫去世，供养两个孩子
赵强	男	30	研发	2	优秀	2200	未婚
苏文	女	37	研发	9	好	2700	丈夫有工作，供养一个孩子
梁华	男	50	制造	12	好	2800	妻子去世，有一个已成家的孩子

进行最终决定。

2.7.3 一些你们四个人都知道的决策相关信息

下面的信息你们四个人的材料上都有，请根据需要在讨论中使用。

（1）你们公司前几年的飞速发展，主要得益于市场需求的急剧膨胀。但随着竞争对手的增多，市场需求的多样化，原有的产品结构和市场开发战略已经逐渐不能适应变化的市场需求。公司亟须在不断提高产品质量的同时，加强新产品的开发和新市场的拓展。

（2）你们公司是在原来一家中型国有企业的基础上，通过合资的方式成立的。公司的员工大多还是原来国有企业中的雇员。现有员工中普遍存在着年龄偏大，技术水平偏低的现象。

（3）竞争对手 B 公司是一家民营股份制企业，虽然建立时间不长，但是这两年的发展速度飞快。与你们公司相比，B 公司的优势主要在于员工相对精简，整体技术水平较高。

（4）公司员工对此次裁员决定反应不一，通过调查，大多数员工都担心这次裁员决定是否能够真正清理一些不合格的人员，达到最初裁员的目的。

2.7.4 仅有你知道的决策相关信息

下面这些信息仅仅为你所掌握，其他三个成员并不知道。是否在决策过程中使用这些信息，完全由你自己决定。

（1）在制造部中，员工的年龄和技术水平是评价个人表现的两个关键因素。

（2）陈茵是你的一个远房亲戚，你的家人已经让你在裁员会上替她说几句好话。

（3）刘浩的技术水平虽然一般，但是此人非常善于与他人合作，在同事中具有较高的威信。

（4）梁华的技术水平好，但是身体不好，经常休病假。

2.7.5　结束讨论后你需要做的

以下是你对你们小组经过集体商讨后所获得的最终结果的一个意见评价，你认为你对这个结果的接受程度如何？

非常接受□　　　　接受□　　　　　既不接受也不反对□

不接受□　　　　非常不接受□

讨论结束后，你还需要填写一份和本次讨论有关的问卷（附录3），谢谢你的配合。

2.8　制造部经理（有决策程序指导）

究竟应该让谁失业?
——某 IT 企业的一次裁员决策

你好，欢迎你参与本次管理决策情境模拟。在接下来的 30 分钟内，你将和其他三位成员一起参与一项模拟实际企业管理问题解决的情境练习，所模拟的情境为一家国内大型 IT 企业的高层管理团队如何解决一项与人力资源有关的决策问题。这个决策模拟要求你们四个人组成该企业的高层管理团队，一起商讨该公司的一项重大决定，并提交最终的决策方案。

因研究需要，你们的决策过程将被全程拍摄，所获得的拍摄资料以及你们提交的最终决策报告和个人问卷都将严格保密，且仅供研究分析之用，不会涉及任何有关你们个人方面的评价问题。

你们一定有过在一个小组或者群体中共同就一项问题进行商讨和合作的经历，本次模拟会议和你们以前的这些经历并无差别。所以，请尽可能地放松参与。在整个会议过程中，如有任何问题，请随时询问项目负责人。

下面是这次情境模拟中有关你的角色和任务的详细资料，请花 5 分钟左右快速阅读完，然后开始你们的小组会议。讨论的时间请你控制好，不要超过 30 分钟。

制造部经理

2.8.1 你的角色

你在这个模拟的高层管理团队中所扮演的角色为公司的制造部经理。其他三个角色分别是公司常务副总裁、人力资源部经理和研发部经理。常务副总裁是你的上司，其他两人和你平级。

请注意，尽管你本人对一个企业的制造部经理应该具有哪些职能和如何行使这些职能有着自己的看法和理解，但在本次模拟讨论中，请你暂时抛开这些看法，不要被你自己的理解所限制。在讨论中，请尽可能地自由发挥，只要你觉得你的决策对你们所代表的公司有利即可。

2.8.2 你们公司的情况和你们的决策任务

你们公司是一家国内大型 IT 设备研发和制造企业，一直是该行业内处于领先地位的几家企业之一。近几年由于整个 IT 行业的激烈竞争和市场的相对饱和，以及国际市场原材料价格的不断上涨，公司面临着比较严重的业务缩减。在 2003 财政年度，公司的销售额比上一年减少 20%，净利润比上一年减少 40%，市场份额已由 2002 年的 25%降至 2003 年的 18%。而与你们公司同处行业领先地位的 B 公司，却在同期实现了利润增长 10%，市场份额提高 5%。已经有赶超你们公司的趋势。在这种情况下，你们公司不得不考虑在 2004 财政年度通过各种措施来降低成本，提高经营效率。这其中的一个主要措施为精简富余人员。

制造部和研发部是你们公司较大的两个部门，因为持续减产，制造部已经有两条成品组装生产线闲置，出现了部分技术人员富余，研发部也因为部分业务的重组而需要精简一些人员。所以，公司董事会决定先从制造部和研发部中开始裁员。通过你和公司其他三位高层经理（分别是公司常务副总裁、人力资源部经理和研发部经理）的协商和沟通，现有 6 名候选人进入最后的筛选名单（见附表 2–15），由你们组成的裁员委员会将按照所掌握的这 6 名候选人的所有信息进行综合评价，从最先到最后列出一份裁员顺序名单，并提交公司董事会进行最终决定。

附表 2–15　裁员候选人名单

姓名	性别	年龄	部门	任期（年）	技术水平	工资（元）	家庭情况
王刚	男	32	研发	10	一般	2500	已婚，无孩子
刘浩	男	33	制造	7	一般	2000	供养妻子和一个孩子
陈茵	女	40	制造	8	差	1900	丈夫去世，供养两个孩子
赵强	男	30	研发	2	优秀	2200	未婚
苏文	女	37	研发	9	好	2700	丈夫有工作，供养一个孩子
梁华	男	50	制造	12	好	2800	妻子去世，有一个已成家的孩子

2.8.3　决策辅助程序简介

人们在实际的群体决策过程中，经常应用一些辅助程序来帮助群体更好地分析问题，集结不同成员的观点和态度，并最终促成群体内的沟通和一致性的形成。这样的程序有很多，最典型的一种程序常称为"多属性效用模型"（Multi–attribute Utility）。

在本次讨论中，你们必须在讨论过程中，应用上面提到的这种程序来帮助你们更好地对候选人进行评价。这种决策辅助程序的基本思路和步骤如下（以附表 2–16 为例）：

（1）首先，为每个需要进行评价的属性按照重要性程度进行权重分配，例如，附表 2–16 中，你认为"A"属性最重要，可以给 0.5 的权重，"B"属性其次，可以给 0.3 的权重，"C"最不重要，给 0.2 的权重，等等。这个权重值的分配完全由主观确定。

（2）其次，对各个备选方案在特定属性中的价值进行评判打分。例如，在"A"属性中，方案 1 的价值最大，给满分 5 分（这里采用 5 分制，当然你也可以采用任意分制，只要能区别出等级即可），方案 3 价值最小，给 1 分，等等。

（3）最后，将每个备选方案在各个属性下获得的分数乘以相应的权重，然后加总，就是对该方案的一个综合评价得分。例如，附表 2–16 中最后"总分"一栏所示（方案 1 的得分最高）。

附表 2-16　MAU 举例

方案	属性	A	B	C	总分
	权重	0.5	0.3	0.2	
1		5	2	4	$5 \times 0.5 + 2 \times 0.3 + 4 \times 0.2 = 3.9$
2	价值	3	4	5	$3 \times 0.5 + 4 \times 0.3 + 5 \times 0.2 = 3.7$
3		1	5	2	$1 \times 0.5 + 5 \times 0.3 + 2 \times 0.2 = 2.4$

请注意，这种程序仅仅是一个辅助工具，通过它，你们可以首先对表中所提供的各候选人信息进行一个综合的量化评价，但这个评价结果并不一定是你们的最终确定结果，你们可能还需要结合表中之外每个成员所掌握的信息来进行进一步的评定。

2.8.4　一些你们四个人都知道的决策相关信息

下面的信息你们四个人的材料上都有，请根据需要在讨论中使用。

（1）你们公司前几年的飞速发展，主要得益于市场需求的急剧膨胀。但随着竞争对手的增多，市场需求的多样化，原有的产品结构和市场开发战略已经逐渐不能适应变化的市场需求。公司亟须在不断提高产品质量的同时，加强新产品的开发和新市场的拓展。

（2）你们公司是在原来一家中型国有企业的基础上，通过合资的方式成立的。公司的员工大多还是原来国有企业中的雇员。现有员工中普遍存在着年龄偏大，技术水平偏低的现象。

（3）竞争对手 B 公司是一家民营股份制企业，虽然建立时间不长，但是这两年的发展速度飞快。与你们公司相比，B 公司的优势主要在于员工相对精简，整体技术水平较高。

（4）公司员工对此次裁员决定反应不一，通过调查，大多数员工都担心这次裁员决定是否能够真正清理一些不合格的人员，达到最初裁员的目的。

2.8.5　仅有你知道的决策相关信息

下面这些信息仅仅为你所掌握，其他三个成员并不知道。是否在决策过程中使用这些信息，完全由你自己决定。

（1）在制造部中，员工的年龄和技术水平是评价个人表现的两个关键因素。

（2）陈茵是你的一个远房亲戚，你的家人已经让你在裁员会上替她说几句好话。

（3）刘浩的技术水平虽然一般，但是此人非常善于与他人合作，在同事中具有较高的威信。

（4）梁华的技术水平好，但是身体不好，经常休病假。

2.8.6　结束讨论后你需要做的

以下是你对你们小组经过集体商讨后所获得的最终结果的一个意见评价，你认为你对这个结果的接受程度如何？

非常接受□　　　　接受□　　　　　既不接受也不反对□

不接受□　　　　非常不接受□

讨论结束后，你还需要填写一份和本次讨论有关的问卷（附录3），谢谢你的配合。

2.9　研发部经理（无决策程序指导）

究竟应该让谁失业?

——某 IT 企业的一次裁员决策

你好，欢迎你参与本次管理决策情境模拟。在接下来的 30 分钟内，你将和其他三位成员一起参与一项模拟实际企业管理问题解决的情境练习，所模拟的情境为一家国内大型 IT 企业的高层管理团队如何解决一项与人力资源有关的决策问题。这个决策模拟要求你们四个人组成该企业的高层管理团队，一起商讨该公司的一项重大决定，并提交最终的决策方案。

因研究需要，你们的决策过程将被全程拍摄，所获得的拍摄资料以及你们提交的最终决策报告和个人问卷都将严格保密，且仅供研究分析之用，不会涉及任何有关你们个人方面的评价问题。

你们一定有过在一个小组或者群体中共同就一项问题进行商讨和合作的经历，本次模拟会议和你们以前的这些经历并无差别。所以，请尽可能地放松参与。在整个会议过程中，如有任何问题，请随时询问项目负责人。

　　下面是这次情境模拟中有关你的角色和任务的详细资料，请花 5 分钟左右时间快速阅读完，然后开始你们的小组会议。讨论的时间请你控制好，不要超过 25 分钟。

研发部经理

2.9.1　你的角色

　　你在这个模拟的高层管理团队中所扮演的角色为公司的研发部经理。其他三个角色分别是公司常务副总裁、人力资源部经理和制造部经理。常务副总裁是你的上司，其他两人和你平级。

　　请注意，尽管你本人对一个企业的研发部经理应该具有哪些职能和如何行使这些职能有着自己的看法和理解，但在本次模拟讨论中，请你暂时抛开这些看法，不要被你自己的理解所限制。在讨论中，请尽可能地自由发挥，只要你觉得你的决策对你们所代表的公司有利即可。

2.9.2　你们公司的情况和你们的决策任务

　　你们公司是一家国内大型 IT 设备研发和制造企业，一直是该行业内处于领先地位的几家企业之一。近几年由于整个 IT 行业的激烈竞争和市场的相对饱和，以及国际市场原材料价格的不断上涨，公司面临着比较严重的业务缩减。在 2003 财政年度，公司的销售额比上一年减少 20%，净利润比上一年减少 40%，市场份额已由 2002 年的 25% 降至 2003 年的 18%。而与你们公司同处行业领先地位的 B 公司，却在同期实现了利润增长 10%，市场份额提高 5%。已经有赶超你们公司的趋势。在这种情况下，你们公司不得不考虑在 2004 财政年度通过各种措施来降低成本，提高经营效率。这其中的一个主要措施为精简富余人员。

　　制造部和研发部是你们公司较大的两个部门，因为持续减产，制造部已经有两条成品组装生产线闲置，出现了部分技术人员富余，研发部也因为部分业务的重组而需要精简一些人员。所以，公司董事会决定先从制造部和研发部中开始裁员。通过你和公司其他三位高层经理（分别是公司常务副总裁、人力资源部经理和制造部经理）的协商和沟通，现有 6 名候选人进入最后的筛选名单（见附表 2-17），由你们组成的裁员委员会将按照所掌握的这 6 名候选人的所有信息进行综合评价，从最先到最后列出一份裁员顺序名单，并提交公司董事会进行最终决定。

附表 2-17　裁员候选人名单

姓名	性别	年龄	部门	任期（年）	技术水平	工资（元）	家庭情况
王刚	男	32	研发	10	一般	2500	已婚，无孩子
刘浩	男	33	制造	7	一般	2000	供养妻子和一个孩子
陈茵	女	40	制造	8	差	1900	丈夫去世，供养两个孩子
赵强	男	30	研发	2	优秀	2200	未婚
苏文	女	37	研发	9	好	2700	丈夫有工作，供养一个孩子
梁华	男	50	制造	12	好	2800	妻子去世，有一个已成家的孩子

2.9.3　一些你们四个人都知道的决策相关信息

下面的信息你们四个人的材料上都有，请根据需要在讨论中使用。

（1）你们公司前几年的飞速发展，主要得益于市场需求的急剧膨胀。但随着竞争对手的增多，市场需求的多样化，原有的产品结构和市场开发战略已经逐渐不能适应变化的市场需求。公司亟须在不断提高产品质量的同时，加强新产品的开发和新市场的拓展。

（2）你们公司是在原来一家中型国有企业的基础上，通过合资的方式成立的。公司的员工大多还是原来国有企业中的雇员。现有员工中普遍存在着年龄偏大，技术水平偏低的现象。

（3）竞争对手 B 公司是一家民营股份制企业，虽然建立时间不长，但是这两年的发展速度飞快。与你们公司相比，B 公司的优势主要在于员工相对精简，整体技术水平较高。

（4）公司员工对此次裁员决定反应不一，通过调查，大多数员工都担心这次裁员决定是否能够真正清理一些不合格的人员，达到最初裁员的目的。

2.9.4　仅有你知道的决策相关信息

下面这些信息仅仅为你所掌握，其他三个成员并不知道。是否在决策过程中使用这些信息，完全由你自己决定。

（1）在研发部中，员工的个人经验和技术水平是影响其工作表现的两个关键因素。

（2）苏文是一位经验丰富的员工，在多次项目开发中，都有她的贡献。

（3）王刚是你一手培养起来的，你们的私人关系很好，你最不希望他被裁员。

（4）赵强虽然技术水平优秀，但是此人缺乏合作意识，而且与同事之间的关系非常紧张。

2.9.5 结束讨论后你需要做的

以下是你对你们小组经过集体商讨后所获得的最终结果的一个意见评价，你认为你对这个结果的接受程度如何？

非常接受□　　　接受□　　　　既不接受也不反对□

不接受□　　　非常不接受□

讨论结束后，你还需要填写一份和本次讨论有关的问卷（附录3），谢谢你的配合。

2.10　研发部经理（有决策程序指导）

究竟应该让谁失业?

——某 IT 企业的一次裁员决策

你好，欢迎你参与本次管理决策情境模拟。在接下来的 30 分钟内，你将和其他三位成员一起参与一项模拟实际企业管理问题解决的情境练习，所模拟的情境为一家国内大型 IT 企业的高层管理团队如何解决一项与人力资源有关的决策问题。这个决策模拟要求你们四个人组成该企业的高层管理团队，一起商讨该公司的一项重大决定，并提交最终的决策方案。

因研究需要，你们的决策过程将被全程拍摄，所获得的拍摄资料

以及你们提交的最终决策报告和个人问卷都将严格保密，且仅供研究分析之用，不会涉及任何有关你们个人方面的评价问题。

你们一定有过在一个小组或者群体中共同就一项问题进行商讨和合作的经历，本次模拟会议和你们以前的这些经历并无差别。所以，请尽可能地放松参与。在整个会议过程中，如有任何问题，请随时询问项目负责人。

下面是这次情境模拟中有关你的角色和任务的详细资料，请花 5 分钟左右时间快速阅读完，然后开始你们的小组会议。讨论的时间请你控制好，不要超过 30 分钟。

研发部经理

2.10.1 你的角色

你在这个模拟的高层管理团队中所扮演的角色为公司的研发部经理。其他三个角色分别是公司常务副总裁、人力资源部经理和制造部经理。常务副总裁是你的上司，其他两人和你平级。

请注意，尽管你本人对一个企业的研发部经理应该具有哪些职能和如何行使这些职能有着自己的看法和理解，但在本次模拟讨论中，请你暂时抛开这些看法，不要被你自己的理解所限制。在讨论中，请尽可能地自由发挥，只要你觉得你的决策对你们所代表的公司有利即可。

2.10.2 你们公司的情况和你们的决策任务

你们公司是一家国内大型 IT 设备研发和制造企业，一直是该行业内处于领先地位的几家企业之一。近几年由于整个 IT 行业的激烈竞争和市场的相对饱和，以及国际市场原材料价格的不断上涨，公司面临着比较严重的业务缩减。在 2003 财政年度，公司的销售额比上一年减少 20%，净利润比上一年减少 40%，市场份额已由 2002 年的 25%降至 2003 年的 18%。而与你们公司同处行业领先地位的 B 公司，却在同期实现了利润增长 10%，市场份额提高 5%。已经有赶超你们公司的趋势。在这种情况下，你们公司不得不考虑在 2004 财政年度通过各种措施来降低成本，提高经营效率。这其中的一个主要措施为精简富

余人员。

制造部和研发部是你们公司较大的两个部门，因为持续减产，制造部已经有两条成品组装生产线闲置，出现了部分技术人员富余，研发部也因为部分业务的重组而需要精简一些人员。所以，公司董事会决定先从制造部和研发部中开始裁员。通过你和公司其他三位高层经理（分别是公司常务副总裁、人力资源部经理和制造部经理）的协商和沟通，现有 6 名候选人进入最后的筛选名单（见附表 2-18），由你们组成的裁员委员会将按照所掌握的这 6 名候选人的所有信息进行综合评价，从最先到最后列出一份裁员顺序名单，并提交给公司董事会进行最终决定。

附表 2-18　裁员候选人名单

姓名	性别	年龄	部门	任期（年）	技术水平	工资（元）	家庭情况
王刚	男	32	研发	10	一般	2500	已婚，无孩子
刘浩	男	33	制造	7	一般	2000	供养妻子和一个孩子
陈茵	女	40	制造	8	差	1900	丈夫去世，供养两个孩子
赵强	男	30	研发	2	优秀	2200	未婚
苏文	女	37	研发	9	好	2700	丈夫有工作，供养一个孩子
梁华	男	50	制造	12	好	2800	妻子去世，有一个已成家的孩子

2.10.3　决策辅助程序简介

人们在实际的群体决策过程中，经常应用一些辅助程序来帮助群体更好地分析问题，集结不同成员的观点和态度，并最终促成群体内的沟通和一致性的形成。这样的程序有很多，最典型的一种程序常称为"多属性效用模型"（Multi-attribute Utility）。

在本次讨论中，你们必须在讨论过程中，应用上面提到的这种程序来帮助你们更好地对候选人进行评价。这种决策辅助程序的基本思路和步骤如下（以附表 2-19 为例）：

（1）首先，为每个需要进行评价的属性按照重要性程度进行权重分配，例如，附表 2-19 中，你认为"A"属性最重要，可以给 0.5 的权重，"B"属性其次，可以给 0.3 的权重，"C"最不重要，给 0.2 的权重，等等。这个权重值的分配完全由主观确定。

（2）其次，对各个备选方案在特定属性中的价值进行评判打分。

例如，在"A"属性中，方案1的价值最大，给满分5分（这里采用5分制，当然你也可以采用任意分制，只要能区别出等级即可），方案3价值最小，给1分，等等。

（3）最后，将每个备选方案在各个属性下获得的分数乘以相应的权重，然后加总，就是对该方案的一个综合评价得分。例如，附表2-19中最后"总分"一栏所示（方案1的得分最高）。

附表 2-19　MAU 举例

方案	属性	A	B	C	总分
	权重	0.5	0.3	0.2	
1		5	2	4	$5 \times 0.5 + 2 \times 0.3 + 4 \times 0.2 = 3.9$
2	价值	3	4	5	$3 \times 0.5 + 4 \times 0.3 + 5 \times 0.2 = 3.7$
3		1	5	2	$1 \times 0.5 + 5 \times 0.3 + 2 \times 0.2 = 2.4$

请注意，这种程序仅仅是一个辅助工具，通过它，你们可以首先对表中所提供的各候选人信息进行一个综合的量化评价，但这个评价结果并不一定是你们的最终确定结果，你们可能还需要结合表中之外每个成员所掌握的信息来进行进一步的评定。

2.10.4　一些你们四个人都知道的决策相关信息

下面的信息你们四个人的材料上都有，请根据需要在讨论中使用。

（1）你们公司前几年的飞速发展，主要得益于市场需求的急剧膨胀。但随着竞争对手的增多，市场需求的多样化，原有的产品结构和市场开发战略已经逐渐不能适应变化的市场需求。公司亟须在不断提高产品质量的同时，加强新产品的开发和新市场的拓展。

（2）你们公司是在原来一家中型国有企业的基础上，通过合资的方式成立的。公司的员工大多还是原来国有企业中的雇员。现有员工中普遍存在着年龄偏大，技术水平偏低的现象。

（3）竞争对手A公司是一家民营股份制企业，虽然建立时间不长，但是这两年的发展速度飞快。与你们公司相比，A公司的优势主要在于员工相对精简，整体技术水平较高。

（4）公司员工对此次裁员决定反应不一，通过调查，大多数员工都担心这次裁员决定是否能够真正清理一些不合格的人员，达到最初裁员的目的。

2.10.5 仅有你知道的决策相关信息

下面这些信息仅仅为你所掌握，其他三个成员并不知道。是否在决策过程中使用这些信息，完全由你自己决定。

（1）在研发部中，员工的个人经验和技术水平是影响其工作表现的两个关键因素。

（2）苏文是一位经验丰富的员工，在多次项目开发中，都有她的贡献。

（3）王刚是你一手培养起来的，你们的私人关系很好，你最不希望他被裁员。

（4）赵强虽然技术水平优秀，但是此人缺乏合作意识，而且与同事之间的关系非常紧张。

2.10.6 结束讨论后你需要做的

以下是你对你们小组经过集体商讨后所获得的最终结果的一个意见评价，你认为你对这个结果的接受程度如何？

非常接受□ 　　　 接受□ 　　　 既不接受也不反对□

不接受□ 　　　 非常不接受□

另外，你还需要填写一份和本次讨论有关的问卷（附录3），谢谢你的配合。

附录3 实验问卷

问 卷

填写说明

请您在填写问卷前，仔细阅读以下注意事项：

1. 请按照问题的顺序回答，不要来回跳答。我们对有些问题中容易引起混淆的地方用黑体和下画线来提醒您。

2. 请根据您刚才在小组讨论过程中的实际感受回答下列所有问题，这些问题的答案并无对错之分，所以请尽可能诚实地回答。

3. 请您在问题的备选答案中，找出最符合您真实想法（情况）的回答，并在相应的□里面打"√"。

4. 您在填写问卷的过程中有任何的疑问或感觉不清楚的地方，可以向我们提出询问。

5. 问卷填写完毕后，请直接交给我们，不要带走。

您的姓名：　　　　　　　　　　您的年龄：□□岁

您担当的角色是：常务副总裁□　　人力资源部经理□　　制造部经理□　　研发部经理□

说明：以下是有关您及您所在小组的一些描述，请在最能反映您真实感受的□里面打"√"

描述	非常同意	同意	既不同意也不反对	不同意	非常不同意
1. 我喜欢在我们这个小组中工作	□	□	□	□	□
2. 我们小组的领导在讨论一开始就提出了自己的问题解决办法	□	□	□	□	□
3. 我们小组中的所有成员在一起工作得很好	□	□	□	□	□
4. 我们小组中的领导经常鼓励大家在讨论中表达我们自己的看法和意见	□	□	□	□	□
5. 我个人觉得自己找不到一个比小组领导所提问题解决方案更好的办法	□	□	□	□	□
6. 我们小组中的领导经常鼓励大家就所要讨论的问题提供自己所知的信息	□	□	□	□	□
7. 如果有机会，我愿意在类似的活动中再次和这个小组中的其他人一起合作	□	□	□	□	□
8. 小组成员都很有信心能够找到一个比领导所提方案更好的问题解决办法	□	□	□	□	□
9. 我们小组所要解决的问题比较复杂和棘手	□	□	□	□	□
10. 在这个小组中，由于大家很难对要解决的问题达成共识而让我有压力感	□	□	□	□	□
11. 我们小组在讨论时，应用了一种决策辅助程序来帮助我们对候选人进行评价	□	□	□	□	□
12. 因为讨论有时间限制，我觉得有一些紧张	□	□	□	□	□
13. 我们小组的讨论完全是自由发挥式的	□	□	□	□	□
14. 在小组中发言时，我对自己没有太大把握	□	□	□	□	□
15. 我们小组在处理这个问题时没有遇到什么困难	□	□	□	□	□
16. 我觉得小组中其他人的表现都比我强	□	□	□	□	□
17. 我对我在小组中的表现比较满意	□	□	□	□	□
18. 我对我自己的个人能力比较有信心	□	□	□	□	□

说明：以下是有关您所在小组讨论过程的描述，请在最能反映您真实感受的□里面打"√"

描述	极小	较小	中等	较大	极大
1. 在所要解决的问题中涉及道义问题（如到底该让谁失业或者该让谁上任时）时，你们小组在多大程度上觉得自己的选择是正确的	□	□	□	□	□
2. 在多大程度上你有信心认为你们小组将产生高质量的解决方案	□	□	□	□	□
3. 你在多大程度上避免提出一个对于小组来说不受欢迎的观点	□	□	□	□	□

描述	极小	较小	中等	较大	极大
4. 你在多大程度上认为小组对于重要的判断全体一致同意	□	□	□	□	□
5. 小组成员在多大程度上反对新的观点或意见?	□	□	□	□	□
6. 当小组中有人提出任何和其他人意见不同的观点时，他（她）会在多大程度上受到来其他人的压力	□	□	□	□	□
7. 你们小组在多大程度上会考虑每一次选择之后所涉及的道义问题	□	□	□	□	□
8. 当有人提供的信息对小组来说是不利的或者不受欢迎时，他们在多大程度上尽力使这些信息看起来更合理	□	□	□	□	□
9. 你在多大程度上会保留那些你认为会使小组产生分歧和不和谐的观点和意见	□	□	□	□	□
10. 你在多大程度上同意你们小组所提出的问题解决方案	□	□	□	□	□
11. 当有人提出和大多数人观点不同的意见时，小组其他成员在多大程度上会有所反应	□	□	□	□	□
12. 你们小组在多大程度上认为所要解决的问题将涉及道义问题	□	□	□	□	□
13. 你认为你们小组将在多大程度上做出一个失败的决策	□	□	□	□	□
14. 你在多大程度上克制自己发表意见以保持小组中出现的较明显的一致性	□	□	□	□	□
15. 当听说或者想到你们小组的决策将被认为是缺乏人性化时，你们在多大程度上尽力使自己的行为看起来更合理	□	□	□	□	□
16. 你在多大程度上认为其他成员也同意最终提交的解决方案	□	□	□	□	□
17. 当遇到困难时，小组成员在多大程度上会提出新的观点或者重新考虑如何解决问题	□	□	□	□	□
18. 你在多大程度上保留自己对小组中某些成员的反对意见	□	□	□	□	□
19. 你们小组在多大程度上表现得团结一致	□	□	□	□	□
20. 你们小组在多大程度上尽力阻止某些成员针对大家已经普遍接受的观点再提出反对意见	□	□	□	□	□

说明：以下是有关您所在小组整体表现的描述，请在最能反映您真实感受的□里面打"√"

描述	非常同意	同意	既不同意也不反对	不同意	非常不同意
1. 我们小组在讨论时尽可能地提出和评价多个备选方案	□	□	□	□	□
2. 我们小组经常重新评价我们已经选定的方案以找出那些不太明显的缺陷	□	□	□	□	□
3. 我们小组在解决问题时尽可能地考虑多个目标	□	□	□	□	□
4. 我们小组从来不重新评价我们最初抛弃的备选方案	□	□	□	□	□
5. 我们小组从未考虑寻求外界人员的建议（如咨询本项目负责人）来解决问题	□	□	□	□	□
6. 即使来自外界的信息可以获得，当这些信息与我们的选择相悖时，我所在的群体也会忽略这些信息	□	□	□	□	□
7. 我们小组从未考虑我们的解决方案是否行得通，从而不考虑设计针对意外发生的补救措施	□	□	□	□	□
8. 我们小组只提出了很少的几个备选方案	□	□	□	□	□
9. 我们小组在大家都接受一个方案后，不去重新评价这些方案以应对一些不可预见的风险	□	□	□	□	□
10. 我们小组在考虑问题时仅关注很少的几个目标	□	□	□	□	□
11. 我们小组通常会重新评价先前放弃的一些观点	□	□	□	□	□
12. 我们小组在我们解决问题时会从外界寻求建议（如从项目负责人那里）	□	□	□	□	□
13. 我们小组会考虑来自外界的建议，哪怕这些建议和我们选定的方案相悖	□	□	□	□	□
14. 我们小组在发现最初提出的方案有问题时会重新讨论来进行补救	□	□	□	□	□

说明：以下是有关您在讨论过程中的体验的描述，请在最能反映您真实感受的□里面打"√"

描述	非常同意	同意	既不同意也不反对	不同意	非常不同意
1. 我觉得在我们小组的讨论中，大家都积极发言，彼此充分交流沟通	□	□	□	□	□
2. 我对我们小组最终提交的方案非常满意	□	□	□	□	□
3. 我在小组中有很强烈的参与感	□	□	□	□	□
4. 我们小组的领导是一位公平、民主的领导	□	□	□	□	□
5. 我对我们小组的整个讨论过程很满意	□	□	□	□	□

续表

描述	非常同意	同意	既不同意也不反对	不同意	非常不同意
6. 我觉得小组最终提交的方案代表了我自己的真实看法	□	□	□	□	□
7. 我觉得我在小组中没有什么机会发言和表现	□	□	□	□	□
8. 我对我们小组领导的表现非常满意	□	□	□	□	□

　　您辛苦了！请检查一下问卷，看看有没有遗漏对某些问题的回答。

　　对您的热心参与我们再次表示衷心的感谢！最后，我们真心地请求您不要将此次讨论的细节透露给还未参加的同学，因为这样会直接影响到本次研究的最终结果。我们相信您，也请您配合，谢谢！

附录4 视频资料编码标准

复杂任务

请注意：以下是你所要评价的群体讨论过程中所有成员所掌握的信息情况。其中，共享信息是 4 个成员均知道的信息，共 4 条。非共享信息分别由 3 个成员所掌握（领导角色除外），每人 4 条。你所要做的就是在观看群体讨论过程录像时，对这些信息在群体讨论时的沟通和交流情况进行评判。具体做法是如果某位成员在发言时提到了下列信息中的任何一条，则在相应的信息后做一次标记（√或者×都行）。

共享信息	领导	人力经理	制造经理	研发经理
1. 你们公司前几年的飞速发展，主要得益于市场需求的急剧膨胀。但随着竞争对手的增多，市场需求的多样化，原有的产品结构和市场开发战略已经逐渐不能适应变化的市场需求。公司亟须在不断提高产品质量的同时，加强新产品的开发和新市场的拓展				
2. 你们公司是在原来一家中型国有企业的基础上，通过合资的方式成立的。公司的员工大多还是原来国有企业中的雇员。现有员工中普遍存在着年龄偏大，技术水平偏低的现象				
3. 竞争对手 B 公司是一家民营股份制企业，虽然建立时间不长，但是这两年的发展速度飞快。与你们公司相比，B 公司的优势主要在于员工相对精简，整体技术水平较高				
4. 公司员工对此次裁员决定反应不一，通过调查，大多数员工都担心这次裁员决定是否能够真正清理一些不合格的人员，达到最初裁员的目的				

非共享信息	评价
人力资源部经理	
1. 此次你们公司的裁员计划将分阶段进行，先行裁员六个人，然后根据裁员后的员工反应再进行下一步。如果因裁员不当而出现其他雇员反应激烈，则下一步的计划需要调整	
2. 研发部的人力资源成本要略高于制造部，每裁一个研发部雇员，相当于裁 1.5 个制造部雇员	
3. 通过你们人力资源部内部所掌握的情况，公司的员工内部有明显的帮派关系，一些老员工身边一般都有一批跟随者，比较有影响力	
4. 就你所掌握的情况，公司目前雇员的薪金在行业内仅处在中等水平，大多数员工对自己的报酬不满意	
制造部经理	
1. 在制造部中，员工的年龄和技术水平是评价个人表现的两个关键因素	
2. 陈茵是你的一个远房亲戚，你的家人已经让你在裁员会上替她说几句好话	
3. 刘浩的技术水平虽然一般，但是此人非常善于与他人合作，在同事中具有较高的威信	
4. 梁华的技术水平好，但是身体不好，经常休病假	
研发部经理	
1. 在研发部中，员工的个人经验和技术水平是影响其工作表现的两个关键因素	
2. 苏文是一位经验丰富的员工，在多次项目开发中，都有她的贡献	
3. 王刚是你一手培养起来的，你们的私人关系很好，你最不希望他被裁员	
4. 赵强虽然技术水平优秀，但是此人缺乏合作意识，而且与同事之间的关系非常紧张	

简单任务

请注意：以下是你所要评价的群体讨论过程中所有成员所掌握的信息情况。其中，共享信息是 4 个成员均知道的信息，共 4 条。非共享信息分别由 3 个成员所掌握（领导角色除外），每人 4 条。你所要做的就是在观看群体讨论过程录像时，对这些信息在群体讨论时的沟通和交流情况进行评判。具体做法是如果某位成员在发言时提到了下列信息中的任何一条，则在相应的信息后做一次标记（√或者×都行）。

共享信息	领导	人力经理	制造经理	研发经理
1. 你们公司这几年的飞速发展，主要得益于一系列专业化发展战略的实施，以及对技术及研发的重视和投入。公司现在面临的最大问题就是如何通过增加产量、提高质量来保持这种快速发展势头，继续扩大市场占有率				
2. 你们公司是一家典型的民营股份制企业，公司的员工大多为这两年通过人才市场和猎头公司招募而来。但目前高层经理主要还是通过内部提升的方式产生				

续表

共享信息	领导	人力经理	制造经理	研发经理
3. 你们拟在西南地区所建的这个分厂将是总公司之外第一个外设的生产机构。建成后，分厂将负责整个西部地区的产品和市场供应，以生产为主，研发依然由总公司负责				
4. 由于公司近期下发面向全公司内部招募新分厂经理的通知，员工反应积极，报名应聘者络绎不绝。这次进入最后筛选的三名候选人已经经过了比较严格的考察程序				

非共享信息	评价
人力资源部经理	
1. 王刚是你亲手通过猎头公司从一家跨国公司挖来的总裁助理，该员工的最大特点是综合素质全面，受过良好的管理教育，特别在财务管理方面富有经验	
2. 在近期由你主持进行的公司年度内部高层经理综合考评中（结果尚未公布），王刚暂列第一	
3. 在共事的过程中，你发现王刚在生产管理方面的工作经验还比较缺乏，并且很少与下层员工进行沟通和交流	
4. 据你通过内部消息渠道所知，王刚在其原来的公司中，曾因涉嫌挪用公司资金进行个人投资而受到过处分	
制造部经理	
1. 作为制造部推荐的人选，刘明和你共事多年，此人最大的特点在于技术水平高，在生产管理方面相当富有经验	
2. 刘明在制造部担任副经理期间，下属对其的评价是：做事沉稳，决策果断	
3. 最近公司内有人传闻，刘明正在与另外一家对手公司秘密接触，对方欲高薪将其聘任	
4. 通过和刘明的共事，你发现他比较明显的缺点在于不善于处理和协调员工之间的关系纠纷	
研发部经理	
1. 作为研发部推荐的人选，陈茵和你共事多年，此人最大的特点在于善于协调和处理员工间的关系纠纷，具有较强的公关能力和外事活动经验	
2. 陈茵在担任研发部副经理期间，下属对其的评价为：善于倾听和沟通，富有亲和力和感召力	
3. 通过与陈茵的共事，你发现她比较明显的缺点在于有时决策不够果断，易受外界因素干扰	
4. 陈茵的专业技术水平较高，但是在生产管理方面的经验稍欠缺	

参考文献

［1］毕鹏程. 群体决策过程中的群体思维研究 ［D］. 西安：西安交通大学，2001.

［2］Janis I L. Groupthink：Psychological Studies of Policy Decisions and Fiascoes ［M］. Boston：Houghton Mifflin，1982.

［3］毕鹏程，席酉民. 群体决策过程中的群体思维研究 ［J］. 管理科学学报，2002，5（1）：25-34.

［4］李怀祖. 管理研究方法论 ［M］. 第 2 版. 西安：西安交通大学出版社，2004.

［5］赫伯特·A. 西蒙 （Herbert A. Simon）. 管理行为 ［M］. 原书第 4 版. 詹正茂译. 北京：机械工业出版社，2004.

［6］席酉民. 战略决策 ［M］. 贵阳：贵州人民出版社，1990.

［7］Peterson R A. Directive Leadership Style in Group Decision-making Can Be Both Virtue and Vice：Evidence From Elite and Experimental Groups ［J］. Journal of Personality and Social Psychology，1997（72）：1107-1121.

［8］Janis I L. Victims of Groupthink：A Psychological Study of Foreign-policy Decision and Fiascoes ［M］. Boston：Houghton Mifflin，1972.

［9］Janis I L，Mann L. Decision Making：A Psychological Analysis of Conflict，Choice，and Commitment ［M］. New York：Free Press，1977.

［10］Hackman J R. Groups that Work （and those that don't） ［M］. San Francisco：Jossey-Bass，1990.

［11］Nemeth C J，Staw B M. The Tradeoffs of Social Control and Innovation in Groups and Organizations ［J］. Advances in Experimental

Psychology，1989（22）：175-210.

[12] Herek G M，Janis I L，& Huth P. Decision Making During International Crises：Is Quality of Process Related to Outcome？[J]. Journal of Conflict Resolution，1987（31）：203-226.

[13] 李怀祖. 决策理论导引 [M]. 北京：机械工业出版社，1993.

[14] 卢相毅.《虚拟群体决策支持系统——理论、模型与实验》[D]. 西安：西安交通大学，1999.

[15] 郑全全，朱华燕. 自由讨论条件下群体决策质量的影响因素 [J]. 心理学报，2001，33（3）：264-269.

[16] 朱华燕，郑全全. MAU 程序和自由讨论的群体决策质量比较 [J]. 心理学报，2001，33（6）：552-557.

[17] Poole M S，Siebold D R，McPhee R D. Group Decision-making as Structurational Process [J]. Quarterly Journal of Speech，1985（71）：74-102.

[18] Steiner I D. Group Process and Productivity [M]. New York：Academic Press，1972.

[19] McGrath J E. Groups：Interaction and Performance [M]. Englewood Cliffs，NJ：Prentice Hall，1984.

[20] Hwang M. Did Task Type Matter in the Use of Decision Room GSS？A Critical Review and A Meta-analysis [J]. International Journal of Management Science，1998，26（1）：1-15.

[21] 安宝生，徐联仓. 决策行为分析 [M]. 北京：北京师范大学出版社，1998.

[22] Hartman Sandra J，Nelson Beverly H. Group Decision Making in the Negative Domain [J]. Group & Organization Management，1996，21（2）：146-162.

[23] 杨雷，席酉民. 理性群体决策的概率集结研究 [J]. 西安交通大学学报，1997，31（1）：110-114.

[24] 李武. 群体决策规则优化与组织研究 [D]. 西安：西安交通大学，2002.

[25] 郑全全. 决策策略与个性特征关系的模拟实验 [J]. 应用心理学，1994，9（4）：15–24.

[26] 侯玉波，沈德灿. 时间、目的与行为特征对群体决策绩效的影响 [J]. 心理科学，2000，23（2）：172–174.

[27] 席酉民，汪应洛，王刊良，杨民助. GDSS 环境下群体大小的实验研究 [J]. 决策与决策支持系统，1997，7（2）：1–10.

[28] 刘树林，席酉民. 年龄与群体创建决策方案数量和质量的实验研究 [J]. 控制与决策，2002（17）（增）：798–801.

[29] 王刊良，程少川，席酉民. GDSS 环境下群体沟通的研究 [J]. 决策与决策支持系统，1995，5（2）：7–14.

[30] 郑全全，朱华燕，胡凌雁，吴昌旭，丁岳枫. 群体决策过程中的信息取样偏差 [J]. 心理学报，2001，33（1）：68–74.

[31] 郎淳刚，席酉民，毕鹏程. 群体决策过程中的冲突研究 [J]. 预测，2005，25（3）：1–8.

[32] 郑全全，田兴燕. MAU 决策辅助对个体与群体决策质量的影响 [J]. 应用心理学，2000，6（2）：33–38.

[33] Esser J K, Lindoerfer J S. "Groupthink and the Space Shuttle Challenger Accident: Toward A Quantitative Case Analysis" [J]. Journal of Behavioral Decision Making, 1989 (2): 167–177.

[34] Moorhead G, Ference R, Neck C P. "Group Decision Fiascoes Continue: Space Shuttle Challenger and A Revised Groupthink Framework" [J]. Human Relations, 1991 (44): 539–550.

[35] Smith S. Groupthink and the Hostage Rescue Mission [J]. British Journal Political Science, 1985 (15): 117–126.

[36] Whyte G. Groupthink Reconsidered [J]. Academy of Management Review, 1989 (14): 40–56.

[37] Mohamed A A, Wiebe F A. "Towards A Process Theory of Groupthink" [J]. Small Group Research, 1996 (27): 416–430.

[38] Hill G W. "Group Versus Individual Performance, are N+1 Heads Better Than one?" [J]. Psychological Bulletin, 1982, 91 (3):

517–539.

[39] Park W. A Comprehensive Study of Janis' Groupthink Model：Questionaire Development and Empirical Tests [D]. Pittsburgh：University of Pittsburgh, 1989.

[40] Tetlock P E. Identifying Victims of Groupthink from Public Statements of Decision Makers [J]. Journal of Personality and Social Psychology, 1979 (37)：1314–1324.

[41] 毕鹏程，席酉民，王益谊. 群体思维理论的发展及其实证研究综述 [J]. 管理科学学报, 2004, 7 (4)：75–84.

[42] Hensley T, Griffin G. Victims of Groupthink：The Kent State University Board of Trustees and the 1977 Gymnasium Controversy [J]. The Journal of Conflict Resolution, 1986 (34)：497–531.

[43] Neck C P, Moorhead G. Jury Deliberations in the Trial of U. S. v. John DeLorean：A Case Analysis of Groupthink Avoidance and an Enhanced Framework [J]. Human Relations, 1992 (4)：1077–1091.

[44] Flowers M. A Laboratory Test of some of the Implications of Janis's Groupthink Hypothesis [J]. Journal of Personality and Social Psychology, 1977 (35)：888–896.

[45] Courtright J. A Laboratory Investigation of Groupthink [J]. Communication Monograph, 1978 (45)：229–246.

[46] Callaway M R, Esser J K. Groupthink：Effects of Cohesiveness and Problem–solving Procedures on Group Decision–making [J]. Social Behavior and Personality, 1984 (12)：157–164.

[47] Callaway M, Marriott R, Esser J. Effects of Dominance on Group Decision –making：Toward A Stress –reduction Explanation of Groupthink [J]. Journal of Personality and Social Psychology, 1985 (49)：949–952.

[48] Leana C R. A Partial Test of Janis's Groupthink Model：Effects of Group Cohesiveness and Leader Behavior on Defective Decision–making [J]. Journal of Management, 1985 (11)：5–17.

[49] Neck C P, Manz C C. From Groupthink to Teamthink: Toward the Creation of Constructive Thought Patterns in Self—managing Work Teams [J]. Human Relations, 1994 (47): 929–952.

[50] Whyte G. Recasting Janis's Groupthink Model: The Key Role of Collective Efficacy in Decision Fiascoes [J]. Organizational Behavior and Human Decision Processes, 1998, 73 (2/3): 163–184.

[51] Aldag R J, Fuller S R. Beyond fiasco: A Reappraisal of the Groupthink Phenomenon and A New Model of Group Decision Processes [J]. Psychological Bulletin, 1993 (113): 533–552.

[52] Park W. A Review of Research on Groupthink [J]. Journal of Behavioral Decision Making, 1990 (3): 229–245.

[53] McCauley C. The Nature of Social Influence in Groupthink: Compliance and Internalization [J]. Journal of Personality and Social Psychology, 1989 (57): 250–260.

[54] Mullen B, Anthony T, Salas E, Driskell J. Group Cohesiveness and Quality of Decision—making: An Integration of Tests of The Groupthink Hypothesis [J]. Small Group Research, 1994 (25): 189–204.

[55] Neck C P, Moorhead G. Groupthink Remodeled: The Importance of Leadership, Time Pressure, and Methodical Decision—making Procedures [J]. Human Relations, 1995, 48 (5): 537–557.

[56] Tetlock P E, Peterson R S, McGuire C, Chang S, & Feld P. Assessing Political Group Dynamics: A Test of The Groupthink Model [J]. Journal of Personality and Social Psychology, 1992 (63): 403–425.

[57] Ahlfinger N R, Esser J K. Testing The Groupthink Model: Effects of Promotional Leadership and Conformity Predisposition [J]. Social Behavior and Personality, 2001, 29 (1): 31–41.

[58] Esser J K. Alive and Well after 25 Years: A Review of Groupthink Research [J]. Organizational Behavior & Human Decision Processes, 1998, 73 (2/3): 116–141.

[59] 席酉民. 管理之道: 林投集 [M]. 北京: 机械工业出版社,

2002.

[60] Nunamaker J F, DENNIS A R, Valacich, J S, Vogel D R, and George J F. Electronic Meeting Systems to Support Group Work [J]. Communication of the ACM, 1991, 34 (7): 40-61.

[61] Cruz M G, Henningsen D D, Smith B A. The Impact of Directive Leadership on Group Information Sampling, Decisions, and Perceptions of The Leader [J]. Communication Research, 1999, 26 (3): 349-369.

[62] Kahai S S, Sosik J J, Avolio B J. Effects of Leadership Style and Problem Structure on Work Group Process and Outcomes in an Electronic Meeting System Environment [J]. Personnel Psychology. 1997, 50 (1): 121-146.

[63] Larson J R, Jr Christensen C, Franz T M, Abbott A S. Diagnosing Groups: The Pooling, Management, and Impact of Shared and Unshared Case Information in Team-based Medical Decision Making [J]. Journal of Personality and Social Psychology, 1998 (75): 93-108.

[64] Stasser G, Stewart D D, Wittenbaum G M. Expert Roles and Information Exchange During Discussion: The Importance of Knowing Who Knows What [J]. Journal of Experimental Social Psychology, 1995 (31): 244-265.

[65] Kahai S S, Sosik J J, Avolio B J. Effects of Leadership Style, Anonymity, and Rewards on Creativity-relevant Processes and Outcomes in An Electronic Meeting System Context [J]. Leadership Quarterly, 2003, 14 (4): 499-524.

[66] Cellar D F, Sidle S, Goudy K, O'Brien D. Effects of Leader Style, Leader Sex, and Subordinate Personality on Leader Evaluations and Future Subordinate Motivation [J]. Journal of Business and Psychology, 2001, 16 (1): 61-72.

[67] Jung D I, Avolio B J. Effects of Leadership Style and Followers' Cultural Orientation on Performance in Group and Individual Task Conditions [J]. Academy of Management Journal, 1999, 42 (2): 208-218.

[68] Kaarbo J, Hermann M G. Leadership Styles of Prime Ministers: How Individual Differences Affect the Foreign Policymaking Process [J]. Leadership Quarterly, 1998, 9 (3): 243-263.

[69] Jones P E, Roelofsma P H M P. The Potential for Social Contextual and Group Biases in Team Decision-making: Biases, Conditions and Psychological Mechanisms [J]. Ergonomics, 2000, 43 (8): 1129-1152.

[70] Peterson R S, Behfar K J. The Dynamic Relationship Between Performance Feedback, Trust, and Conflict in Groups: A Longitudinal Study [J]. Organizational Behavior and Human Decision Processes, 2003 (92): 102-112.

[71] Saunders C, Miranda S. Information Acquisition in Group Decision Making [J]. Information & Management, 1998, 34 (1): 55-74.

[72] DeSanctis G, Gallupe R B. A Foundation for the Study of Group Decision Support Systems [J]. Management Science, 1987, 33 (5): 589-609.

[73] Lam S K. The Effects of Group Decision Support Systems and Task Structures on Group Communication and Decision Quality [J]. Journal of Management Information Systems, 1997, 13 (4): 193-215.

[74] Longley J, Pruitt D G. Groupthink: A Critique of Janis's Theory [A]. In Wheeler L ed. Review of Personality and Social Psychology [C]. CA: Sage, 1980: 507-513.

[75] Miranda S M, Saunders C. Group Support Systems: An Organization Development Intervention to Combat Groupthink [J]. Public Administration Quarterly, 1995, 19 (2): 193-216.

[76] Baron R, Kenny D. The Moderator-mediator Variable Distinction in Social Psychological Research: Conceptual Strategic and Statistical Cons iderations [J]. Journal of Personality and Social Psychology, 1986 (51): 1173-1182.

[77] Vroom V H, Jago A G. The New Leadership: Managing

Participation in Organizations [M]. Englewood Cliffs, NJ: Prentice-Hall, 1988.

[78] Stasser G, Titus W. Pooling of Unshared Information in Group Decision Making: Biased Information Sampling During Discussion [J]. Journal of Personality and Social Psychology, 1985 (48): 1467-1478.

[79] Stasser G, Titus W. Effects of Information Overload and Percentage of Shared Information on the Dissemination of Unshared Information During Group Discussion [J]. Journal of Personality and Social Psychology, 1987 (53): 81-93.

[80] Stasser G. Computer Simulation as A Research Tool: The Discuss Model of Group Decision Making [J]. Journal of Experimental Social Psychology, 1988 (24): 393-422.

[81] Moorhead G, Montanari J R. An Empirical Investigation of the Groupthink Phenomenon [J]. Human Relations, 1986 (39): 399-410.

[82] Murphy S, Blyth D, Fiedler F. Cognitive Resource Theory and The Utilization of the Leader's and Group Members' Technical Competence [J]. Leadership Quarterly, 1992 (3): 237-255.

[83] Bass B M. Bass & Stogdill's handbook of Leadership [M]. New York: Free Press, 1990.

[84] Miller K I, Monge P R. Participation, Satisfaction and Productivity: A Meta-analytic Review [J]. Academy of Management Journal, 1986 (29): 727-753.

[85] Timmermans D, Vlek C. An Evaluation Study of The Effectiveness of Multiattribute Support as A Function of Problem Complexity [J]. Organizational Behavior and Human Decision Processes, 1994, 59 (1): 75-92.

[86] Timmermans D, Vlek C. Effects on The Decision Quality of Supporting Multiattribute Evaluation in Groups [J]. Organizational Behavior and Human Decision Processes, 1996, 68 (2): 158-170.

[87] 郑全全，刘方珍. 任务难度、决策培训诸因素对群体决策的

影响 [J]. 心理学报, 2003, 35 (5): 669-676.

[88] Park W. A Comprehensive Empirical Investigation of the Relationships Among Variables of the Groupthink Model [J]. Journal of Organizational Behavior, 2000 (21): 873-887.

[89] Murthy U S, Kerr D S. Decision Making Performance of Interacting Groups on Experimental Investigation of the Effects of Task Type and Communication Mode [J]. Information & Management, 2003 (40): 351-360.

[90] Kahneman, D. & Tversky, A. Prospect Theory, An Analysis of Decision Under Risk [J]. Econometrica, 1979, 47 (2): 264-291.

[91] Fodor, E. M., & Smith, T. The Power Motive as An Influence on Group Decision-making [J]. Journal of Personality and Social Psychology, 1982 (42): 178-185.

[92] 毕鹏程, 郎淳刚, 席酉民. 领导风格和行为对群体决策过程和结果的影响 [J]. 西安交通大学学报 (社科版), 2005, 25 (2): 1-10.

[93] Conger J A, Kanungo R N. Toward a Behavioral Theory of Charismatic Leadership in Organizational Settings [J]. Academy of Management Review, 1987 (12): 637-647.

[94] Conger J A. Charismatic and Transformational Leadership in Organizations: An Insider's Perspective on These Developing Streams of Research [J]. Leadership Quarterly, 1999, 10 (2): 145-169.

[95] Hunt J G, & Conger J A. Charismatic and Transformational Leadership: Taking Stock of the Present and Future (part II) [J]. Leadership Quarterly, 1999a, 10 (3): 331-334.

[96] Hunt J G, & Conger J A. From Where We Sit: An Assessment of Transformational and Charismatic Leadership Research [J]. Leadership Quarterly, 1999b, 10 (3): 335-343.

[97] Hunt J G, Boal K, & Dodge G. The Effects of Visionary and Crisis-responsive Charisma on Followers: An Experimental Examination of Two Kinds of Charismatic Leadership [J]. Leadership Quarterly, 1999, 10

（3）：423-448.

[98] Hunt J G. Transformational/Charismatic Leadership's Transformation of the Field：An Historical Essay ［J］. Leadership Quarterly，1999，10（2）：129-144.

后　记

　　我与管理的缘分，大概可以追溯到 1995 年，那时我刚开始第一份工作。大学期间学习工科专业，我对管理基本一窍不通。进入一家著名的跨国企业之后，接触的又恰恰是需要与人、事打交道的管理工作。从刚开始的新鲜、紧张和不适，到后来的熟悉、放松和适应，让我逐渐对管理萌发了兴趣。三年后，我带着在企业管理实践中的一些粗浅体会回到学校继续深造，毫不犹豫地选择了管理专业作为自己努力的方向。

　　在西安交通大学求学的七年当中，非常有幸成为席酉民教授的学生。席老师以一个学者严谨而又不失宽容的风范指导我从一个管理学门外汉变成一名管理学研究者。不仅给予我学术研究上的悉心指点和教诲，而且更让我懂得如何在做好学问的同时，把握好做人的基本道理。正是席老师对学术研究方向敏锐而准确的把握，让我在硕士阶段就对管理决策研究产生了浓厚的兴趣，并且一直延续至今。这本书，可以算做我在这个领域探索和努力的一个阶段性总结。付梓之际，请允许我向为本书从研究到出版提供过帮助的所有人表达我的感谢。

　　衷心感谢导师席酉民教授，为我及我的研究倾注了大量心血，并在百忙之中为书作序。感谢西安交通大学李怀祖教授、王刊良教授和郭菊娥教授在研究内容、方法方面给予的悉心指点。感谢梁磊副教授从生活到学业的双重关照和帮助。感谢师兄韩巍、吴淑琨、姚小涛、路一鸣、李武、李鹏翔，师姐尚玉钒、葛京，与你们的每一次交流，都让我获益匪浅。感谢师弟王磊、白云涛、郎淳刚、马骏以及师妹汪莹、刘晖，你们在研究过程中给予的协助我会永远记得。此外，还要感谢 Ohio University 的黄伟博士和 Rensselaer Polytechnic Institute 的李乐鹏博士在研究资料收集方面给予的大力协助。

衷心感谢中央财经大学政府管理学院院长赵景华教授，在他的带领下，我得以在宽松又不失严谨的氛围中继续开展决策研究工作。感谢我的同事们，在中央财经大学工作的四年半中，与你们在一起让我非常开心和满足。希望我们能够延续这种合作，共同让政府管理学院更上一层楼。

特别感谢我的父母和岳父母。这些年来，他们在身后一直给予我莫大的鼓励和支持，让我安心事业。同样，特别的感谢也要送给妻子王益谊，是她不时的督促和鼓励，才使我一直坚守自己的理想，没有轻言放弃。犬子毕浩博是我的骄傲，他也见证了这本书从构想到付梓的全部过程。他不仅让我体会到了为人父的幸福，也激发了我对未来生活的无限憧憬。谢谢你，孩子。

本书从研究到出版，先后得到国家自然科学基金优秀创新研究群体基金项目（70121001）、国家自然科学基金面上项目（70773125）、中央财经大学"211工程"三期重点学科建设项目以及中央财经大学121人才工程青年博士发展基金项目（QBJGL201008）的资助。经济管理出版社沈志渔主编的热心支持也让本书增色不少。在此一并表示感谢。

管理是管理者的生活，希望这本小书能为平凡的生活增添一分色彩。

毕鹏程

2011 年 11 月 22 日于北京